I0363278

www.ingramcontent.com/pod-product-compliance
Lightning Source LLC
Chambersburg PA
CBHW071236070526
44583CB00017B/2208
9781778922749

نگرشی نو به اسلام و ادیان

محمد مرادی

سریال کتاب: P۲۳٤۵۵۱۰۱۳۹
عنوان: نگرشی نو به اسلام و ادیان – ادیشن ۲۰۲۵
پدید آورنده: محمد مرادی
طراح جلد: محبوبه لعلپور
شابک/ISBN: ۹۷۸-۱-۷۷۸۹۲-۰۰۹-۷
موضوع: فلسفه؛ پژوهش دینی؛ رفرم دینی
مشخصات کتاب: Paperback Book , A۵
تعداد صفحات:۲۳۰
تاریخ نشر در کانادا: جون ۲۰۲۳ – ادیشن جدید در آگوست ۲۰۲۵

هر گونه کپی و استفاده غیر قانونی شامل پیگرد قانونی است.
تمامی حقوق چاپ و انتشار در خارج از کشور ایران محفوظ و متعلق به انتشارات و نویسنده می‌باشد.
Copyright @ ۲۰۲۳ by Kidsocado Publishing House
All Rights Reserved

Kidsocado Publishing House
خانه انتشارات کیدزوکادو
ونکوور، کانادا

تلفن: ۱+ (۸۳۳) ۶۳۳ ۸۶۵٤
واتس آپ: ۱+ (۲۳۶) ۳۳۳ ۷۲٤۸
ایمیل: INFO@KIDSOCADO.COM
وبسایت انتشارات: https://kidsocado.com

فهرست

سرآغاز ۱

فصل اوّل: مقوقعت جغرافیایی عربستان -ویژگی‌ها و باورهای ساکنان، هنگام ظهور اسلام ۵

موقعیّت جغرافیایی عربستان ۷

آب و هوا ۸

ویژگی‌های قومی و انسانی ۸

آزادگی ۸

تعصّب ۹

وفاداری ۹

سخاوت و جوانمردی ۱۰

شجاعت ۱۱

ساختار اجتماعی ۱۱

فقر وغنا ۱۲

پیروی از قبیله ۱۳

پیمان بستن ۱۳

اندیشه‌ها و ادیان رایج در عربستان ۱۴

شرک و انحراف از پرستش الله ۱۵

ستاره‌پرستان و آتش‌پرستان ۱۶

یکتاپرستان ۱۷

یهودیّت ۱۷

مسیحیّت ۱۸

نشانه‌هایی از بی‌اعتقادی به بت‌ها ۱۹

دین حنیف و تأثیر آن بر جامعه ۲۰

ناسازگاری دین یهود با جامعهٔ عرب ۲۱

دین مسیح و ناسازگاری آن با روحیّات قوم عرب ۲۲

عدم تکامل جوهرهٔ دینی در دین‌های یهود و مسیح ۲۳

نیاز به ناجی ۲۶

فصل دوم: ظهور اسلام ۳۳

چرا عربستان و خاورمیانه؟ ۳۵

چرا آخرین معجزه کلام الهی است؟ ۳۹

توحید ۴۱

نبوّت ۴۷

سیمای پیامبران در قرآن ۴۷

یونس ۴۸

سلیمان ۴۹

پیامبر اسلام (ص) ۴۹

موسی	50
معاد	55
پیوند و توازن مادّه و معنا	59
فصل سوم: تئوری آسمانی - زمینی بودن وحی	**63**
باران وحی و ظرف جامعۀ انسانی	65
وضعیّت مکه و قبیلۀ قریش	70
شیوۀ دعوت	71
انتخاب زبان انسان	72
جلب توجّه قوم عرب به طبیعت	73
توجّه به سرگذشت پیشینیان	74
لحن و شیوۀ بیان	75
هماهنگی محتوی آیات با شرایط مخاطبان در مکه	78
نحوۀ برخورد با مخاطبان در مدینه	79
یهودیان	80
1 - بزرگداشت پیامبران بنی اسرائیل	80
2 - خطاکار دانستن قوم یهود در گذشته و زمان نزول قرآن	82
مسیحیان	84
منافقان	85
1 - رفتار آن‌ها در برخورد با خدا پیامبر و اجرای وظایف دینی	85
2 - استفاده از فرصت‌ها و بحران آفرینی	86
مسلمانان	87
مثبت‌نگری خداوند درپذیرش احکام و رسومات جامعۀ عرب	90
مراسم حج و عمره	91
تولیّت خانۀ کعبه، سقایت و رفادت حاجیان	92
ماه‌های حرام	92
پاکی بدن (کلمات ده گانه)	93
خاک‌سپاری مردگان	93
مقدم داشتن سمت راست	94
احکام اجتماعی	95
حق ارث	96
بردگان	97
ازدواج و طلاق	98
قصاص	99
دیه	101
فدیه	102
خمس (مرباع)	102
وقف (حبس)	103

جزیه	۱۰۴
رهن	۱۰۵
مجازات سارق	۱۰۶
مجازات زناکار	۱۰۷
کنار گذاشتن رسومات و رفتار نادرست	۱۰۸
زنده به گور کردن دختران	۱۰۸
ممنوع کردن گوشت بعضی حیوانات	۱۰۹
تحریم شراب و قمار	۱۱۱
تحریم ربا	۱۱۲

فصل چهارم: صدور احکام و جایگاه آن‌ها ... ۱۱۵

چرا خداوند به صدور احکام پرداختند؟	۱۱۷
فرعی بودن احکام و عدم ضرورت اجرای آن	۱۲۰
دلایل دینی	۱۲۱
۱- روند تکاملی ادیان	۱۲۱
۲- روند تدریجی صدور احکام در اسلام	۱۲۵
۳- ناسخ و منسوخ	۱۲۶
۴- محکمات و متشابهات	۱۲۸
دلایل عقلی	۱۳۱
۱- امضایی بودن احکام اجتماعی	۱۳۱
۲- تناقض بزرگ	۱۳۲
۳- تضاد احکام ثابت با ظرفیّت تکامل انسان	**۱۳۵**
۴- عدم ایجاد نگرش نو با اجرای احکام و اعمال عبادی	۱۳۶
۵- چالش‌های اجرای احکام در جوامع مسلمان امروز	۱۳۷
حق ارث	۱۴۰
دیه و قصاص	۱۴۱
۶- در حال تغییر بودن زبان	۱۴۲

فصل پنجم: انعکاس درک، دانش، انتظارات ... ۱۴۵

و روحیّات قوم عرب در قرآن	۱۴۵
انعکاس دانش زمان نزول در قرآن	۱۴۷
خلقت جهان	۱۴۸
هفت آسمان	۱۴۹
شهاب ثاقب	۱۵۰
خلقت انسان	۱۵۱
تصویر بهشت و انعکاس نیازها و آرزوهای قوم عرب	۱۵۶
تصویر دوزخ و عذاب‌های آن	۱۶۳
مفهوم ابدی بودن قرآن چیست؟	۱۶۴

فصل ششم: آغاز تغییرات گسترده و واکنش‌ها در برابر آن ... ۱۶۷

آغاز تغییرات گسترده	۱۶۹
واکنش کلیسا	۱۷۰
پیامدهای مخالفت کلیسا	۱۷۰
واکنش‌ها در دنیای اسلام	۱۷۱
پیامد پذیرش واقعیّت‌های جدید	۱۷۲
تغییر مبانی حقوق	۱۷۳
واکنش‌های مسلمانان در برابر دنیای جدید	۱۷۴
۱- اصرار بر پیروی از احکام و دستورات	۱۷۴
۲- نبود نگرش و نظام فکری و پیامدهای آن	۱۷۵
۳- تلاش برای انطباق آیات قرآن با دستاوردهای علوم جدید	۱۷۷
چرا جریان تفسیر علمی از قرآن در جوامع اسلامی به وجود آمده‌است؟	۱۸۹
۵- شکل‌گیری گروه‌های افراطی	۱۹۱
فصل هفتم : نگرش نو	**۱۹۳**
معجزه بودن قرآن	۱۹۵
۱- هماهنگی با جامعهٔ عرب	۱۹۵
۲- ایجاد تمدن جدید	۱۹۶
شیوهٔ مطالعه و شناخت قرآن	۱۹۶
تغییر شکل عینی مفاهیم با گذشت زمان	۱۹۹
شیوهٔ الگو گرفتن از قرآن	۲۰۰
جهان، خدا، انسان و پدیده‌ها	۲۰۳
۱- رزّاق بودن خداوند	۲۰۹
۲- مراسم حج	۲۱۲
شاه کلیدهای قرآن و مبنا قراردادن آن در پذیرش واقعیّت‌های امروز	۲۱۵
۱- برابری انسان‌ها	۲۱۵
۲- توجّه به ناخرسندهای قرآن و توصیه‌ها برای تغییر	۲۱۶
۳- نقش جایگاه انسان در قرآن در پذیرش دستاوردها	۲۱۶
منابع	**۲۱۸**

آغاز

هین سخن تازه بگو تا دو جهان تازه شود

وارهد از حد عدم، بی‌حد و اندازه شود

مولوی

از هنگام جوانی به قرآن علاقه‌مند بودم و به شکل پیوسته آن را مطالعه می‌کردم و از آن لذت می‌بردم. در ضمن از تأثیرات بسیار بزرگ و گستردهٔ قرآن آگاه بودم که چگونه از مردمی ناآگاه و جامعه‌ای پراکنده، یک تمدن را به وجود آورد. اما همیشه این سؤالات ذهنم را به خود مشغول می‌کرد که چرا مسلمانان در عرصه‌های مختلف در دنیای امروز عقب مانده‌اند؟ چرا فرهنگ اسلامی و قرآن اثرگذاری و پویایی زمان نزول را ندارد؟ در ذهنم پرسش‌ها بسیار بود اما برای آن‌ها پاسخی نمی‌یافتم و پاسخ‌های دیگران هم برایم قانع کننده نبود. در ضمن مطالعهٔ قرآن و لذت بردن از زیبایی‌های آن معنا و مفهوم آیات را درک می‌نمودم اما احساس می‌کردم که رمز، راز و پیامی پنهان در کلیّت قرآن وجود دارد که قادر به درک آن نیستم. همواره این حس را همراه خود داشتم. درک مفهوم آیات به تنهایی در این زمینه راهگشا نبود. برای رسیدن به جواب سؤالات، درک راز و پیام قرآن با علاقه و پرسشگری تلاش کردم که با دیدی وسیع‌تر مطالعه در این مورد را ادامه دهم و در

کنار آن با تأمل و درنگ به تفکر، تجزیه و تحلیل دانسته‌هایم بپردازم این روند برای بیش از ۲۵ سال ادامه داشت.

در طول این زمان طولانی از یک طرف مسیرمطالعهٔ نزول وحی را دنبال کردم و کتاب قرآن ، تورات و انجیل را مطالعه و تلاش نمودم که پیام‌های مشترک، اهداف، روند نزول و شیوهٔ برخورد آن‌ها با واقعیّات آن دوران‌ها را بررسی کنم، به ویژه برخورد قرآن با واقعیّات زمان نزول. حتی برای تکمیل این مسیر، اسطوره‌های ملت‌ها را مطالعه نمودم. از سوی دیگر به این نتیجه رسیدم که صرف مطالعهٔ کتاب‌های آسمانی برای درک آن‌ها کفایت نمی‌کند و لازم است که محیط و جامعه‌ای که وحی در آنجا نازل شده را بررسی کنم. بدون شناختن بستر نزول، شناخت وحی و درک آن ممکن نبود. به این منظور به شناخت و مطالعهٔ جامعهٔ عرب پیش و هنگام ظهور اسلام پرداختم و کتاب‌های متعددی را برای شناختن آن جامعه، مردم، فرهنگ و قوانین آن مطالعه نمودم. نحوهٔ تعامل قرآن با این جامعه را مورد توجه و دقّت قرار دادم. تجزیه، تحلیل، تعامل و تفکّر در این حوزهٔ وسیع شناخت ادیان الهی، جامعهٔ عرب و نحوهٔ تعامل قرآن با واقعیّات، من را به یک نظریه، تئوری و نگرش جدید رهنمون ساخت. به گونه‌ای که پاسخ پرسش‌هایم را یافتم و به آرامشی ذهنی رسیدم. این تئوری مبنای بررسی، نقد و تحلیل مسائل و موضوعات این کتاب قرار گرفته و تلاش دارد که نزول وحی و روند آن، چگونگی تعامل با جامعه را با دیدی نو به طور شفاف بیان نماید. این تئوری و نگرش منطبق بر واقعیّات و مستنداتی است که به سادگی و با اندکی تامّل برای همه، قابل درک است.

این کتاب شامل هفت فصل است که در این فصول بر اساس یک تئوری محوری به بررسی و مقایسهٔ ادیان توحیدی، پیام‌های مشترک و روند تکامل آن‌ها پرداخته شده‌است. جامعهٔ عرب، فرهنگ قوانین آن، نزول قرآن، اثرگذاری قرآن در آن جامعه و اثر پذیری از آن مطرح شده‌است. همچنین دلایل و شیوه‌های اثرگذاری قرآن در جامعهٔ عرب و اثرپذیری و موتور محرک بودنش برای آن جامعه به سادگی و روشنی بیان شده‌است. به علاوه برای تبیین تئوری محوری کتاب از زباشناسی و دانش روز بهره گرفته شده‌است. برای بررسی تفسیرهای جدید و علمی از قرآن به مطالعه دیدگاه علم در آن موضوعات پرداخته شده و این تفسیرها با نگاهی منطقی و علمی در چهارچوب متن قرآن، ارزیابی و نقد شده‌است. پس از آن، با

نگرش انسان امروزی براساس تئوری ارائه شده، از آن شیوه‌ها و نحوهٔ تعامل به عنوان الگویی برای درک جامعهٔ امروز و تعامل با موضوعات و مسائل آن بهره گرفته شده‌است.

از خوانندگان محترم کتاب درخواست دارم تا با تأنی و تأمّل کتاب را مطالعه بفرمایند و به این نکته توجه نمایند که کتاب به ترتیب و فصل به فصل روند و مسیر نگرشی نو را دنبال می‌کند و هدف نهایی کتاب " **گشودن پنجره جدید و نگرش نو**" به تدریج در مسیر خواندن و در فصول پایانی محقق می‌شود. ذکر این نکته لازم است که جهت صرفجویی در زمان مطالعهٔ کتاب و همچنین در مصرف کاغذ و کمک به حفظ طبیعت، فقط ترجمهٔ فارسی آیات قرآن ذکر شده‌است و بجز چند مورد استثناء از آوردن متن عربی آیات خودداری شده‌است. خوشحالم که توفیق نوشتن کتاب را داشتم و امیدوارم که سعادت آن را هم داشته باشم که کتاب برای خوانندگان مفید واقع شود.

بر خود لازم می‌بینم که از زحمات، همکاری و پشتیبانی همسرم در طول این سال‌ها تشکّر و قدردانی نمایم. طی کردن این مسیر را مدیون لطف و همراهی او هستم کتاب را به همسر عزیزم، مادر دلسوزم و دو پسر دلبندم تقدیم می‌نمایم.

با سپاس

فصل اوّل:

موقعیّت جغرافیایی عربستان،

ویژگی‌ها و باورهای ساکنان، هنگام ظهور اسلام

موقعیّت جغرافیایی عربستان

شبه جزیرۀ عربستان سرزمینی پهناور در جنوب غرب آسیا است که دریای سرخ در غرب و جنوب غرب، آن را از قارۀ آفریقا جدا کرده‌است.. در جنوب آن، اقیانوس هند و در مشرق دریای عمان و خلیج فارس قرار دارد. به این ترتیب عربستان یک شبه جزیره است. عرب‌های شهرنشین، عربستان را به چند بخش تقسیم کرده اند:

۱ - **تهامه:** شامل منطقۀ باریک ساحلی می‌شود که به موازات دریای سرخ از یمن در جنوب تا عقبه در شمال امتداد می‌یابد. شامل چند شهر ینبع، جده- که بندرگاه مکه به شمار می‌آید - حدیبیه و تبوک که میان حجر و ابتدای شام واقع شده‌است.

۲- **نجد:** فلات میانی در این شبه جزیره است و میان بادیه السماء در شمال و دهنا در جنوب و عراق در شرق و حجاز در غرب منطقۀ جزیره العرب است و دشت‌ها و بیابان‌های زیادی دارد.

۳ - **حجاز:** میان نجد و تهامه قرار دارد و آن کوهی است که از یمن آغاز می‌شود و به شام می‌پیوندد. حجاز شامل شهرهای مکه، مدینه، طائف، خیبر، فدک، جار (بندر مدینه) و تیما است.

۴- **عروض:** شامل یمامه، بحرین و سرزمین‌های مجاور می‌شود. چون میان سرزمین یمن، نجد و عراق قرار گرفته‌است، به این اسم خوانده شده‌است.

۵- **یمن:** منطقه‌ای در جنوب عربستان است که از تهامه تا عروض امتداد می‌یابد. یمن حاصلخیز بود و جزء پرباران‌ترین مناطق شبه جزیره محسوب می‌شد، کشاورزی یمن، پررونق بود و سلسله‌های پادشاهی در آنجا حکومت می‌کردند.[۱]

آب و هوا

در مجموع سرزمین عربستان خشک و بی‌حاصل است و باران بسیار کم می‌بارد. به همین دلیل بیشتر زمین‌های آن بیابانی و بی‌آب و علف است؛ گیاهان، جانداران مختلف و گوناگون در آن وجود ندارد. هنگامی که باران می‌بارید موجب رویش گیاهان می‌شد و آن منطقه را برای کوچ اعراب بیابان‌نشین به آنجا آماده می‌کرد. اعراب به آنجا رفته و مدتی اقامت می‌کردند.[۲] به دلیل کمبود آب و خشکی زمین، زندگی ساکنان آنجا همراه با تحمّل سختی‌ها و مشکلات فراوان بود.

ویژگی‌های قومی و انسانی

ساکنان اصلی سرزمین خشک، بی‌آب و علف عربستان، اعراب هستند. آن‌ها مانند اقوام یهود، عبرانی، شامی، بابلی و آشوری از یک ریشه و نژاد هستند و جزء نژاد سامی محسوب می‌شوند.[۳] متناسب با شرایط آنجا زندگی می‌کردند و هر کدام بخش و منطقه خاصی را به خود اختصاص داده بودند.

آزادگی

آزادگی خصیصهٔ مهم اعراب ساکن عربستان بود. آن‌ها به خاطر عشق و علاقه به آزادی حاضر به اطاعت از پادشاهان نبودند به همین دلیل زندگی با شرایط سخت در بیابان‌های

۱- سالم، عبدالعزیز، تاریخ عرب قبل از اسلام، صص ۵۲ - ۴۸
۲- دورانت، تاریخ تمدن، ج ۴ ص ۲۰۰ همچنین فروخ، تاریخ الجاهلیّه، ص ۳۱
۳- گوستاولوبون، تاریخ تمدن اسلام و عرب، ص ۵۶

عربستان را ترجیح می‌دادند[1] و شاید یکی از دلایل مهم و اساسی پناه بردن و زندگی در بیابان همین روحیهٔ آزادگی قوم عرب بود. هرودت و دیگر مورخان یونانی و رومی از علاقهٔ شدید ایـن قوم به آزادگی و پایداری در برابـر پـذیرش بنـدگی تعجب کرده‌اند و گفته‌اند: «اعراب تنها قبیله‌ای در میان قبایل آسیایی هستند که در برابر پادشاهان ایرانی سرخم نکرده‌اند و پادشاهان ایرانی نتوانستند آن‌ها را به بندگی بگیرند به ناچار نسبت به آن‌ها نرمش نشان می‌دهند.»[2]

تعصّب

تعصّب در میان قوم عرب به اشکال مختلف رواج داشت. این تعصّب ابتدا جنبهٔ شخصی و خانوادگی داشت و بعد جنبهٔ قبیله‌ای و دفاع از قبیله را پیدا می‌کرد. اعراب بیابان‌نشین از شهرنشینان تعصّب بیشتری داشتند.[3] این تعصّب‌ها گاهی بسیار افراطی بود و به همین دلیل پیامبر(ص) از هجرت شهرنشینان به بادیه نهی فرمودند.[4] این تعصّب در همه جا و همه چیز خود را نشان می‌داد. زمانی که فردی کشته می‌شد خانوادهٔ مقتول تا گرفتن انتقام او، آرام نمی‌گرفتند و خوشی و شادمانی را بر خود حرام می‌کردند. زنان برای این‌که آتش انتقام را در درون خود خاموش نکنند؛ گریه نمی‌کردند. بعد از این‌که انتقام گرفته می‌شد و قاتل را قصاص می‌کردند، گریه و زاری می‌نمودند.[5]

وفاداری

وفاداری به پیمان از نکات مثبتی بود که در تاریخ عرب قبل از اسلام دیده می‌شد. داستان های زیادی در مورد وفاداری عرب به عهد و پیمان وجود دارد. از جمله کسانی که در وفاداری به او مثل می‌زنند، سموأل است زیرا او حاضر نشد زره‌هایی را که امرؤالقیس نزد او به امانت گذاشته بود، به امیر غسانی تحویل دهد. هرچند که امیر غسّانی او را به کشتن پسرش تهدید کرد و بالاخره تهدید خود را عملی کرد، سموأل حاضر به تحویل دادن آن‌ها

---

۱ - دورانت، تاریخ تمدن، ج ۴ بخش اول، ص ۲۰۱

۲ - علی، المفصل فی التاریخ العرب الجاهلی، ج ۴، ص ۴۰۸

۳ - علی، المفصل فی التاریخ العرب الجاهلی، ج۴، صص۳۹۴ -۳۹۲

۴ - همان، ج ۴، ص ۶۰۳

۵ - همان، ج ۴، ص ۴۰۰ یا سالم عبدالعزیز، تاریخ عرب قبل از اسلام، ص۳۳۳

نشد.[1] هرودت در مورد وفاداری قوم عرب به عهد و پیمان چنین می‌گوید: « آن‌ها به شدت از پیمان خود دفاع می‌کردند، در این زمینه هیچ ملتی مانند آن‌ها نیست و وفاداری برای آن‌ها بسیار مهم است به طوری که مانند امور دینی مقدس است.» [2]پس وفاداری به عهد و پیمان از بزرگترین خصلت‌های اخلاقی بود.[3]

سخاوت و جوانمردی

قوم عرب سخاوت و بخشندگی را یکی از نشانه‌های بزرگی انسان می‌دانستند. نمونۀ اعلای انسان جاهلی با جوان‌مردی مشخص می‌شد و جوان‌مردی را کمال مردانگی تفسیر می کردند. حلم، صبر، عفو کردن در هنگام قدرت، احترام گذاشتن به مهمان، پناه دادن به آواره، یاری دادن همسایه و کمک کردن به ضعیفان نشانۀ جوان‌مردی بود. آن‌ها برای راهنمایی و پذیرایی از کسانی که در شب راه را گم کرده بودند، آتشی روشن می‌کردند. این آتش به « صلا » معروف بود. گاهی بخشندگی از این حد فراتر می‌رفت. جوان‌مردی در نزد اعراب جاهلی مانند دین نزد مسلمانان بود. بر این باور بودند که جوان‌مردی می‌بایست مخفیانه صورت گیرد زیرا اگر آشکارا صورت می‌گرفت نشانۀ نقصی در کمالات اخلاقی شخص بزرگوار محسوب می‌شد. پیامبر هم در حدیثی به این فضیلت دورۀ جاهلی اقرار کرده‌است: « دین جوان‌مردی است و بدون جوان‌مردی دینی وجود ندارد.»[4] این فضیلت اخلاقی در دورۀ اسلامی در بخشش‌های مخفیانه و شب هنگام حضرت علی خود را نشان می‌دهد. افراد مشخصی در میان قوم به بخشنده بودن معروف شدند از جمله: کعب بن امامه ایادی و حاتم طایی از بخشندگان معروف عرب هستند که نام آن‌ها در اشعار جاهلی هم باقی مانده‌است.[5]

---

[1] - سالم، تاریخ عرب قبل از اسلام، ص۳۴۸

[2] - علی، المفصل فی التاریخ العرب الجاهلی، ج ۴، صص۳۷۹

[3] - همان، ج ۴، صص۴۰۴ - ۴۰۳

[4] - همان، ج ۴، ص۵۷۴

[5] - سالم، تاریخ عرب قبل از اسلام، ص۳۴۵

شجاعت

یکی از مهمترین ویژگی‌های قوم عرب دلاوری و شجاعت آنان بود. چون شرایط زندگی آن‌ها ایجاب می‌کرد که از مال، ثروت، آبرو و ناموس خود در مقابل دیگران دفاع کنند. بنابراین شجاعت لازمهٔ زندگی آن‌ها بود. بیابان‌نشینان چون با شرایط سخت‌تر و مشکلات بیشتری دست و پنجه نرم می‌کردند به این دلیل از شهرنشینان شجاع‌تر و دلاورتر بودند. افراد زیادی از جمله: خالد بن جعفر کلاب، عنتره بن شداد عبسی، عمرو بن کلثوم و... به شجاعت و دلیری شهرت داشتند. [1]

ساختار اجتماعی

جامعهٔ عرب در دورهٔ جاهلی یک جامعهٔ قبیله‌ای طبقاتی بود به چهار طبقه تقسیم می‌شد:

۱. طبقهٔ آزادگان یا احرار که فرزندان اصیل قبیله بودند و از احترام و منزلت زیادی برخوردار بودند. آن‌ها در هنگام جنگ و سختی‌ها از قبیلهٔ خود حمایت می‌کردند و قبیله‌ها هم به این افراد تکیه می‌کردند؛ در مقابل قبیله نیز در هنگام مشکلات از آن‌ها حمایت می‌کرد.

۲. طبقهٔ موالی یعنی افرادی که از طریق پیمان یا همسایگی به قبیله‌های دیگر پیوسته بودند کسانی بودند که از قبیلهٔ خود طرد شده بودند. آن‌ها برای زنده ماندن به قبیلهٔ دیگر پناه می‌بردند. این افراد رانده شده، اگر به قبیلهٔ دیگر پناه می‌بردند، زمانی که خود می‌خواستند، می‌توانستند در سایهٔ حمایت آن قبیله قرار بگیرند و در صورتی که می‌خواستند جابجا شوند به جای دیگری بروند پیمان به هم می‌خورد در این صورت شمشیر به دست می‌گرفتند و به کوه و صحرا پناه می‌بردند و به افرادی همانند خود می‌پیوستند و عیّاری و طرّاری پیشه می‌کردند و صعالیک نامیده می‌شدند. [2]

۳. زنان : زنان نیز در آن جامعه نسبت به مردان از حقوق چندانی برخوردار نبودند جامعهٔ عرب به خاطر شرایط سخت و دشوار محیط زندگی به مرد بیشتر از زن

---

[1] - فروخ، تاریخ الجاهلیّه ص ۵۷

[2] - سالم، تاریخ عرب قبل از اسلام، ص۳۳۷

احتیاج داشت و بهای بیشتری به مرد می‌داد. جامعه، جامعه‌ای مردسالار بود مردان حقوق بیشتری را به خود اختصاص می‌دادند و در زمینهٔ ارث و سایر حقوق اجتماعی توجّه چندانی به زنان نمی‌کردند. مانند هر جامعهٔ دیگر دنیای قدیم با چشم تحقیر به زنان می‌نگریستند. آن‌ها را مظهر کید و مکر می‌شناختند و رأی و نظر آنان را سست می‌دانستند و می‌گفتند با آن‌ها مشورت کنید ولی برخلاف آن عمل نمایید.[1] بنابراین در آن جامعه، نه‌تنها حقوق زنان رعایت نمی‌شد بلکه گاهی در میان بعضی از قبایل بزرگ‌ترین ظلم‌ها در حق آنان روا داشته می‌شد و دختران را زنده به گور می‌کردند که قرآن هم در سورهٔ تکویر آیات ۸ و ۹ به آن اشاره کرده‌است.

٤. بردگان: گروه بزرگی از افراد در قبایل بردگان بودند. آن‌ها یا اسیران جنگی بودند یا کسانی بودند که قادر به پرداخت بدهی خود نبودند به همین دلیل برده شده بودند یا برده‌های بودند که از خارج منطقهٔ عربستان وارد آن‌جا می‌شدند. گروهی از آن‌ها سیاه‌پوست بودند و به حبشیان مشهور بودند. گروهی هم سفیدپوستانی بودند که اسیران جنگی ایران و روم به شمار می‌آمدند. در مجموع بردگان از هیچ حقّی برخوردار نبودند و کارهای سنگینی را که خود اعراب از انجام آن اکراه داشتند؛ به بردگان واگذار می‌کردند. این گروه پایین‌ترین طبقهٔ اجتماعی شناخته می‌شدند. [2]

فقروغنا

از نظر ثروت و تنگدستی جامعه به دو دستهٔ ثروتمندان و فقیران تقسیم می‌شد. ثروتمندان بیشتر تُجّار و بازرگانان بودند یا کسانی بودند که در مناطق خوش آب و هوای عربستان زمین زراعتی داشتند. همهٔ ثروتمندان مکه تاجرانی بودند که در زمستان به یمن و در تابستان به شام و عراق می‌رفتند. اما بیشتر مردم فقیران و تنگدستان بودند و شمار آن‌ها

[1] - علی، المفصل فی التاریخ العرب الجاهلی، ج ۴، صص ۶۱۸ - ۶۱۷

[2] - پیشین، صص۳۳۸ - ۳۳۶

نسبت به ثروتمندان بسیار بیشتر بود. فقر شدید مردم باعث شد که تضاد میان فقیران و ثروتمندان زیاد شود و دو طبقه کاملاً متضاد فقیران و ثروتمندان شکل گیرد.[1]

پیروی از قبیله

چنین استنباط می‌شود که اعراب سختی، مشکلات و کمبود امکانات زندگی منطقهٔ عربستان را بر سایر نقاطی که از امکانات بیشتری برخوردار بود و پادشاهان در آنجا حکومت می‌کردند، ترجیح داده‌اند. به همین دلیل برای زنده ماندن در این مکان نامناسب، مجبور به پذیرش قوانین قبیله و اطاعت از آن شده‌اند. چون تنها راه حفظ حیات و سالم ماندن در برابر سختی‌ها و دشمنان، پذیرش قوانین قبیله و پیروی همهٔ افراد قبیله از این مقررات بود. بنابراین آن‌ها با تمام توان در هر شرایطی از قوم و قبیلهٔ خود دفاع می‌کردند زیرا در آن سرزمین خشک و بی حاصل، تأمین حداقل ضروریات زندگی کاری بسیار دشوار و طاقت فرسا بود. همین امر انگیزه و عامل اصلی درگیری قبیله‌های مختلف با هم بود و آن سرزمین را پر از جنگ و جدال می‌کرد. شمار زیاد جنگ‌ها در میان قبایل مختلف قبل از اسلام، نمایانگر این واقعیّت است. از نمونه‌های بارز این اطاعت از قبیله، جنگ بسوس است که دو قبیله به خاطر کشته شدن یک شتر، چهل سال با هم جنگیدند.[2]

پیمان بستن

شرایط قوم عرب و دشواری زندگی، آنان را وادار می‌کرد که برای خود هم‌پیمانانی پیدا کنند. پیمان‌هایی به صورت فردی یا گروهی میان افراد و قبایل بسته می‌شد زیرا پیدا کردن متحدان تنها راه تضمین بقا و ماندگاری بود. هنگام پیمان بستن دستان خود را در آب یا عطر فرو می‌بردند یا بر آب مقدس سوگند می‌خوردند و بعد از آن می‌نوشیدند یا دست‌های خود را زخمی می‌کردند و پیمان می‌بستند.[3] این رسم در دورهٔ اسلامی هم به کار رفت و هنگام فتح مکه، زنان مکه با فرو بردن دست خود در ظرف آب با پیامبر بیعت کردند.[4]

---

[1] - سالم، تاریخ عرب قبل از اسلام، صص ۳۴۱ - ۳۳۸
[2] - خلیل حتی، تاریخ عرب، صص ۱۱۴ - ۱۱۳
[3] - همان، ج ۴، صص ۳۷۷ - ۳۷۴
[4] - همان، ج ۵، ص۵۲۱

اندیشه‌ها و ادیان رایج در عربستان

دین رایج در سرزمین عربستان به جز چند نقطهٔ محدود، بت‌پرستی بود. قوم عرب به پیروی از نیاکان خود بت‌های مختلف را پرستش می‌کردند. آن‌ها این بت‌ها را به دو دستهٔ اصنام و اوثان تقسیم می‌کردند؛ صنم به معنای تندیس است اما وثن مقصود بتی است که رمز و نماد خداست. میان صنم و وثن تفاوتی وجود دارد، اگر تندیس به شکل انسان بود و از چوب یا طلا و نقره ساخته می‌شد به آن صنم می‌گفتند. اگر از سنگ بود به آن وثن می‌گفتند.[1] در هر صورت اشکال گوناگونی داشتند، برخی به صورت انسان و برخی به صورت حیوانات بودند و گاهی هم به شکل سنگ طبیعی بود که پرستش آن را از اجداد خود به ارث برده بودند.[2] به این نوع بت‌ها انصاب می‌گفتند در اطراف آن طواف می‌کردند و قربانی می‌نمودند. این بت‌ها هرکدام اسمی داشتند. در زمان نزدیک به صدر اسلام، چند بت معروف لات، منات، عزی و هبل پرستش می‌شدند.

یکی از بت‌های عرب صخره‌ای به نام « منات » بود که در منطقهٔ مشلشل واقع در قدید میان مکه و مدینه نصب شده بود و همهٔ قوم عرب آن را بزرگ می‌داشتند و در کنار آن قربانی می‌کردند. اوس و خزرج این بت را بسیار بزرگ می‌داشتند، هدیه و قربانی تقدیم آن می‌کردند. هیچ قوم و قبیله‌ای به اندازهٔ آن‌ها در بزرگداشت این بت تلاش نمی‌کردند. منات در نظر عرب‌ها، نماد مرگ بود همچنان که در نزد بابلی‌ها هم این‌گونه بوده‌است.[3]

دومین بت بزرگ عرب الههٔ مونث « لات » بود. در نظر بابلی‌ها نماد فصل تابستان بود. لات صخره‌ای سفید مربعی شکل بود و بت مخصوص قبیلهٔ ثقیف بود. آن‌ها به زیارت این بت می‌رفتند و به خاطر داشتن آن بر مکه فخر می‌فروختند.

بت « عزی» الههٔ مونث و از نظر زمان بعد از لات و منات پرستش شده‌است. عزی درختی بود در یک نخلستان که در کنار آن بتی قرار داشت و قبیلهٔ غطفان آن را پرستش می‌کرد. عزی برابر با عشتار « دختر خدای سین» نزد بابلیان است که همان ستارهٔ زهره است. قبیلهٔ

---

[1] - جواد علی، المفصل فی التاریخ العرب الجاهلی، ج ۵ ص ۷۸ همچنین فروخ ایام الجاهلیّه ص ۱۵۹

[2] - سالم، تاریخ عرب قبل از اسلام ص ۳۶۹

[3] - همان، صص۳۷۵ – ۳۷۴ همچنین ابن کلبی، کتاب الاصنام، ص ۱۴ – و فهد، خدایان شبه جزیره، ص ۷۹

قریش این بت را بزرگ و مقدس می‌دانست و به زیارت آن می‌رفت. همهٔ اعراب هم آن را می‌پرستیدند.[1]

قبیلهٔ قریش علاوه بر آن‌ها، بت مخصوص خود« هبل» را پرستش می‌کردند. هبل از عقیق سرخ به شکل انسان ساخته شده بود که یک دست آن شکسته بود. قریش آن را به همان شکل یافته بود، بعد یک دست طلایی به آن افزوده بود. در میان عرب‌ها، بت فراوانی و نعمت بود. مردم در مشکلات شخصی خود با تیرهای قمار در برابر آن فال می‌گرفتند و این گونه از او اجازهٔ انجام کاری را درخواست می‌کردند.

بت‌های دیگری هم بودند قبایل عرب آن‌ها را می‌پرستیدند مانند « اساف » و « نائله »که یکی از آن‌ها در خانهٔ کعبه و دیگری در محل زمزم قرار داشت. بعدها قریش آن‌ها را کنار هم قرار دادند. « مناف » « ذی‌خلصه » و « سعد » اسامی دیگر بت‌های معروف عرب بودند. علاوه بر این‌ها، بت‌های زیاد دیگری در میان قبایل عرب وجود داشت که پرستیده می‌شد.[2]

شرک و انحراف از پرستش الله

اعراب مظاهر طبیعت را پرستش می‌کردند اما آن‌ها را به عنوان آفریدگار خود نپذیرفته بودند بلکه فقط برای بزرگداشت در برابر آن‌ها تعظیم می‌کردند و از این حد تجاوز نمی‌نمودند. آن‌ها بت را به خاطر آفریدگاری انسان و سایر موجودات پرستش نمی‌کردند زیرا گاهی در کنار بت سوگند می‌خوردند؛ به نشانه احترام سوگند خود را عملی می‌کردند و گاهی از تفألی که به بت‌زده بودند ناراحت بودند، آن را نمی‌پذیرفتند و به آن دشنام می‌دادند. کلمهٔ مشرکین در قرآن هم نشان دهندهٔ این واقعیّت است که آن‌ها بت را شریک خدا قرار می‌دادند.

در همان قرن ششم میلادی یعنی نزدیکی‌های ظهور اسلام بود که در ذهن عرب بیابان نشین، بت جای خدا قرار گرفت. در حالی که پیش از این، شریک خدا بود و خدای واحد پرستش می‌شد. الله تنها معبود مکّیان نبود بلکه خدای اصلی به شمار می‌رفت.[3] این نام

[1] - همان ص ۳۸۰ همچنین فهد، خدایان شبه جزیره، ص ۹۷

[2] - همان ص ۳۸۰ همچنین گوستاولوبون، تاریخ تمدن اسلام و عرب ص ۱۰۳

[3] - دورانت، تاریخ تمدن، ج۴، بخش اول، ص ۲۰۶

قدیم است و در دو لوح عربی جنوب که یکی معینی است و در« علا » یافته شده و دیگری سبئی است، ذکر آن آمده‌است و هم به صورت ه.ل ه.در الواح لحیانی مربوط به قرن ششم پیش از میلاد دیده می‌شود. در لوح‌های مربوط به قرن پنجم پیش از اسلام که در« ام الجمال » به دست آمده این نام به شکل« هللاه » آمده‌است. آنچه این نکته را تأیید می‌کند، اسم‌گذاری کودکان با نام خدا بود نام پدر پیامبر عبدالله بود و معنی بنده خدا یا عابد خدا (الله) دارد[1] این شیوهٔ نام‌گذاری که کلمهٔ عبد را با اسم خدا ترکیب می‌کردند در عبدالمناف هم دیده می‌شود. مناف نام یک بت است و عبدالمناف اسم یکی از اجداد پیامبر است. این نکته که ساکنان مکه قبل از اسلام، الله را به عنوان خالق و آفریدگار می‌شناختند و به هنگام سختی و مشکل به او پناه می‌بردند از آیات قرآن نیز استنباط شده و می شود: « اوست که شما را در خشکی و دریا را می‌برد چه بسا هنگامی که در کشتی‌ها قرار می‌گیرید و کشتی‌ها با باد موافق سرنشینان را حرکت می‌دهند و سرنشینان بدان شادمان می‌گردند به ناگاه، باد سختی وزیدن می‌گیرد و از هر سو موج به سوی ایشان می‌رود و می‌پندارند که احاطه شده‌اند الله را به فریاد می‌خوانند به طاعت و فرمان برداری. این را تنها از آن او می‌دانند و می‌گویند اگر ما را از این حال برهانی ازجمله سپاسگزاران خواهیم بود.» یونس/ ۲۲

همچنین آیهٔ ۲۵ سورهٔ لقمان می‌فرماید: « اگر از آنان (مشرکان) بپرسی: چه کسی آسمان‌ها و زمین را آفرید است، حتماً می‌گویند:« الله» بگو ستایش کنید الله را ولی اکثرآنان نمی‌دانند. (و به مقتضای اعتراف خود عمل نمی‌کنند) و عبادت را تنها منحصر به خدا نمی‌کنند.» همچنین یونس/۳۱

ستاره‌پرستان و آتش‌پرستان

گروهی از قوم عرب ستاره‌هایی مانند خورشید و سیارات زهره و ماه را می‌پرستیدند. ستاره‌های دیگری مانند: دبران، عیّوق، شعری، ثریا، مرزم و سهیل و سیارهٔ عطارد را پرستش می‌کردند. قبیلهٔ کنانه ماه و دبران را عبادت می‌کردند. جروهم در برابر مشتری سجده می‌کردند. قبیلهٔ طی ثریا، مرزم و سهیل را می‌پرستیدند. گروهی از تیره‌های ربیعه به پرستش مرزم می‌پرداختند. بعضی از تیره‌های لخم، خزاعه و قریش شعرای یمانی را مورد پرستش قرار می‌دادند. البته همهٔ افراد این قبایل ستارگان را پرستش نمی‌کردند بلکه گروهی

[1] - خلیل حتی، تاریخ عرب، صص ۱۲۹- ۱۲۸

این کار را انجام می‌دادند. ستاره‌پرستان به صابئیان معروف بودند.[1] در قرآن در سورهٔ بقره / ۶۲، مائده / ۶۹ و حج / ۱۷ از آن‌ها اسم برده شده‌است.

آتش‌پرستی نیز در میان بعضی از قبایل رواج داشت، در عصر جاهلی در قبیلهٔ تمیم آتش‌پرستی رایج بود. زندقه از طریق منطقهٔ حیره به میان عرب‌ها راه یافت و قبیلهٔ قریش به دلیل تجارت با ایرانیان با این عقیده آشنا شد. زندیقان به دو دسته تقسیم می‌شدند: کسانی که به دوگانه پرستی باور داشتند، باور به روشنایی و تاریکی (اهورامزدا و اهریمن) و کسانی که به روزگار اعتقاد داشتند که به آن‌ها دهریّون می‌گفتند. در قرآن در سورهٔ جاثیه / ۲۴ به آن اشاره شده‌است.[2] با این وجود ایرانیان در اصل یکتاپرست بودند.

یکتاپرستان

با وجود این که اکثریت مردم بت‌پرست بودند اما ادیان توحیدی نیز در منطقه وجود داشت: یهودیان و مسیحیان در بخش‌هایی از عربستان زندگی می‌کردند. یهود و مسیحیّت از خارج منطقهٔ عربستان به آنجا راه یافته بود و ادیانی تولد یافته و رشد یافته در محیط عربستان نبودند اما در آشنا کردن قوم عرب به وجود خدای واحد و ادیان توحیدی نقش مهمی داشتند و زمینهٔ روحی و روانی را در قوم عرب ایجاد کرده بودند. بت‌پرستان با یهودیان و مسیحیان ارتباط داشتند، با اعتقادات آنان آشنا بودند و آن‌ها را اهل کتاب می‌نامیدند. در کنار این دو دین توحیدی، گروهی از اندیشمندان قوم عرب از پرستش بت‌ها دست کشیدند و خدای یکتا را پرستش نمودند، به آن‌ها حنیفان گفته می‌شد. آنان به گونه‌ای زاهدانه در نقاط مختلف عربستان زندگی می‌کردند. این آیین‌های توحیدی تأثیر زیادی در فراهم کردن شرایط نزول دین جدید در عربستان داشت. اکنون به بررسی آن‌ها می‌پردازیم:

یهودیّت

یهودیان به صورت منسجم، مشخص و اثرگذار در عربستان حضور داشتند. آن‌ها شکست خوردگانی بودند که پس از ویران شدن اورشلیم در سال ۷۰ میلادی به دست رومیان از

---

[1] - سالم، تاریخ عرب قبل از اسلام، صص ۳۸۵ - ۳۸۳

[2] - همان، ص ۳۸۵

آنجا مهاجرت کردند و به عربستان شمالی و حجاز آمدند و در خیبر، وادی‌القری، فدک و تیما ساکن شدند. یهودیان مدینه در قالب سه طایفهٔ بنی قریظه، بنی نضیر و بنی قینقاع در آنجا ساکن شدند و با دو گروه اوس و خزرج که از قبایل معروف عرب بودند، هم‌پیمان شدند.[۱] یهودیان مدینه نقش بسیار زیادی در گرایش این دو قبیله به دین اسلام داشتند زیرا هر موقع میان یهودیان و اعراب درگیری پیش می‌آمد به قبایل اوس و خزرج یادآور می‌شدند که به همین زودی پیامبری در این منطقه ظهور خواهد کرد. آن‌ها به این پیامبر می‌گروند و قبایل عرب را نابود می‌کنند.[۲]

مسیحیّت

تاریخ نفوذ مسیحیّت در عربستان به طور دقیق مشخص نیست. آنچه مسلم است، این است که در سه قرن اول میلادی دین مسیح در مناطق همجوار قوم عرب با یونانی‌ها و رومی‌ها گسترش یافته بود و به همان جا محدود می‌شد. پیش از ظهوراسلام، مسیحیّت در میان قبایل زیادی درمناطق مرزی راه یافته بود.[۳] چهار مرکز مسیحی که در مجاورت سرزمین‌های عربی قرار داشتند در سوریه، عراق، حبشه و یمن واقع شده بودند و عامل اصلی انتشار مسیحیّت در جزیره العرب شدند. ساکنان مناطق زیر نفوذ پادشاه غسانی که در شمال غرب شبه جزیره قرار داشت، به تدریج به دین مسیح گرویدند. در عراق نیز در شهرهای رها، نصیبین، اربل، جندی‌شاپور، سلوکیه و تیسفون مسیحیّت شایع شده بود. گروه زیادی به آیین مسیحیّت روی آوردند به این نو مسیحیان « عباد » می‌گفتند. حتی نعمان بن منذر پادشاه حیره به این دین گروید. در حالی که همهٔ پادشاهان پیشین حیره بت‌پرست بودند. قبیله‌های تغلب و گروه‌های از بکر بن وائل در این منطقه به مسیحیّت ایمان آوردند.

در حبشه نیز مسیحیّت گسترش پیدا کرد و نجاشی دین حضرت عیسی را پذیرفت. پس از آن‌که مبلغان امپراتوری بیزانس در قالب هیئتی به یمن رفتند و پادشاه حمیر را به این دین دعوت کردند، پادشاه حمیر مسیحی شد. از آن به بعد ارتباط میان حبشه مسیحی نشین و یمن بیشتر شد و همین موجب نفوذ بیشتر این دین در یمن شد.

---

۱ - همان، صص ۲۹۵ - ۲۹۲

۲ - شهیدی، تاریخ تحلیلی اسلام، ص ۵۵

۳ - لاپیدوس، تاریخ جوامع اسلامی، ص ۵۰

کم‌کم نفوذ مسیحیّت در اطراف مرزهای عربستان موجب رواج آن در سرزمین عرب شد. به ویژه در میان قبایل طی و دومهٔ الجندل رایج شد اما اعتقاد آن‌ها به آیین مسیح جنبهٔ ظاهری داشت و آن‌ها مسیحیّت را با بسیاری از آداب و رسوم بت‌پرستی آمیختند. شعر عدی بن زیاد عبادی گواهی این آمیزش است:

« سعی الاعداءُ لا یالونَ شرّاً   علیّ و ربّ مکه و الصلیب

به خدای کعبه و صلیب سوگند، دشمنان کوشیدند تا از هیچ بدی نسبت به من فروگذاری نکنند.» [1]

شاعر به خدای کعبه‌ای که نشانه بت‌پرستی است و صلیب نشانه مسیحی بودن است سوگند خورده‌است. در میان عرب شخصیت‌های معروفی مانند ارباب بن رئاب از قبیله عبدالقیس، ابوقیس صرمه بن ابی دانس از بنی نجار، ورقه بن نوفل، عبید ابرص اسدی شاعر و بحیرای راهب به آیین مسیحّیت در آمدند.[2]

نشانه‌هایی از بی‌اعتقادی به بت‌ها

نشانه‌هایی از سست شدن ایمان و باور به بت‌ها وجود دارد، وقتی اعراب برای برآورده شدن نیازهای به آن‌ها روی می‌آوردند و نتیجهٔ مثبتی از آن نمی‌گرفتند با خشم و خشونت بت‌ها را رها می‌کردند. همین باعث می‌شد که دیگران هم به قدرت بت‌ها بی‌اعتقاد شوند. امروالقیس شاعر معروف عرب برای خونخواهی پدر در برابر بت ذی‌خلصه با تیرهای قمار تفأل زد و تیری بیرون آمد که او را از انتقام گرفتن منع کرد. او به بت دشنام داد و تیر را شکست و آن را به صورت بت کوبید این شعر را سرود:

« لو کنت یا ذوالخلص الموتورا   مثلی و کان شیخک مقبورا

لم تنه من قتل العداه زورا

---

[1] - ضیف، عصر جاهلی، ص ۱۰۱

[2] - سالم، تاریخ عرب قبل از اسلام، صص ۳۸۹ - ۳۸۶

ای ذو خلصه! اگر تو نیز مانند من صاحب خون بودی و پدرت در گور خفته بود بی دلیل و به ستم از کشتن دشمن و گرفتن انتقام مرا باز نمی‌داشتی.»[1]

پس از آن تا زمان ظهور اسلام کسی در پیش آن بت تفأل نزد. همچنین مردی از قبیله کنانه پیش بتی به نام سعد آمد تا شتر خود را متبرک کند. چون به بت نزدیک شد شتر ترسید و رم کرد آن مرد عصبانی شد، سنگی به طرف بت پرتاب کرد و از این بت روی گردانید. عدی بن حاتم منتظر بود تا بت فلس شخصی را تنبیه کند که شتری را برای قربانی کردن پیش بت آورده بود ولی از قربانی کردن آن پشیمان شده بود. مدتی گذشت، خبری از مجازات فرد خطاکار نبود. عدی ایمان خود را به این بت از دست داد و به مسیح ایمان آورد.[2]

دین حنیف و تأثیر آن بر جامعه

ناتوانی بت‌ها در برآورده‌کردن نیازها، سست شدن ایمان و اعتقاد به آن‌ها موجب شد که شماری از اندیشمندان و خردمندان، معبود اصلی خود الله را پرستش نمایند و از پرستش بت‌های ناتوان و بی ارزش قوم عرب دست کشیدند. در عین حال دین یهود و مسیح را هم انتخاب نکردند و اندیشه و آیینی مستقل از همه را برگزیدند. آن‌ها به یگانگی خداوند باور داشتند این گروه حنیفان، احناف، متحنّفین، - که همهٔ این کلمات جمع حنیف است - نامیده شدند. حنیف صفت ابراهیم بود که در قرآن مجید در سوره‌های بقره/ ۱۳۵ آل عمران /۶۷ و نسا/ ۱۲۵ از آن یاد شده‌است. آیین حنیف دین جدیدی مانند مسیحیّت و یهودیّت نبود بلکه بیشتر پیروان آن کسانی بودند که دربارهٔ پرستش بت‌ها دچار شک و تردید شدند و برای آرامش درون به دنبال دین درست (آیین ابراهیم) به سیر و سیاحت روی آوردند یا در غارهای اطراف مکه عزلت گزینند و به تفکّر در نظام خلقت پرداختند. آن‌ها خدای واحد را به دور از هرگونه شرک و ناخالصی پرستش می‌کردند و مانند حضرت ابراهیم مردم را به خدای واحد می‌خواندند. نگرش و بینش حنفاء تأثیر بسیار زیادی در ویران کردن اساس بت‌پرستی در شبه جزیرهٔ عرب برجای نهاد و آیین‌ها و رسوم بت‌پرستی در مقابل اندیشهٔ نو

---

[1] - سالم، تاریخ عرب قبل از اسلام، ص۳۹۳ همچنین آلوسی، بلوغ الارب ج۳، ص۶۷

[2] - همان، صص ۳۹۵ - ۳۹۲

شکست خورد. مبارزه با بت‌ها و معبودهای باطل پیش از اسلام بیشتر شد و گسترش پیدا کرد که نمونه‌هایی از آن را در برخورد با بت‌ها مشاهده نمودید.

وجود ادیان توحیدی درعربستان به ویژه آیین حنیف بستر را برای ظهور دین جدید مهیا کرد. دینی که مشابهت بیشتری با آیین رشد یافته درعربستان یعنی آیین حنیف داشت. همین باعث شد تا اسلام پایگاه و نقطهٔ اتکای خاصی در جامعهٔ عرب برای خود پیدا کند.[1]

ناسازگاری دین یهود با جامعه عرب

با وجود این‌که ادیان یهودیّت در داخل عربستان و مسیحیّت در مرزها رایج بودند اما به دلیل عدم تناسب با روحیّات قوم عرب نتوانستد رواج پیدا کنند. لطف خداوند در حقّ قوم یهود و نجات دادن آن‌ها از دست فرعون، باعث به وجود آمدن این توهّم در بنی اسرائیل شد که آن‌ها قوم برتر هستند و خداوند به این‌خاطر آن‌ها را برگزیده و نعمت‌های خود را به آنان اعطا کرده‌است. این چنین نگرشی باعث این ایجاد دو ویژگی در دین یهود و یهودیان شد: نخست این که چون یهودیان خود را برتر می‌دانستند اقوام دیگر را شایسته هدایت نمی‌دانستند. در نتیجه این دین به دین بسته و محدود تبدیل شد و فرد یهودی کسی بود که پدر و اجداد او یهودی بودند. به همین جهت دین یهود نمی‌توانست اعضای جدید بپذیرد. نکتهٔ دوم این بود که قوم یهود گمان می‌کردند که همهٔ نعمت‌های دنیا از آن‌هاست و در نتیجه در جمع آوری مال و ثروت تلاش بسیار زیادی از خود نشان می‌دادند. همین امر باعث شد که یهودیان را به حریص بودن متهم کنند. صفات دیگری مانند پیمان شکنی و نیرنگ را برایشان بر می‌شمردند. نکتهٔ دیگر این بود که اعراب یهودیان را به دلیل این که دست نشاندهٔ ایرانیان در یمن بودند، تحقیر می‌نمودند. از جمله دیگر ضعف‌های مهم دین یهود فراوانی احکام و آداب و رسوم دینی و همچنین پیچیدگی آن‌ها بود که مانع جذب دیگران به این دین می‌شد. این عوامل از جمله مهم‌ترین موانع پیشرفت دین یهود در جامعهٔ عرب شد و موجب شد که اعراب اشتیاق چندانی به این دین نداشته باشند.[2]

---

1 - همان، ص۳۹۶

2 - همان، ص ۳۹۰

دین مسیح و ناسازگاری آن با روحیّات قوم عرب

دین مسیح دینی زاهدانه و دنیاگریز است و پیروان خود را به بی‌توجّهی به دنیا دعوت می‌کرد. این در حالی است که شرایط و محیط زندگی قوم عرب به گونه‌ای بود که می‌بایست رو در روی مشکلات قرار می‌گرفتند و عملاً به حلّ آن‌ها می‌پرداختند که طبیعتاً نیازمند تلاش و فعالیّت در امور زندگی و حل کردن مشکلات آن داشت که با دنیاگریزی دین مسیح سازگاری نداشت. از سوی دیگر دین مسیح در نحوۀ برخورد و خصلت‌های اخلاقی و روحی بسیار ملایم و نرم عمل می‌کرد. حضرت عیسی پیروان خود را به ملایمت و نرمی در برابر دوستان و دشمنان فرا می‌خواند و به پیروان خود می‌گفت: « هرکس به رخسار راست تو سیلی زد طرف دیگر صورت را به سوی او بچرخان و اگر کسی بخواهد با تو دعوا کند و قبای تو را بگیرد عبای خود را نیز به او بده هرگاه کسی تو را بر یک میل مجبور سازد دو میل همراه او برو. هر کس از تو سؤال کند به او ببخش و از کسی که قرض از تو خواهد روی مگردان. شنیده‌اید که گفته‌اند: همسایه خود را محبت نما و با دشمن خود عداوت کن اما من به شما می‌گویم که دشمنان خود را محبت نمایید و برای لعن‌کنندگان خود برکت بطلبید. به آنانی که از شما نفرت‌کنند احسان‌کنید و هر که به شما فحش دهد و جفا رساند دعای خیر کنید تا پدر خود را در آسمان پسران شوید. » انجیل متی باب ۵ آیات ۴۲ - ۳۹

ملایمت، نرمی و لطافت به هیچ عنوان با روحیّات و ویژگی‌های قوم عرب سازگار نبود زیرا آن‌ها حاضر به پذیرش هیچ چیزی برخلاف میل خود نبودند. اعراب به خاطر چیزهای بی‌ارزش سال‌ها می‌جنگیدند و گاهی به خاطر توهینی که به آن‌ها می‌شد انسان‌های زیادی را از بین می‌بردند. داستان شنفری نمونۀ بارز روحیۀ عرب است مردی که سوگند خورد که صد مرد از بنی سلامان را بکشد. با کشتن نود و نه نفر از آن‌ها سرانجام به دستی یکی از دلاوران آن‌ها کشته شد اما استخوان جمجمه او کار خود را کرد و باعث مرگ صدمین نفر از آن‌ها شد. شنفری این‌گونه به سوگند خود جامه عمل پوشاند.[۱]

بنابراین می‌بینیم که میان آموزه‌های مسیح و روحیّات قوم عرب هیچ‌گونه سازشی وجود ندارد. این ناسازگاری یکی از دلایل اصلی گسترش نیافتن مسیحیّت در میان اعراب پیش از اسلام بوده‌است.

---

[۱] - الفاخوری، تاریخ ادبیات زبان عربی، صص ۵۲ - ۵۱

عدم تکامل جوهرهٔ دینی در دین‌های یهود و مسیح

هدف خداوند از بعثت پیامبران و فرستادن پیام خود، روشنگری دربارهٔ مبدا و مقصد کاروان حیات انسان است که پیام اصلی و جوهرهٔ نهایی ادیان است. اعتقاد به وجود خدای واحد اولین و مهمترین جوهرهٔ دینی در ادیان توحیدی بوده‌است و هدف اصلی آن نشان دادن نقطهٔ شروع نظام خلقت، وجود آفریدگاری آگاه و نیرومند بوده و هست تا انسان در این دنیا به بیراهه نرود. با دلگرمی، امید، توکل به آفرینندهٔ و با آرامش مسیر زندگی خود را بپیماید. دچار سرگردانی و حیرت دربارهٔ نظام خلقت و وجود خالق نشود. همهٔ ادیان، کار خود را با دعوت به توحید آغاز کردند تا ابتدا مبدأ نظام آفرینش را نشان دهند و سپس دومین جوهرهٔ اساسی دین را برای انسان‌ها مشخص کنند تا آنان بدانند این مجموعه هدفمند است و زندگی انسان هم هدفی را دنبال می‌کند این هدف باور به وجود معاد و رستاخیز دوباره است که نوع بشر را به زندگی و حیاتی کامل‌تر رهنمون می‌سازد و به همهٔ کارها و اقدامات او در دنیا معنا و جهت می‌بخشد. او را از پوچی، بیهودگی و نیست‌گرایی نجات می‌دهد. سومین جوهرهٔ دینی، ایمان و باور به وجود پیامبرانی است که از سوی خداوند به عنوان راهنمای مردم برگزیده شده‌اند تا آن‌ها را به توحید و رستاخیز مؤمن سازند و این گونه آنان را از گرداب گمراهی نجات دهند.

اکنون دو جوهرهٔ اساسی ادیان یعنی توحید و معاد را در دین یهود و مسیح بررسی می‌نماییم. نکتهٔ مهمی که در توحید و یکتاپرستی دین یهود داریم این است که تصویری پاک و مقدّس و مجرّد از خداوند در تورات ارائه نشده و هنوز ذهنیّت انسان همزمان با نزول تورات، جسم گرایی خود را به طور کامل از دست نداده و آن را فراموش نکرده بود و گاهی صفات انسانی به خداوند نسبت داده شده‌است. هنگامی که خداوند انسان را خلق کرد و نسل آدم شروع به شرارت کرد یهوه (خدای یهودیان) در تورات از آفرینش انسان متأسف و پشیمان می‌شود و این مورد چند بار تکرار شده‌است: « خداوند دید که شرارت انسان در زمین بسیار است و هر تصوّر از خیال‌های وی دایماً محض شرارت است و خداوند پشیمان شد که انسان را بر زمین ساخته بود و در دل خود محزون گشت.» تورات سفر پیدایش باب ۶ آیات ۶-۵

همچنین صفات و ویژگی‌های انسانی به خداوند نسبت داده شده‌است:

« هر که خون انسان ریزد خون وی به دست انسان ریخته شود زیرا خدا انسان را به صورت خود ساخت.» سفر پیدایش باب ۹ آیات ۶- ۵

« چون خدا از سخن گفتن با وی (ابراهیم) فارغ شد از نزد ابراهیم صعود فرمود.» سفر پیدایش باب ۱۷ آیه ۲۲

« و انسان را شبیه خود ساخت.» سفر پیدایش باب ۵ آیه ۱

نکتهٔ دوم این است که باور و ایمان به معاد به گونه‌ای بسیار کمرنگ در تورات وجود دارد و همین باعث شده که یهودیان به دو گروه تقسیم شدند: گروه اکثریت به نام فریسیان که به فرشته روح و معاد ایمان دارند و گروه اقلیّت موسوم به صدوقیان که به فرشته، روح و معاد باور ندارند. حیات پس از مرگ در تورات به صورت پراکنده، نامشخص و اشاره‌وار بدون روشنگری و پرداختن به چگونگی آن مطرح شده‌است و این اشاره‌ها با توجّه به حجم زیاد تورات بسیار ناچیز و انگشت‌شمار است. از جمله در موارد زیر در تورات از معاد و حیات دوباره سخن گفته شده‌است:

« می‌میرم و زنده می‌کنم مجروح می‌کنم و شفا می‌دهم.» سفر تثنیه باب ۳۲ آیه ۳۹

« خداوند می‌میراند و زنده می‌کند به قبر فرو می‌آورد و برمی‌خیزاند.» کتاب اول سموئیل ۲ آیه ۶

« انسان را به غبار بر می‌گردانی و می‌گویی ای بنی آدم رجوع نمایید.» مزامیر داود کتاب چهارم مزمور ۹۰ آیه ۳

« اما به جهت ترس خداوند تمامی روز غیور باش زیرا که البته آخرت است و امید تو منقطع نخواهد شد. » امثال سلیمان باب ۳۳ آیات ۱۸-۱۷

« در آن زمان میکائیل امیر عظیمی که برای پسران قوم ایستاده، خواهد برخاست و چنان زمان تنگی خواهد شد که از حینی که امتی به وجود آمده‌است تا امروز نبوده‌است و در آن زمان هریک از قوم تو که در دفتر مکتوب یافت شود رستگار خواهد شد. بسیاری از آنانی که در خاک خوابیده‌اند، بیدار خواهند شد. اما اینان

به جهت حیات جاودانی و آنان به جهت خجالت و حقارت جاودانی.» کتاب دانیال نبی باب ۱۲ آیه ۲-۱

« چنان که خشکی و گرمی آب برف را نابود می‌سازد همچنین هاویه خطاکاران را.» کتاب ایوب باب ۲۴ آیه ۱۹

« آیات را از خون و آتش و ستون‌های خود در آسمان و زمین ظاهر خواهد ساخت. آفتاب به تاریکی و ماه به خون مبدل خواهند شد پیش از ظهور یوم عظیم و مهیب خداوند واقع خواهد شد. هر که نام خدا را بخواند نجات یابد زیرا که در کوه صهیون و اورشلیم چنان که خدا گفته‌است بقیّتی خواهد بود و درمیان باقی ماندگان آنانی که خداوند ایشان را خوانده‌است.» کتاب یوئیل نبی باب ۲ آیات ۱۱ – ۱۰

همان‌گونه که از این موارد و موارد مشابه آن که در تورات ذکر شده‌است مشخص می‌شود معاد در تورات تصویری گویا، روشن و شفاف ندارد. وضعیّت زندگی انسان در دنیای آخرت، کیفیت زندگی، نحوهٔ پاداش دادن به نیکوکاران و مجازات بدکاران به طور دقیق مشخص نیست. شاید به این دلیل یهودیان مدینه در برابر پیامبر ادعا می‌کردند که آن‌ها دچار آتش جهنم نمی‌شوند و مگر برای مدتی محدود. بقره / ۸۰

در تورات پاداش‌ها مجازات‌های قوم یهود شکل دنیوی به خود گرفته‌است هر وقت که این قوم دستورات خداوند را اطاعت می‌کردند به آن‌ها وعدهٔ رسیدن به بزرگی، عظمت و پیروزی بر اقوام دیگر داده شده و هر زمان که فرمان‌های الهی را پیروی نمی‌کردند و گمراه می‌شدند خداوند آن‌ها را به خواری دنیوی یعنی شکست خوردن در برابر قوم‌های دیگر و نابود شدن خانه و کاشانهٔ تهدید می‌کرد و این تهدید خود را عملی می‌کرد:

« در سال بیست وسوم یوآش بن اخزیا پادشاه یهودا: یهواخاز بن بیهو بر اسرائیل در سامره پادشاه شد. هفده سال سلطنت نمود و آنچه در نظر خدا ناپسند بود به عمل آورد و در پی گناهان یربعام بن نباط که اسرائیل را مرتکب گناه ساخته بود سلوک نموده از آن اجتناب نکرد. پس غضب خدا بر اسرائیل افروخته شده ایشان را به دسته حزائیل پادشاه آرام و به دست بنهدد پسر حزائیل همه روزها تسلیم نمود و یهواخاز نزد خداوند تضرع نمود. خدا او را اجابت فرمود زیرا که تنگی اسرائیل را دید که چگونه پادشاه آرام ایشان را به تنگ می‌آورد

و خداوند نجات دهنده‌ای به اسرائیل داد که ایشان از زیر دست آرامیان بیرون آمدند. بنی‌اسرائیل مثل ایام سابق در خیمه‌های خود ساکن شدند.» کتاب پادشاهان باب ۱۳ آیات ۶-۱

بنابراین در تورات اصل توحید به ویژه معاد به خاطر محدودیّت ذهنی و درک انسان آن روزگار نقص‌هایی داشت که می‌بایست در ادیان بعد کامل می‌شد.

نیاز به ناجی

پس از گذشت زمان طولانی به دلیل رشد جامعه، اندیشه و فکر بشر همچنین قشری‌گری در دین یهود نیاز به آمدن دین جدید کاملاً احساس می‌شد. آنچه که وجود این نیاز را تأیید می‌کرد انتظار کشیدن مردم و امید به ظهور یک ناجی بود این نیاز شدید در انجیل این گونه بازگو شده‌است:

« خدا به زبان اشعیای نبی خبر داده‌بود که مسیح را به این جهان خواهدفرستاد و شخصی (یحیی) را نیز پیش از او گسیل خواهد داشت تا مردم جهان را برای آمدن او آماده سازد....یحیی به مردم چنین می‌گفت: به زودی شخصی(عیسی) خواهد آمد که او از من خیلی بزرگتر است بطوری که من لیاقت خدمت‌گزاری او را ندارم من شما را با آب تعمید می‌دهم ولی او با روح القدس تعمید خواهد داد.» مَرقُس باب اول آیات ۸-۲

حضرت عیسی برای کامل کردن دین یهود و برداشتن خرافات و حذف گمراهی‌ها و از همه مهمتر پاسخ دادن به نیازها و خواسته‌های جدید زمان به پیامبری برگزیده شد. محدودیّت‌ها و سختی‌هایی که کاهنان یهود در حق مردم روا می‌داشتند زندگی را بر مردم سخت و دشوار کرده بود. حضرت عیسی با این تنگ‌نظری و سخت‌گیری‌ها به مقابله برخواست و پیام ادیان الهی را بالاتر از اجرای احکامی‌دانست که کاهنان مردم را به پایبندی به آن دعوت می‌کردند. به این‌خاطر کاهنان یهود با تحریک کردن یهودیان متعصّب شدیداً با او

مخالفت کردند. حضرت عیسی خطاب به کاتبان و فریسیان گفت: « وای بر شما کاتبان و فریسیان ریاکار زیرا خانه‌های بیوه‌زنان را می‌بلعید و از روی ریا نماز را طولانی می‌کنید از آن رو عذاب شدید خواهید یافت. » متی باب ۲۳ آیات ۱۵ - ۱۳

همچنین در پاسخ به اعتراض کاهنان برای شفا دادن بیماران در روز شنبه می‌گوید چرا بر من خشم می‌آورید از آن سبب که در روز سبت شخصی را شفای کامل دادم. « یوحنا باب ۷ آیات ۲۴ - ۲۱» و در رابطه با همین موضوع در انجیل لوقا آمده‌است: « خطاب به روسای فریسیان می‌گوید کیست از شما که الاغ یا گاوش روز سبت در چاهی افتاد و فوراً آن را بیرون نـیاورد پس در این امور از جواب وی عاجز مانـدند.» انجیل لوقا باب۱۴ آیات ۶ – ۴

در دین مسیح آنچه بیشتر مورد توجّه قرار گرفته‌است: پاک کردن دل و درون و نیّت انسان است. حضرت عیسی جهان بیرون را آلوده و نجس نمی‌بیند بلکه درون انسان را عامل بدی و فسادها می‌داند و بارها این نکته را در انجیل بیان نموده‌است: « آن جماعت را پیش خود خواند و به ایشان گفت هیچ چیز نیست که از بیرون آدم داخل او گشته، بتواند او را نجس سازد بلکه آنچه از درونش صادر شود آن است که آدم را ناپاک می‌سازد. هنگامی که از او توضیح خواستند، گفت: نمی‌دانید آنچه از بیرون داخل آدمی شود نمی‌تواند او را ناپاک سازد زیرا داخل دلش می‌رود و خارج می‌شود به مزبله‌ای که این همه خوراک را پاک می‌کند. و گفت: آنچه از آدم بیرون آید ایشان را ناپاک می‌سازد زیرا از درون دل انسان صادر می‌شود خیالات بد و ناپسند، قتل، طمع، خباثت، مکر، شهوت‌پرستی، چشم بد، کفر، غرور و جهالت است. تمامی این چیزهای بد از درون صادر می‌گردد و آدم را ناپاک می‌گرداند.» انجیل متی باب ۱۵ آیات ۲۰- ۱۰ و انجیل مرقس باب ۷ آیات ۲۳ – ۱۴

نگاه حضرت عیسی و در کل دین مسیح به دنیا نگاهی عارفانه و دنیاگریز است و این نکتهٔ اساسی بارها در انجیل تکرار شده‌است این نگرش عارفانه از زبان حضرت عیسی این گونه بیان شده‌است: « اگر کسی از سر نو مولود نشود ملکوت خدا را نمی‌تواند دید. نیقودیموس به او گفت: چگونه ممکن است که انسانی که پیر شده باشد متولد گردد. آیا می‌شود که بار دیگر داخل شکم مادر گشته متولد شود در جواب گفت: آمین آمین؛ به تو می‌گویم اگر کسی از آب و روح متولد نگردد ممکن نیست که داخل ملکوت خدا شود. آنچه از جسم متولد شود، جسم است و آنچه از روح متولد گشت روح است. عجب مدار که به تو گفتم: باشد شما از سر نو متولد گردید.» انجیل یوحنا باب ۳ آیات ۸ – ۳

گویی که هدف نهایی حضرت عیسی و روشنگری دربارهٔ معاد است. تا جایی که معجزات او هم به حیات مجدد مربوط می‌شود او یا بیماران را شفا می‌دهد یا مردگان را زنده می‌نماید. بدین‌گونه ارتباط تنگاتنگی میان معجزات و حیات دوباره (معاد) وجود دارد. به طوری که قرآن کریم هم روی این مسئله تأکید می‌کند: « قطعاً وجود عیسی خبر از قیامت می‌دهد. هرگز درباری قیامت شک و تردید نداشته باشید و از من پیروی کنید که راه راست این است.» زخرف / ۶۱

گویی‌که یکی از اهداف مهم دین مسیح تقویت باور و اندیشهٔ زندگی مجدد و معاد است. نمونه‌های زیر معاد و کیفیت زندگی پس از مرگ را نشان می‌دهد:

« در روز جزا حالت صور و صیدون از شما بهتر خواهد بود و تو ای کفرناحوم که تا به فلک سرافراشته‌ای به جهنم سرنگون خواهی شد.» انجیل متی باب۱۱ آیات ۲۲ - ۲۳

« آن‌که به پسر ایمان آورده باشد حیات جاودانی دارد و آن که ایمان نیاورد حیات را نخواهد دید بلکه غضب خدا بر او می‌ماند.» انجیل یوحنا باب ۱۳ آیات ۲۰ - ۱۹

« به هر کس بر حسب اعمال جزا خواهد داد اما به آنانی که با صبر در اعمال نیکو طالب جلال و اکرام و بقایند حیات جاودانی را.» رساله پولس باب ۲ آیه ۷

« خدا محبت است و هرکه در محبت ساکن است در خدا ساکن است و خدا در وی. محبت در همین با ما کامل شده‌است تا در روز جزا ما را دلاوری باشد.» رساله اول یوحنا باب ۴ آیات ۱۷ – ۱۶

« ارادهٔ فرستندهٔ من این است که هر که پسر را دید و به او ایمان آورد حیات جاودانی داشته باشد و من در روز بازپسین او را خواهم برخیزانید.» انجیل یوحنا باب ۶ آیات ۴۴ - ۴۳

در انجیل با وجود تأکید بر معاد در مورد امکانات دنیای پس از مرگ و کیفیّت زندگی مؤمنان در بهشت به صورت روشن توضیح داده نشده‌است. مواردی که به آن اشاره شده سخنی از نیازهای جسمی و مادی وجود انسان به میان نیامده‌است و گویی که زندگی انسان

زندگی کامل روحانی و همانند فرشتگان غرق در معنویت است در تایید این مطلب در انجیل چنین آمده‌است: « صدوقیان که منکر قیامت هستند نزد او (عیسی) آمده سؤال نمودند. گفتند که استاد، موسی گفت اگر کسی بمیرد باید برادرش زن او را نکاح کند تا نسلی برای خود پیدا نماید باری در میان ما هفت برادر بودند که اولی زن گرفته بود چون اولادی نداشت زن را به برادر خود ترک کرد و همچنین دومین و سومین تا هفتمین و آخر از همه، آن زن نیز مرد. پس در قیامت زن کدام یک از آن هفت خواهد بود زیرا که همه او را داشتند. عیسی در جواب ایشان گفت: گمراه هستید از این رو که کتاب و قوّت خدا را در نیافته‌اید زیرا در قیامت نه نکاح می‌کنند، نه نکاح کرده می‌شود. بلکه مثل ملائکه خدا در آسمان می‌باشند.» انجیل متی باب ۲۲ آیات ۳۰ - ۲۳

در انجیل زندگی پس از مرگ بیشتر به صورت زندگی روحانی معنوی و فرشته‌گونه به تصویر کشیده شده‌است که انسان از آن بهره‌مند خواهد شد؛ در جوار رحمت، لطف و عظمت خداوند قرار خواهد گرفت. جنبه مادی، جسمی وجود انسان، نیازها و خواسته‌های او کمتر مورد توجّه قرار گرفته‌است.

ضعف بزرگ‌تر و اساسی‌تر دین مسیح در توحید و یکتاپرستی آن وجود دارد زیرا حضرت عیسی خود را پسر خدا و خدا را پدر خود می‌خواند. خداوند را همانند انسان، صاحب فرزندی مادی، خاکی و ناقص می‌داند که به هیچ وجه تناسبی با مقام والای الهی ندارد. تقدس، پاکی و یکتایی خداوند را خدشه‌دار می‌کند. توحید و یکتاپرستی صرف، خالص و مجرّد را از دسترسی پیروان خود دور می نماید و آن‌ها را از این نعمت بزرگ محروم می‌دارد. به این ترتیب جلوه‌ای انسانی از خداوند به انسان‌ها ارائه می‌دهد. در جای جای انجیل بر این اساس حرکت می‌کند که چند نمونه از آن را ذکر می‌نماییم:

> « گفت ای پدر! مالک آسمان و زمین تو را ستایش می‌کنم که این امور (امور دینی) را از دانایان و خردمندان پنهان داشتی و به کودکان (حضرت عیسی) مکشوف فرمودی. بلی ای پدر زیرا که همچنین، منظور نظر تو بود. » متی باب ۱۱ آیات ۲۶ - ۲۵

> « هیچ کس را بر زمین پدر خود مخوانید زیرا پدر شما یکی است که در آسمان است.» متی باب ۲۳ آیه ۹

« ما دیده‌ایم و شهادت می‌دهیم که پدر پسر را فرستاد تا نجات دهندهٔ جهان شود. هر که اقرار می‌کند که عیسی پسر خداست، خدا در وی ساکن و او در خدا.» رساله اول یوحنای رسول باب ۴ آیات ۱۵ – ۱۴

« کاری بکنید اما نه برای خوراکی فانی بلکه برای خوراکی که تا حیات جاودانی باقی است که پسر انسان آن را به شما عطا خواهد کرد زیرا خدای پدر بر او مهر زده‌است. » یوحنا باب ششم آیه ۲۷

این موضوع مهمترین ضعف دین مسیح است. به همین دلیل یهودیان با حضرت عیسی مخالفت کردند و حکم مرگ برای او صادر کردند:

« یهودیان به او (پیلاطس حاکم) جواب دادند ما شریعتی داریم موافق شریعت ما واجب است که بمیرد زیرا خود را پسر خدا ساخته‌است. » انجیل یوحنا باب ۱۹ آیه۷

ضعف ادیان یهود و مسیحیّت در دو زمینهٔ توحید و معاد به دلیل محدودیّت انسان آن دوران همچنین گذشت زمان و تغییر نگرش‌ها از عوامل اصلی نیاز به ظهور دین جدید بود. دینی که توحید و یکتاپرستی کامل‌تر، ذهنی‌تر، همراه با تصویر پاک، مقدس و غیر انسانی از خدا ارائه دهد تا باورمندان به آن، با معبودی غیر مادی، تجسم نیافته و ملکوتی ایمان داشته باشند. معبودی که در تصوّر ناچیز و محدود انسان نمی‌گنجد و فراتر از همهٔ اندیشه‌ها، افکار و خیالات انسان قرار می‌گیرد و این گونه شناختن این خدای یگانه از توان و ظرفیّت ذهنی و عقلی نوع بشر خارج می‌شود. همچنین این دین جدید می‌بایست دربارهٔ اصل معاد شفافیّت بیشتری از خود نشان دهد و چگونگی زندگی پس از مرگ و جزئیات آن را برای انسان آشکارتر نماید و تصویری دقیق و محسوس‌تر را ترسیم نماید.
افزون بر این ایرادهای اساسی که در این دو دین توحیدی وجود دارد جهان‌بینی و نحوهٔ نگرش به جهان در این آیین‌ها در حالت تعادل و توازن نیست و همین موضوع باعث افراط و تفریط در نگرش به جهان مادی و جهان پس از مرگ شده‌است همان گونه که اشاره شد در تورات میل و گرایش به دنیا بسیار شدیدتر است زیرا خداوند پاداش‌های قوم یهود را اکثراً به صورت قدرت و ثروت مادی و تسلط بر اقوام دیگر مطرح می‌نماید. در این کتاب مقدّس به ندرت سخن از پاداش غیر مادی و اخروی می‌رود. همین مسئله موجب می‌شود که در دین یهود دنیا، پایه و اساس و آخرت، فرع تلقی شود که پیامد آن افراط باورمندان

این دین به دنیا گرایی و مادیّت و بی توجّهی یا کم توجّهی به نظام آخرت است. این بینش در طول تاریخ به صورت یک مشخصه و ویژگی اصلی درآمده و همیشه یهودیان به دنیا گرایی و حرص شدید متهم کرده‌اند.[1]
بر خلاف دین یهود، مسیحیّت در تعالیمش معنویت‌گرایی را اصل قرار می‌دهد و به آخرت اهمیت بسزایی می‌دهد و آن را اصل و اساس می‌داند. زندگی دنیا را فرع بر آن می‌شمارد و اهمیت چندانی برای آن قائل نمی‌شود. بنابراین دین مسیح در آخرت‌گرایی و توجّه به معنویت زیاده‌روی می‌کند. در حق دنیا و زندگی دنیوی کم لطفی می‌نماید. این نگرش در اندیشه، تفکّر و زندگی پیروان آن تأثیر فراوان می‌گذارد؛ رهبانیّت و دنیاگریزی مسیحیّت شکل می‌گیرد که به طور کامل و مشخص در زندگی راهبان و کشیشان مسیحی خودنمایی می‌کند که به طور افراطی از دنیا کنارگیری می‌کنند.

این شیوهٔ نگرش به دنیا و جهان پس از مرگ که با افراط و تفریط همراه است، باعث شده‌است که این دو دین در این باره، تناسب و توازن نداشته‌باشند و از این نظر هم دچار نقصان و کمبود باشند. پس دین تازه می‌بایست این ضعف‌ها را جبران نماید و میان دنیا گرایی و معنویت‌اندیشی تعادل ایجاد کند و با رعایت اعتدال در هر دو مورد هماهنگی و توازن لازم را جهت تکامل بعد مادی و معنوی وجود انسان فراهم نماید. به این ترتیب نیاز به آیین نو برای برقراری این هماهنگی به شدت احساس می‌شد تا مسیر نزول ادیان به نقطهٔ پایان خود برسد.

---

[1] - سالم، تاریخ عرب قبل از اسلام، ص ۳۹۰

فصل دوم

ظهور اسلام

چرا عربستان و خاورمیانه؟

دلایل مختلف و گوناگونی برای انتخاب عربستان و خاورمیانه به عنوان مرکز و مکان شکل‌گیری و رشد ادیان و اسلام می‌توان برشمرد که موارد زیر از مهمترین آن‌هاست:

۱- تنوّع اندیشه‌ها و ادیان در این مکان و ارتباطات آن‌ها با هم

گوناگونی و تنوع در ادیان و باورهای دینی یک واقعیّت پذیرفته شده در خاورمیانه بویژه عربستان بود. قبایل عرب در عین حالی‌که زبانی مشترک داشتند، آیین‌های مختلفی در میان آن‌ها رایج بود. افراد هر قبیله از آیین‌های قبیلهٔ خود پیروی می‌کردند. قبایل هرکدام بت‌ها خاصی برای پرستش داشتند و آداب و رسوم ویژه‌ای را در بزرگداشت آن‌ها به کار می‌بردند. در کنار بت‌پرستان، ستاره‌پرستان، آتش پرستان و حنیفان که یکتاپرست بودند حضور داشتند. همچنین یهودیان و مسیحیان که اهل کتاب بودند در آن‌جا زندگی می‌کردند.

پس ظهور و وجود دین جدید هر چند که با مخالفت‌هایی همراه می‌شد اما می‌توانست جزئی از واقعیّت موجود؛ یعنی گوناگونی ادیان در آن‌جا به شمار آید. این چندگانگی، بستر را برای ظهور آن مهیا نماید. در چنین مکانی این دین نو، امکان سازگاری بیشتری با اوضاع و شرایط جامعه دارد چون می‌تواند اشتراکاتی با بعضی از این اندیشه‌ها و آیین‌ها داشته

باشد. از این راه راحت‌تر در میان آن‌ها، همفکران و متحدانی برای خود پیدا کند و در دل مردم نفوذ نماید. در حالی که اگر یک دین و اندیشهٔ مشخص در عربستان حاکم بود به خاطر قدرت و نیروی اندیشهٔ حاکم شرایط پیدایش مکتب جدید فراهم نمی‌شد و اگر هم این امکان قابل تصوّر بود به دلیل دیکته شدن یک نگرش مشخص امکان همکاری و سازگاری با این دین تازه بسیار کمتر می‌شد و نقاط اشتراک به دلیل نبود گروه و افکار گوناگون به حداقل ممکن می‌رسید.

۲- نبود حکومت و عدم برنامه‌ریزی سازمان یافته حکومتی بر ضد آیین جدید

نظام اداری، حکومتی مشخص و مقتدری در عربستان حاکم نبود تا در صورت وجود اندیشه‌های مخالف، دستگاه قدرت حاکم برای حفظ منافع خود با تمام توان وارد کارزار و مقابله با آن شود.[۱] این مسئله از جمله مهمترین امتیازات منطقهٔ عربستان بود چرا که اگر زمامداری و دولتی در آن منطقه وجود داشت چه بسا پیامبر مبلغ مکتب جدید به سرنوشت مصلحانی چون مزدک و مانی در ایران دورهٔ ساسانی دچار می‌شد. مانی در زمان بهرام اول و مزدک در زمان قباد در هنگام برگزیده شدن انوشیروان به جانشینی کشته شدند یا مطابق عقیدهٔ مسیحیان که می‌گویند حضرت عیسی به صلیب کشیده شد (طبق نظر قرآن به آسمان برده شد) به سرنوشتی مشابه دچار می‌شد و راه پیشرفت دین برای مدتی بسته می‌شد همان‌گونه که این وضعیّت برای پیروان مسیح هم پیش آمد و آیین مسیحیّت تا مدت زیادی پس از حضرت عیسی به خاطر مخالفت یهودیان اجازه قد برافراشتن نداشت و پس از زمانی طولانی در میان مردم گسترش پیدا کرد. تعالیم و مسیح با فاصله‌ای طولانی نسبت به زمان بعثت حضرت عیسی ثبت و ضبط گردید. از این رو می‌بایست دین جدید در مکانی که فشار سازمان یافتهٔ حکومتی حاکم نبود، رشد و نمو نماید تا بتواند تعالیم ارزشمند و پایدار خود را در فاصلهٔ زمانی بسیار کم ترویج، تدوین و تثبیت نماید.

۳- شرایط سخت زندگی و تأثیر آن در روحیه و شخصیّت افراد

زندگی در شرایط بسیار سخت در سرزمین خشک و بیابانی عربستان بر رفتار و روحیهٔ ساکنان آن بسیار اثرگذار بود. آن‌ها برای ادامهٔ زندگی با سختی و دشواری، امکانات ناچیز

---

[۱] - لاپیدوس، تاریخ جوامع اسلامی، ص ۳۹

و بسیار ابتدایی خود را فراهم می‌کردند. به ناچار آمادهٔ مبارزه با مشکلات و سختی‌های طبیعت و حتی دشمنان خود بودند. دشمنانی که ممکن بود قبیلهٔ همسایه آن‌ها باشد. به این دلیل قوم عرب روحیّه خستگی‌ناپذیر و آشنا با تلخی‌ها و مرارت‌های زندگی داشت مسلماً بهتر می‌توانست در برابر مشکلات ایستادگی کند. همان گونه که ابن خلدون اشاره می‌کند تمدن، آسایش، شهرنشینی، سستی و سهل انگاری به همراه می‌آورد و تحمّل سختی‌ها، مقابله با مشکلات، در محیط نامساعد و ناسازگار زندگی کردن، انسان را پویا، فعال و اهل مبارزه بار می‌آورد.[1] تاریخ نیز گواه این مدعاست: اقوامی که در شرایط سخت زندگی می‌کردند، توانستند قدرت‌های بزرگ زمان خود را از پای درآورند همان‌گونه که رومیان بی‌تمدن توانستند یونانیان را شکست دهند آریایی‌های مهاجر، ساکنان بومی ایران را مغلوب کردند؛ مغولان، چین و ایران را فتح نمودند. البته رومی‌ها و مغولان فقط از نظر نظامی پیروز شدند ولی از لحاظ فرهنگی و علمی به خاطر نداشتن فرهنگ، اندیشه و آیین مستقل، تحت تأثیر قوم مغلوب قرار گرفتند در مورد مغولان بعدها خان‌های مغول مسلمان شدند. در صورتی‌که هماهنگی و اتحاد در میان قوم عرب شکل می‌گرفت آن‌ها به دلیل کنار آمدن و سازگاری با شرایط سخت، گزینهٔ مناسبی برای پذیرش دین جدید و پیشبرد اهداف آن بودند.

۴ - چشمگیر بودن تأثیر دین در چنان محیطی

دستاوردهای دین جدید در جامعهٔ عقب ماندهٔ عربستان تحوّلات گسترده‌ای را موجب می‌شد و به صورت چشمگیر، کارآمدی خود را نشان می‌داد. چون چنین جامعه‌ای در تشتُّت و پراکندگی به سر می‌برد و نظام اجتماعی - سیاسی مشخص و سازمان یافته‌ای در آن حاکم نبود و همچنین از نظر رشد فکری و علمی در سطح بسیار نازلی قرار داشت. اگر دین می‌توانست نظامی سیاسی در جامعه به وجود آورد و وضعیّت اجتماعی را سامان دهد، باعث رشد افکار و علوم مختلف در آن جامعه شود و وضعیّت سیاسی، اجتماعی، فرهنگی و علمی جامعه را به صورت گسترده تغییر دهد؛ تأثیر دین در آن بسیار نمایان و چشمگیر به نظر می‌آمد و هیچ‌کس بعدها نمی‌توانست اثرات مثبت و غیرقابل انکار آن را نادیده بگیرد.
دستاوردهای دین در جامعهٔ متمدن نمی‌توانست چندان چشمگیر باشد. چون آن جامعه دارای رشد علمی و فرهنگی، خود از این صفات مثبت برخوردار بود هر چند که دین هم در

---

[1] - گنابادی ، مقدمه ابن خلدون ،صص ۲۴۱-۲۴۰

آن تأثیر مثبتی بر جای می‌گذاشت اما این تأثیر در آن جا نمی‌توانست چندان چشمگیر و قابل توجّه باشد؛ مثلاً اگر دین اسلام در ایران یا روم نازل می‌شد به دلیل متمدن و پیشرفته بودن آن جوامع در آن زمان، حضور و تأثیر دین در آن‌ها چندان محسوس و مشهود نمی‌شد. در حالی که جامعهٔ عرب فاقد هرگونه امتیاز لازم و خصوصیات مناسب یک جامعه متمدن بود؛ آیین نو توانست آن را به سوی تمدن سوق دهد. به این ترتیب تأثیر غیرقابل توصیف خود را به نحو احسن نمایان سازد. از بعد نظامی و فکری توانست ایران را شکست دهد و بخش وسیعی از امپراطوری روم را از زیر سلطهٔ رومیان خارج کند دین خود را در آن‌جا رواج دهد.

۵- موقعیّت بسیار حساس و مناسب خاورمیانه و عربستان

خاورمیانه برای شروع اندیشهٔ دینی از موقعیّت جغرافیایی بسیار ایده‌آلی برخوردار بود. در واقع نقطهٔ اتصال دنیای شناخته شدهٔ آن روز بود. دنیایی که شامل آسیا و اروپا و بخشی از آفریقا (شمال و بخشی از شرق) بود. در این میان عربستان می‌توانست به دلیل هم مرزی با مناطق تحت تسلط امپراطوری ایران و روم در غرب آسیا و نزدیکی به شرق و شمال افریقا، جایی مناسب و ویژه برای ظهور و رواج دین جدید باشد. در نتیجه پیدایش دین اسلام در این منطقه درعین حالی‌که تأکیدی بر الهی بودن ادیان یهود و مسیح بود، می‌توانست زمینهٔ نفوذ اسلام را در مناطق یاد شده فراهم نماید و اگر این آیین پس از گسترش در عربستان می‌توانست آن ابر قدرت‌های زمان را شکست دهد (همچنان‌که شکست داد) هم عظمت و بزرگی خود را نشان می‌داد و هم مسیر را برای گسترش خود در کشورهای زیر سلطهٔ آن قدرت‌ها هموار می‌کرد. این کار دستاورد بسیار بزرگی برای آن دین به شمار می‌آمد. بنابراین خاورمیانه که عربستان هم بخشی از آن به شمار می‌آید از موقعیّت ویژه‌ای برخوردار بود چرا که ظهور و رواج یک دین در آن به معنی گسترش آن در سه قارهٔ شناخته شده آن زمان یعنی آسیا، اروپا و افریقا بود.

۶- تعصّب و غیرت مهمترین محرّک توسعهٔ دین

قوم عرب برای زنده ماندن در آن شرایط سخت چاره‌ای جز پافشاری بر عقیده، منافع و دفاع از خود و بستگان نزدیک و به صورت گسترده‌تر دفاع از قبیلهٔ خود را نداشتند. لذا در هنگام جنگ با تمام توان در نبردها حاضرمی‌شدند و جنگیدن با دشمن را به ننگ ماندن و

پذیرش خواسته‌های آنان ترجیح می‌دادند. در این مسیر غیرت و تعصّب شخصی و قبیله‌ای عامل اصلی پایداری افراد و قبایل بود. افراد برای دفاع از قبیله که همیشه آن را برحقّ می‌دانستند، به میدان جنگ می‌رفتند. به همین دلیل آن‌ها همیشه آمادهٔ جنگ بودند. پس اگر برای گسترش دین جدید و تقویت پایه‌های آن نیاز به دلاوری و تعصّب پیروان بود این افراد با جان و دل آمادهٔ فداکاری بودند. چنان‌که جنگ‌های صدراسلام و پس از آن، این واقعیّت را تأیید کرد.[۱]

چرا آخرین معجزه کلام الهی است؟

پیامبران مختلف هر کدام برای اثبات پیامبری خود از معجزات استفاده کردند تا مردم به صداقت و راستگویی آن‌ها ایمان بیاورند و به خدای واحد باور پیدا کنند. در مورد این مسئله که چرا نوع معجزات پیامبران باهم اختلاف دارد و چرا آخرین معجزه، کلام و سخن الهی است. می‌توان دلایلی ذکر نمود که مهمترین آن‌ها از این قرارند:

۱- رشد عقلانی جامعهٔ انسانی حتی در جامعهٔ عقب مانده‌ای مانند عربستان به حدی رسیده بود که انسان‌ها بتوانند برای اثبات حقانیّت خود از کلام و سخن و تأثیر آن استفاده نمایند. اعراب هم به درجه‌ای از عقلانیّت رسیده بودند که توان درک منطقی مسائل و سخنان را داشته باشند. انسان در هنگام ظهور اسلام از نظر ظرفیّت ذهنی و عقلانی نسبت به زمان پیامبران پیشین رشد قابل ملاحظه‌ای کرده بود. به همین دلیل پیامبر اسلام برای اثبات حقانیّت خود از معجزات پیامبران دیگر که به طور مداوم و همیشگی از آن استفاده می‌کردند، استفاده نکرد. این مهم‌ترین دلیلی است که نشان می‌دهد انسان به دورهٔ عقل‌گرایی قدم گذاشته‌است. بنابراین معجزهٔ آخرین پیامبر، کلام الهی است که نشانهٔ حقانیّت پیامبر اسلام (ص) است. همین کلام است که مردم را به یکتاپرستی، خوبی‌ها و نیکی‌ها دعوت کرد و در زمان کوتاهی، اعراب را قانع نمود و آن‌ها به درستی و صداقت دعوت پیامبر ایمان آوردند. به این ترتیب از قبل دورهٔ عقل‌گرایی انسان آغاز شده بود. به همین خاطر هم، قرآن کریم بارها انسان‌ها را به

---

[۱] - گوستاولوبون، تاریخ تمدن اسلام و عرب، ص ۱۵۳

پیروی از عقل و عقل‌گرایی دعوت نمود تا در نظام خلقت، پدیده‌های طبیعت و مسائل مختلف زندگی تعقّل کنند.

۲- نکتهٔ بسیار مهم در هنگام بعثت پیامبران، هماهنگی ابزار اثبات حقانیّت دین با نیاز زمان و مهمترین پیشرفت صورت گرفته در آن جوامع بود. دلیل دیگر این مسئله که چرا آخرین معجزه، کلام الهی است هماهنگی معجزه با نیاز زمان و مبارزه طلبی قرآن با تنها امتیاز قوم عرب یعنی سخنوری و شاعری است. همان‌گونه که معجزات پیامبران دیگر نیز هماهنگی کاملی با پیشرفت‌های زمان خود داشت که می‌توان به معجزات حضرت موسی اشاره کرد که سحر ساحران را که در آن زمان پیشرفت زیادی کرده بود، به چالش کشید. همچنین در زمان حضرت عیسی پزشکی به وسیله یونانیان بسیار پیشرفت کرده بود. در زادگاه حضرت عیسی که زیر نفوذ رومیان بود به همان نسبت در میان علوم دیگر سرآمد بود. معجزهٔ عیسی یعنی شفا دادن بیماری‌های لاعلاج، شفا دادن کور مادرزاد، حتی زنده کردن مردگان، به مبارزه طلبیدن پیشرفت زمان یعنی علم پزشکی بود.[1] قوم عرب نیز به شاعری و سخنوری بسیار اهمیت می‌دادند. شاعران از منزلت و مقام ویژه‌ای برخوردار بودند زیرا سخن و شعر بر شنوندگان بسیار تأثیرگذار بود. گویاترین نشان، ارجمندی شاعران و شعر آن‌ها در میان این قوم آویزان شدن اشعار زیبای شاعران در خانهٔ کعبه بود این اشعار بعداً به معلّقات سبعه معروف شد. همین موضوع موجب شد که نه‌تنها آخرین معجزه با نیاز زمان و مایهٔ افتخار آن مردم هماهنگ شود بلکه این مایهٔ مباهات و افتخار قوم عرب را به مبارزه بطلبد. این‌گونه برتری، عظمت و الهی بودن خود را ثابت کند. قرآن سرآمد همه سخنان زیبای قوم عرب گردید که افزون بر این زیبایی، هدفی بسیار بلندتر از کلام و سخن شاعران عرب را دنبال می‌کرد.

۳- چون با آمدن آخرین پیامبر دوران رسالت به پایان می‌رسید پس باید برای مردم در دوره‌های بعد دلیلی بر اثبات حقانیّت آخرین پیامبر وجود داشته باشد تا مردم با تفکّر و تعمّق در آیات آن و الگوبرداری مناسب بتوانند نهایت بهره‌مندی را از آن داشته باشند. به وسیلهٔ آن سعادت دنیا و آخرت خود را تأمین نمایند. به همین دلیل آخرین معجزه، پیام و سخن است تا انسان‌ها در ادوار مختلف بتوانند با بررسی کردن زیبایی‌ها و توان

---

[1] - الکواز، سبک شناسی اعجاز بلاغی قرآن، صص ۱۸ -۱۷

و ظرفیّت آن، نگرش درست و متعادلی را نسبت به دنیا و آخرت از آن استنباط کنند؛ با هدایت این کتاب بزرگ همیشه به سوی تکامل پیش بروند.

توحید

دین اسلام که خاتم ادیان آسمانی است در سال ۶۱۰ میلادی در سرزمین عربستان با برانگیخته شدن پیامبر اسلام در شهر مکه آغاز گردید. خداوند آخرین فرستادۀ خود را برگزید تا ابتدا مردم این منطقه و سپس سایر انسان‌ها را راهنمایی و ارشاد کند. ساکنان مکه و سایر نقاط عربستان در آن هنگام بت‌پرست بودند. بت‌های مختلف را که ساخته و تزیین شده دست انسان‌ها بود، پرستش می‌کردند. آن‌ها را شریک خداوند قرار می‌دادند و از آنان درخواست برآورده شدن نیازها و حاجت‌های خود را داشتند و برای آن‌ها قربانی می‌کردند.

اولین قدمی که برای هدایت مردم عربستان می‌بایست برداشته شود ترک پرستش بت‌ها و دوری کردن از آن‌ها و دعوت مردم به پرستش خدای واحد و خالق آسمان‌ها و زمین بود. این عامل، مهم‌ترین و اصلی‌ترین قدم برای هدایت مردم و بزرگ‌ترین مبارزه دین اسلام با این گمراهی و انحراف جامعه بود. مبارزه‌ای تعیین‌کننده و مهم که در صورت پیروزی می‌توانست برنامه‌ها و اهداف دیگر خود را به طرف مقابل بقبولاند. اندیشه، افکار و اهداف بلند خود را آسان‌تر پیاده نماید و راه را برای پیشبرد اهداف معنوی و مادی دین در جامعه هموار نماید.

موفقیّت در این دعوت بسیار مهم بود و در هدایت و سعادت مردم نقشی بسیار مهم و حساس ایفا می‌کرد و می‌توانست آینده و سرنوشت آن‌ها را مشخص نماید. راه نجات، خوشبختی و کامروایی را به آنان نشان دهد. این اهمیّت شایان و تأثیر بسزای دعوت به یکتاپرستی در سخن پیامبر اسلام (ص) هنگام دعوت آن‌ها به دین اسلام کاملاً نمایان و مشخص است زیرا پیامبر با جمله « قولوا لا اله الا الله تفلحوا بگویید معبودی جز الله وجود ندارد تا رستگار شوید» مردم را به دین دعوت می‌کرد و راه رستگاری را به آن‌ها نشان می‌داد. پذیرش یکتاپرستی و دوری از معبودهای دیگر را با نجات و رستگاری او برابر می‌دانست و شرط لازم برای نجات انسان قلمداد می‌کرد که تضمین‌کنندۀ سعادت و خوشبختی او بود. بنابراین اولین گام دعوت به یکتاپرستی بود که این گونه ارزشمند و نجات

دهنده تلقی شده‌است و نپذیرفتن این اصل برابر با گمراهی، نابودی و شقاوت انسان دانسته شده‌است.

با آمدن دین جدید ضروری بود که به تناسب شرایط و توان درک انسان‌ها از توحید و نبوت و معاد تصویری جدید ارائه شود. اسلام در این راه قدم نهاد و تمام تلاش خود را صرف جبران این نقص‌ها و ضعف‌های ادیان گذشته کرد که مهم‌ترین آن‌ها، ارائه تصویری کامل، واضح، شفاف و مشخص از خداوند بود. گوستاولوبون نویسندهٔ فرانسوی به آن اذعان دارد:

« راستی اینست که در میان مذاهب دنیا فقط اسلام است که این تاج افتخار را بر سر گذاشته و اوّل از همه وحدانیّت محض و خاص را در دنیا انتشار داده‌است.»[1]

آفریدگاری که در آفرینش و ادارهٔ جهان به هیچ مشاور و شریکی نیازمند نبوده و نیست. همان‌گونه که در سورهٔ اخلاص آمده‌است:

« بگو که او خدای واحد است. خدایی بی نیاز، نه از کسی به دنیا آمده‌است و نه کسی از او به دنیا می‌آید و هیچ موجودی همسان و شریک او نیست.»

بت‌پرست بودن ساکنان عربستان، اصرار آن‌ها بر اعتقادتشان و تلاش خداوند برای ایمان آوردن آن‌ها در مدت ۲۳ سال، زمینه را برای شرح، تبین، بسط اصول و مبانی یکتاپرستی هر چه بیشتر فراهم کرد. بیشتر آیات قرآن در مکه و بخشی از آیات سوره‌های مدنی به بیان توحید اختصاص پیدا کرد و در خلال ذکر موضوعات مختلف، مبانی یکتاپرستی مطرح شد که به اختصار به آن‌ها می‌پردازیم:

۱ - چند گانه پرستی مشرکان و مخالفت با آن

خداوند با تذکر ناتوانی بت‌ها، بت‌پرستی آنان را زیر سؤال می‌برد: « آیا آن‌ها بت‌هایی را شریک خدا قرارمی‌دهند که چیزی را نمی‌آفرینند و خود آفریده می‌شوند.» اعراف/ ۱۹۱

خداوند داشتن هرگونه فرزند را رد می‌کند و این‌گونه نه‌تنها اندیشهٔ مشرکان بلکه اعتقاد مسیحیان که حضرت عیسی را پسر خدا می‌دانند، باطل می‌داند و در بعضی آیات با لحنی ملایم و در بعضی دیگر به شدت با آن مخالفت می‌کند: « می‌گویند خداوند مهربان برای

[1] - گوستاولوبون، تاریخ تمدن اسلام و عرب، ص ۱۴۱

خود فرزندی انتخاب کرده‌است واقعاً چیزی بسیار زشت و زننده‌ای را می‌گویید نزدیک است آسمان‌ها به خاطر این سخن از هم متلاشی گردد و زمین بشکافد و کوه‌ها به شدت درهم فرو ریزد.» مریم ۹۰ -۸۸

آفریدگار با نگرشی منطقی با توجّه به نتیجه و پیامد وجود معبودهای مختلف وجود خالقی جز الله را انکار می‌نماید: « بگو اگر چنان که می‌پندارید خدایانی بودند در این صورت قطعاً در صدد بر می‌آمدند که بر صاحب تخت چیره شوند. خداوند از آنچه آنان می‌گویند، بسیار دور و خیلی بالاتر و والاتر است.» اسراء ۴۳ - ۴۲

۲ - تأکید بر وجود خدای واحد

« معبودی جز الله که صاحب عرش عظیم است وجود ندارد. » نمل / ۲۶

« بگو من تنها بیم‌دهنده‌ای می‌باشم و هیچ معبودی بجز خداوند یگانهٔ غالب وجود ندارد. » ص / ۶۵

« معبود شما تنها الله است همان خدایی که معبودی جز او نیست و دانش او همه چیز را فرا گرفته‌است. » طه / ۹۸

این گونه قرآن بر یکتایی خداوند تأکید می‌نماید و هیچ معبودی جز الله را شایسته پرستش نمی‌داند. پرستش و پناه بردن و حتی به فریاد خواندن و کمک گرفتن از غیر خدا را باطل می‌داند:

«به همین منوال خداوند حق است آنچه را جز او به فریاد می‌خوانند باطل است. او والا و بزرگوار است. » حج / ۶۲

۳ - مالکیّت مطلق خداوند بر نظام هستی

قرآن کریم برای از بین بردن هر گونه شک و شبهه در مورد وجود خدای واحد، دامنهٔ قدرت و نفوذ مالکیّت خداوند در نظام هستی را یادآور می‌شود تا مخاطبان خود را از غفلت و ناآگاهی خارج کند. آن‌ها را هر چه بیشتر به آیات خود مؤمن نماید: « آیا نمی‌دانی که ملک و فرمانروایی آسمان‌ها و زمین از آن اوست و جز خدا سرپرست و یاوری برای شما وجود ندارد.» بقره / ۱۰۷

« آنچه در آسمان و آنچه در زمین است از آن خداست. بازگشت کارها به سوی اوست.» آل عمران / ۱۰۹

« حکومت آسمان‌ها و زمین تنها از آن خداست. اوست که زندگی می‌بخشد و می‌میراند جز خدا سرپرست و یاوری برای شما وجود ندارد.» توبه /۱۱۶

۴ - ذکر آیات خداوند در نظام خلقت به منظور تنبّه انسان و ایمان آوردن به خدا

قرآن کریم برای اثبات وجود خداوند به ذکر آیات خداوند در نظام هستی می‌پردازد. انسان‌ها را دعوت به دقّت در آفریده‌های او و چگونگی ادارهٔ نظام خلقت می‌کند تا به قدرت و عظمت آفریدگار پی ببرند و این گونه از غفلت بیدار و به وجود پروردگار یکتا مؤمن شوند. هدف قرآن از بیان نشانه‌ها و آفریده‌های خداوند درعالم هستی برای مشرکان و کافران مکه و مؤمنان، مقایسه توان و قدرت خداوند در ادارهٔ جهان با ناتوانی بت‌ها و معبودهای دروغین است تا باورمندان به آن‌ها در اعتقادات خود دچار شک و تردید شوند و به پوشالی بودن معبودهای خود پی ببرند. این آیات قرآن، بزرگترین بخش از آیات سوره‌های مکّی است که در رابطه با تحقّق توحید در مکه نازل شده‌است تا مشرکان و بی باوران را در اندیشه و فکر خود دچار تزلزل کند و بر ایمان مؤمنان به خدا بیافزاید. در آیات مدنی هم موضوعات مختلفی مطرح شده که یکی از آن‌ها همین توجّه دادن مؤمنان به پدیده‌های نظام خلقت است. اما شمار آیات آن نسبت به آیات مکّی بسیار کمتر است اکنون نمونه‌هایی از این گونه آیات را ذکر می‌نماییم:

« پروردگار شما خداوندیست که آسمان‌ها و زمین را در شش روز بیافرید سپس بر عرش استیلا یافت. زمام ادارهٔ جهان هستی به دست اوست کسی بدون اجازهٔ او نمی‌تواند شفاعت کند. این خداست که صاحب و پروردگار شماست. پس او را پرستش کنید آیا عبرت نمی‌گیرید. یونس/ ۳ (بخش اول این آیه که مشخص شده با همان کلمات در سوره‌های اعراف آیه / ۵۴، فرقان / ۵۹، سجده / ۴ و حدید / ۴ آمده‌است.)

« مسلماً در آفرینش آسمان‌ها، زمین، آمد و رفت شب و روز نشانه‌ها و دلایلی برای خردمندان است. » آل عمران / ۱۹۰

« آیا نمی‌نگری که خداوند از آسمان آب را فرود می‌آورد و زمین سرسبز و خرّم می‌گردد. واقعاً بسیار دقیق با لطف و آگاه است.» حج / ۶۳

« آیا آنان به زمین نمی‌نگرند و نمی‌بینند که چقدر انواع و اقسام گیاهان و درختان نر و ماده زیبا و سودمند در آن رویانیده‌ایم. بی‌گمان در این کار نشانهٔ بزرگی است (بر وجود آفریدگار) ولی اکثر مردم ایمان نمی‌آورند.» شعرا / ۸ – ۷

« همچنین در آفرینش شما و جنبندگانی که در سراسر زمین پراکنده می‌سازد نشانه‌های بزرگ و دلائل قوی برای اهل یقین وجود دارد. همچنین در دگرگونی شب و روز و در چیزهایی که خدا از آسمان فرو می‌فرستد و رزق و روزی هستند. خدا به وسیلهٔ آن‌ها زمین را بعد از مرگش زنده می‌کند. در وزش بادها نشانه‌های بزرگی برای گروهی که تعقّل می‌ورزند وجود دارد.» جاثیه / ۵ – ۴

۵- نعمت‌های خداوند و لطف او و هدایت کردن انسان

« اگر بخواهید نعمت‌های خداوند را بر شمارید نمی‌توانید، بی‌گمان خداوند دارای مغفرت و مرحمت فراوان است.» نحل / ۱۸

« آفریدن شب و روز نشانهٔ رحمت الهی است تا در آن بیارامید و فضل خداوند را بجویید و سپاسگزار او باشید.» قصص / ۷۳

« خداست که آیه‌های واضح و روشن خود را بر بندهٔ خود نازل می‌گرداند تا شما را از تاریکی‌ها به نور برساند چراکه خدا نسبت به شما بسیار با محبت و دارای مهر فراوان است.» حدید / ۹

۶- صفات خدا

« او آفرینندهٔ آسمان‌ها و زمین است. چون ارادهٔ آفریدن چیزی کند به محض این که بگوید موجود باش، وجود پیدا می‌کند.» بقره / ۱۱۷

« اگر چیزی را آشکارکنید یا آن را پنهان دارید خداوند از همه چیز آگاه است.» احزاب / ۵۴

« به خداوندی تکیه کن که همیشه زنده است و هرگز نمی‌میرد و حمد و ثنای او را بجای آور همین کافی است که خداوند از گناهان بندگانش آگاه است.» فرقان/ ۵۸

«هرکس عزت و قدرت می‌خواهد هرچه عزّت و قدرت است متعلّق به خداست.» فاطر / ۱۰

« هیچ چیز مانند او نیست. او شنوا و بیناست.» شوری / ۱۱

« او خدایی است که جز او خدایی نیست سلطان مقتدر، پاک از هر نقص، آلایش و عیب، ایمن گرداننده، نگهبان، عزیز، بزرگوار در نهایت کبریا. خدا از آنچه شریک او می‌سازند پاک است. اوست خدای آفریننده، پدید آورندهٔ صورت بخش. او نام‌های نیکویی دارد آنچه در آسمان و زمین است او را ستایش می‌کنند.» حشر / ۲۴ - ۲۳

۷- ستایش همهٔ موجودات از خداوند

« هر که درآسمان و هر که در زمین است خدا را سجده می‌کند با همهٔ آثار وجودیش به میل و اشتیاق یا الزام، همچنین سایه‌های آنان در بامدادان و شامگاهان در مقابل او سجده می‌کنند. » رعد / ۱۵

« هفت آسمان، زمین و هرچه در آن‌هاست خداوند را ستایش می‌کنند و موجودی وجود ندارد مگر آن که به ستایش او مشغول است. اما شما ستایش آنان را درک نمی‌کنید. همانا او بسیار بردبار و آمرزنده است. » اسری / ۴۴

از دیدگاه قرآن، خداوند پاک و منزه از هر عیب و نقصی است و تنها معبود انسان به شمار می‌آید. محور و مایهٔ قوام و پایداری نظام هستی است و همهٔ موجودات رو به سوی او دارند و او را ستایش می‌کنند و تنها او را شایستهٔ پرستش می‌دانند. این مطلب نشان‌دهندهٔ نظم مجموعهٔ هستی و گرایش به سوی خالقی است که آن را آفریده‌است. خداوندی که قرآن کریم، او را اول و آخر همه چیز معرفی می‌کند و بزرگی و عظمت او را نشان می‌دهد. به این ترتیب توحید، یکتاپرستی، توصیف و معرفی خداوند به تناسب زمان و هماهنگ با تغییر نگرش انسان در زمان نزول قرآن، رشد و تکامل می‌یابد و آخرین کتاب آسمانی، مهم‌ترین اصل و جوهرهٔ دین را کامل‌تر از کتاب‌های آسمانی دیگر مطرح می‌نماید.

نبوّت

دومین اصل اساسی که مؤمنان به آن باورمند هستند، ایمان به وجود فرستاده‌ای است که از سوی خداوند برای ارشاد و راهنمایی مردم برانگیخته شده‌است و مأمور ابلاغ راهنمایی‌ها، اوامر و دستورات آفریدگار به انسان‌هاست. وظیفۀ بسیار سنگینی که بر عهدۀ پیامبران گذاشته شده بود و آن درافتادن با خدایان باطل و تبیین و رواج یکتاپرستی بود که طبیعتاً با مخالفت‌های شدید سردمداران قدرت و ثروت روبرو می‌شد. آنان به خاطر تعصّب شدید و یا به دلیل اینکه منافعشان از طریق بت‌پرستی تأمین می‌شد، حاضر نبودند دین جدید را بپذیرند. خداوند این مخالفت‌های کافران و مشرکان را در سوره‌های مکّی و مخالفت یهودیان با پیامبران خود را در سوره‌های مدنی ذکر می‌کند و به آن‌ها پاسخ می‌دهد. با تأییدکردن پیامبران، دعوت و کتاب آسمانی آن‌ها، به حمایت از رسولان خود در برابر مخالفان می‌پردازد:

« شیوۀ ما در (دفاع از همه) پیامبرانی بوده‌است که پیش از تو فرستاده‌ایم تغییر و تبدیلی در شیوۀ ما نخواهی دید.» اسرا / ۷۷

« ما پیش از تو نیز جز مردانی که به ایشان وحی فرستاده‌ایم روانه نکرده‌ایم. پس از آگاهان بپرسید اگر نمی‌دانید.» نحل / ۴۳ (این آیه با همین کلمات در سورۀ انبیا آیه / ۷ تکرار شده‌است)

« یاسین، سوگند به قرآن حکیم که تو (محمد ص) از فرستادگان خدا هستی.» یس ۱-۳

« محمد به جز فرستاده‌ای نیست که پیش از او پیامبرانی بوده‌اند. » آل عمران / ۱۴۴

« محمد (ص) فرستادۀ خداست و کسانی‌که با او هستند بر کافران بسیار سخت‌گیر و با یکدیگر مهربانند. » فتح / ۲۹

سیمای پیامبران در قرآن

از نگاه قرآن پیامبران افرادی مانند سایر انسان‌ها هستند. خداوند برای هدایت آن‌ها پیامبرانی را از میانشان برگزید که مانند همۀ انسان‌ها، نیازها و خواسته‌های انسانی داشتند:

«پیامبران به قوم خود گفتند ما هم مانند شما بشر هستیم اما خداوند بر هر کسی بخواهد منّت می‌گذارد و او را در میان بندگانش به پیامبری برمی‌گزیند.» ابراهیم/۱۱

همچنین خداوند به پیامبر اسلام خطاب می‌کند که به مردم این چنین بگو: « همانا من بشری مثل شما هستم که به من وحی می‌شود. خدای شما خدایی واحد است. پس هر کس به ملاقات پروردگارش امیدوار است عمل صالح انجام دهد و در عبادت پروردگارش هیچ کس را شریک او قرار ندهد. » کهف /۱۱۰ مشابه همین مضمون فصلت/ ۶

این دیدگاه قرآن دربارهٔ پیامبران است که آن‌ها را انسانی با همهٔ ویژگی‌های انسانی می‌بیند و هیچ مقامی بالاتر از مقام انسانی برای آنان قائل نیست. مانند انجیل کتاب مقدس مسیحیان که عیسی را پسر خدا می‌داند؛ پیامبران را فرزند خدا نمی‌داند بلکه محدودیّت‌ها و ضعف‌هایی را که در انسان‌ها می‌بینیم در وجود پیامبران هم قابل‌تصوّر می‌داند. از جمله خطاها و اشتباهاتی که انسان‌ها مرتکب می‌شوند در زندگی پیامبران هم وجود داشته که خداوند در قرآن به برخی از آن‌ها اشاره می‌نماید. مهمترین آن‌ها به قرار زیر است:

یونس

حضرت یونس قوم خود را به پرستش خدا دعوت کرد اما آن‌ها نپذیرفتند. او آن‌ها را به عذاب الهی تهدیدکرد اما مردم ایمان آوردند و خداوند از عذابشان صرف نظر کرد. وقتی یونس فرمان خداوند را در مورد عذاب دریافت نکرد غمگین از آن‌جا رفت و خداوند به این خاطر او را مجازات کرد:

> «یاد کن یونس ملقب به ذوالنون را در آن هنگام که خشمناک بیرون رفت و گمان برد که بر او سخت و تنگ نمی‌گیریم. در میان تاریکی‌ها (دریا و شکم نهنگ) فریاد برآورد که پروردگاری جز تو نیست تو پاک و منزهی و من از جمله ستمکاران شده‌ام دعای او را پذیرفتیم و او را از غم رها کردیم. ما همین‌گونه مؤمنان را نجات می‌دهیم.» انبیا / ۸۸- ۸۷

این‌گونه یونس نافرمانی می‌کند و خداوند بر او سخت می‌گیرد یونس به گناه خود اعتراف می‌کند و خداوند او را می‌بخشد اما خداوند از پیامبر اسلام (ص) درخواست می‌کند که مانند یونس نباشد: « در برابر فرمان پروردگارت شکیبا باش و همسان یونس مباش که با

دلی پر کینه و اندوه خدا را به فریاد خواند اگر نعمت و رحمت پروردگارش به یاریش نشتافته و به دادش نرسیده‌بود حتماً به بیرون افکنده‌می‌شد در بیابان برهوت رها می‌گردید. پروردگارش با پذیرش توبه، او را برگزید از گروه شایستگانش قرار داد.» قلم ۵۰- ۴۸

سلیمان

حضرت سلیمان هنگام بازدید از اسب‌هایش به شدت سرگرم دیدن آن‌ها شد به طوری که نمازش را فراموش کرد: « سلیمان را به داوود عطا کردیم. او بندهٔ بسیار خوبی بود چون توبه کار بود. (خاطرنشان ساز) زمانی را که شامگاهان اسب‌های نژاده تندرو و زیبا به او نشان داده‌شد. سلیمان گفت: من این اسب‌ها را بسیار دوست دارم اما به خاطر آن‌ها از یاد خدا غافل شدم تا این‌که آفتاب غروب کرد. سلیمان دستور داد که اسب‌ها را به سوی من باز گردانید. پس از بازگرداندن، او بر ساق و گردن اسب‌ها دست کشید. ما سلیمان را دچار بیماری ساختیم و او را همچون جنازه‌ای بر تخت سلطنت انداختیم. (تا به ابهت خود ننازد و به نیروی خود تکیه نکند) سلیمان آنگاه که خدا را دید، توبه کرد و به درگاه خدا بازگشت سلیمان گفت پروردگارا مرا ببخش و حکومتی به من عطا فرما که بعد از من کسی را نسزد.» ص ۳۵ - ۳۰

پیامبر اسلام (ص)

پیامبر هنگامی که سران قریش در خدمتش بودند امیدوار بود که دعوتش را بپذیرند و با اسلام آوردن آن‌ها، عدهٔ زیادی ایمان بیاورند. در این هنگام مسلمان صادق و عاشق نابینایی به نام ابن ام مکتوم به مجلس درآمد و با صدای بلند مکرّر از آن حضرت تقاضای درس، وعظ، قرآن و احکام کرد اثر ناخشنودی در چهرهٔ پیامبر نمودار شد، روی گردانید و سرگرم دعوت سران قریش به دین شد که این گونه مورد خطاب و سرزنش خداوند قرار گرفت:[1]

> « چهره درهم کشید و روی برتافت. هنگامی که نابینایی پیش او آمد تو چه می‌دانی شاید خود را پاک و آراسته سازد پند گیرد و اندرز به او سود رساند. اما آن‌کس که

[1] - درآز، دیدگاههای نو درباره قرآن کریم، ص ۷۶-۷۱ همچنین سیّد قطب، فی ظلال القرآن، تفسیر سوره رعد آیه / ۲ ص ۷۲۰

خود را (از دین) بی‌نیاز می‌داند تو به او روی می‌آوری و توجّه می‌کنی چه گناهی است بر تو اگر او خویشتن را پاکیزه ندارد اما کسی که مشتاقانه پیش تو می‌آید از او غافل می‌شوی نباید چنین باشد این آیات یادآوری و آگاهی است و بس. پس هر که خواهد از آن پند گیرد.» عبس۱۲ - ۱

همچنین پیامبر اسلام به خاطر رفتاری که همسرانش از خود نشان دادند، سوگند خورد که چیزی را که خداوند حلال کرده بر خود حرام کند. خداوند این رفتار پیامبر را یادآوری کرد و به او خاطر نشان نمود از این اقدام صرف‌نظر کند و کفارّه سوگند خود را بپردازد: « ای پیامبر چرا چیزی را که خداوند بر تو حلال کرده‌است بخاطر خوشنود ساختن همسرانت بر خود حرام می‌کنی خداوند آمرزگار مهربان است. خداوند راه گشودن سوگندهایتان را برای شما مقرر می‌دارد. خداوند یاور و سرور شماست. او بس آگاه و کار به جاست.» تحریم ۲ – ۱

موسی

حضرت موسی هنگامی که دعوای فردی از قبطیان با یک فرد از بنی اسرائیل را مشاهده کرد به درخواست مرد بنی اسرائیلی به او کمک کرد: « موسی روزی بی خبر از اهل مصر به شهر آمد تا آن‌جا که دو مرد مشغول دعوا بودند. این یک از پیروان او و آن یک از دشمنان او (فرعونیان) بود. آن شخص پیرو موسی از موسی بر ضد دشمنش کمک خواست. موسی مشتی بر آن شخص زد که با آن ضربه، مرگش فرا رسید. موسی گفت این کار از فریب و وسوسهٔ شیطان بود که دشمنی شیطان با انسان کاملاً آشکار است. موسی گفت: « ای خداوند من بر خویشتن ستم کردم تو از گناه من درگذر. خداوند هم او را بخشید. همانا او بسیار آموزنده و مهربان است. » قصص ۱۶ - ۱۵ (همین مطلب در سورهٔ طاها/ ۴۰ هم آمده‌است)

فرعون نیز هنگامی که موسی او را به خدای واحد دعوت کرد، گناه موسی را به او یادآوری می‌کند. شعرا – ۱۹

این اشتباه را موسی در حالی انجام داد که از همان آغاز، خداوند ماجرای پیامبر بودن موسی را به مادرش خبر داد. هنگامی که به مادر موسی وحی شد که او را به رودخانه بیندازد،

خداوند به او اطمینان می‌دهد که کودک را به او باز می‌گرداند و او را از جملهٔ پیامبران قرار می‌دهد. قصص / ۷

همان‌طور که می‌بینیم قرآن اشتباهات پیامبران را چه جزئی و ناچیز چه کلی و مهم با صراحت بیان فرموده‌است. این موضوع نشان‌دهندهٔ این واقعیّت است که پیامبران نمی‌توانند معصوم باشند. طبق فرمودهٔ قرآن، آنان نیز انسان‌هایی مانند سایر انسان‌ها هستند، ضعف‌ها و محدودیّت‌های بشری در آن‌ها دیده می‌شود: « ما هیچ یک از پیامبران را پیش از تو نفرستادیم جز این‌که غذا می‌خورده‌اند و در بازارها راه می‌رفته‌اند (ویژگی‌های انسانی داشته‌اند) ما برخی از شما را وسیلهٔ آزمایش برخی دیگر کرده‌ایم. آیا شکیبایی می‌ورزید؟ خدای تو آگاه و بیناست.» فرقان /۲۰

خداوند با نگرشی باز پیامبران را انسانی با همهٔ ویژگی‌های انسانی معرفی می‌کند و وجود اشتباهات در زندگی آن‌ها را مانع پیامبری و ناقض مقام بزرگشان نمی‌بیند. چون این اشتباهات ناشی از ضعف‌ها و محدودیّت‌های بشری است و عامدانه و آگاهانه نیست. این سخن هرگز به این معنا نیست که پیامبران نسبت به مردم عادی هیچ فرق و امتیازی ندارند بلکه برعکس به خاطر برتری‌هایی‌که بر سایر انسان‌ها داشته‌اند به پیامبری برگزیده شدند که با استناد به آیات قرآن و دلایل تاریخی و منطقی به بیان آن‌ها می‌پردازیم:

۱- پیامبران از لحاظ فضیلت‌های اخلاقی مانند: بزرگواری، جوانمردی، بخشندگی، صبر و سایر صفات مثبت اخلاقی در میان همهٔ انسان‌ها ممتاز بوده و همیشه خواهند بود. به ویژه پیامبر اسلام که از همهٔ جهات اخلاقی و انسانی از همهٔ انسان‌ها کامل‌تر است. به همین دلیل در دعوت مردم به دین اسلام بسیار موفق عمل کرد. با نرمی و ملایمت نه‌تنها با دوستان برخورد می‌کرد بلکه مخالفان را هم به سوی خود جذب می‌کرد:

« مرحمت خدا تو را مهربان و خوشخو گردانید اگر تندخو و سخت‌دل بودی مردم از اطراف تو پراکنده می‌شدند. پس چون مردم به نادانی در حق تو بد کنند از آن‌ها در گذر؛ از خداوند برای آن‌ها طلب آمرزش کن و برای دلجویی با آن‌ها در کار جنگ مشورت کن. اما آنچه را که خود تصمیم گرفته‌ای با توکل به خدا انجام بده که خداوند آنان را که بر او اعتماد کنند دوست دارد و یاری می‌کند.» آل عمران ۱۵۹

به خاطر همین ویژگی‌هاست که خداوند پیامبر اسلام را الگوی مردم معرفی می‌کند:

« پیامبر الگویی شایسته برای کسانی است که به دیدار با خداوند در روز قیامت امیدوارند و خدا را بسیار یاد می‌کنند.» احزاب / ۲۱

۲- به خاطر همین صفات مثبت اخلاقی، پیامبران پیش از بعثت هم مورد اعتماد بودند. همین پیشینهٔ مثبت، نقش بسیار مهمی در جذب مردم به دین ایفا کرد. زیرا وقتی مردم به کسی اعتماد کنند خیلی راحت‌تر سخن او را می‌پذیرند در زندگی پیامبر اسلام این مسئله کاملاً مشهود است و مردم پیش از بعثت او را محمد امین می‌نامیدند.

۳ - پیامبران عدالت خواه و مخالف ظلم و ستم بودند. حضور پیامبر اسلام در دورهٔ جوانی در پیمان حلف‌الفضول که جمعی از جوان‌مردان مکه برای دفاع از ضعیفان با هم بسته بودند، نشان دهندهٔ این واقعیّت است.

۴- از همه مهم‌تر پیامبران انسان‌هایی بلندهمت با اهداف متعالی و مؤمن به اهداف بلند خود، در راه رسیدن به هدف گام برداشتند با تمام توان زندگی خود را صرف هدایت مردم و در افتادن با گمراهی‌ها، گمراهان، ظالمان و ستمگران کردند این کار امتیاز بسیار مهم و بزرگی برای آنان به شمار می‌آید این مبارزه به ایمان شجاعت و روحیهٔ بسیار بزرگ نیاز دارد که در انسان‌های عادی که غالباً ظلم پذیر هستند، وجود ندارد. اگرچه در جامعه مصلحانی هم بودند که تغییرات مثبتی در جامعه ایجاد کردند اما چون به وحی متصل نبودند کار آنان بدون نقص و ایراد نبود و به هیچ عنوان آن تأثیرات همه‌جانبه‌ای را که پیامبران در جوامع انسانی موجب شدند، نتوانستند داشته باشند. به ویژه پیامبر اسلام که ویل دورانت هرچند به پیامبری او اقرار نکرده‌است اما دربارهٔ او چنین می‌گوید: « اگر بزرگی را به میزان ابر مرد بزرگ در مردمان بسنجیم باید بگویم محمد از بزرگ‌ترین بزرگان تاریخ است. وی در صدد بود سطح معنویّات و اخلاق قومی را که از گرمای هوا و خشکی صحرا به ظلمات توحّش افتاده بودند؛ اوج دهد و در این زمینه توفیقی یافت که از همهٔ مصلحان دیگر بیشتر بود کمتر می‌توان کسی را جز او یافت که همهٔ آرزوهای خود را تحقّق بخشیده باشد وی مقصود خود را از راه دین انجام

داد زیرا به دین اعتقاد داشت به علاوه در آن روزگار نیروی دیگر در اعراب موثر نبود. از تصوّرات، ترس‌ها و امیدهایشان کمک گرفت و در حدّ فهمشان با آن‌ها سخن گفت.»[1]

۵ - خداوند پیامبران را از میان طبقات و خانواده‌هایی که در میان آن قوم شهرت، اعتبار و وجههٔ مثبت داشتند به پیامبری برگزید تا به سادگی مورد پذیرش و قبول مردم قرار گیرد. این واقعیّت را در زندگی پیامبران می‌توان دید: حضرت موسی در دربار فرعون بزرگ شد و در آن‌جا منزلت و احترام بسیار زیادی داشت و بعد به پیامبری برگزیده شد. حضرت عیسی هم در خانوادهٔ پاک انبیای بنی اسرائیل از مادری پاک و مؤمن به دنیا آمد که در میان مردم از احترام و تقدس برخوردار بود. پیامبر اسلام (ص) هم در قبیلهٔ قریش که معروف‌ترین و بزرگ‌ترین قبایل عرب بود در میان خانوادهٔ بنی‌هاشم به دنیا آمد. اجداد او هاشم، عبدالمطلب، عمویش ابوطالب همه معروف و از بزرگان و سران قریش بودند که نقش بسیار مهم و مثبتی در میان قوم و قبیلهٔ خود داشتند. این پیشینهٔ مثبت، زمینه را مهیا می‌کرد تا پیامبری که از میان این خانواده برگزیده شده‌است به خاطر موقعیّت اجتماعی تا حدی زیادی با اقبال عمومی همراه شود.

۶- نکتهٔ آخر این که با وجود همهٔ این ویژگی‌های مثبت که در پیامبران وجود داشت خداوند بهترین زمان و محدودهٔ سنی آن‌ها را برای مبعوث شدنشان برگزید. بیشتر پیامبران در سن میان سالی در زمانی که انسان از غرور، احساسات و شور جوانی فاصله می‌گیرد و پس از تجربیات مختلف در عرصهٔ زندگی آبدیده می‌شود و به مرحلهٔ عقلانیّت و عقل‌گرایی قدم می‌گذارد و مقبول‌القول می‌گردد به پیامبری انتخاب شده‌اند. طبیعتاً در میان مردم سخن انسان مجرّب از سخن جوانان بیشتر اعتبار دارد. سخن جوانان معمولاً ناشی از شور و احساسات دورهٔ جوانی است و کمتر از منطق و عقلانیّت برخوردار است. به همین دلیل پیامبر اسلام در سن ۴۰ سالگی یعنی سن تکامل تجربه و عقلانیّت به پیامبری برگزیده شد.

به خاطر داشتن چنین ویژگی‌هایی خداوند با احترام از همهٔ پیامبران یاد می‌کند و از زحمات و تلاش‌های آنان قدردانی می‌نماید و هیچ تمایزی میان آن‌ها قائل نمی‌شود چه پیامبرانی که قرآن از اشتباهاتشان سخن گفته‌است و چه کسانی که قرآن دربارهٔ اشتباه آن‌ها سخنی

---

[1] - دورانت، تاریخ تمدن ج ۴ قسمت اول، ص ۲۲۲

به میان نیاورده‌است. همهٔ آن‌ها را شایسته احترام و تقدیر می‌داند و الگوی انسان‌ها معرفی می‌کند:

« این است حجتی که ابراهیم را بر قومش دادیم ما مقام هرکه را بخواهیم رفیع می‌گردانیم زیرا خداوند به نظم و صلاح عالمیان آگاه است. ما اسحاق و یعقوب را به ابراهیم عطا کردیم و همه را به راه راست هدایت کردیم و نوح را پیش از ابراهیم و فرزندانش: داوود، سلیمان، ایوب، موسی و هارون را هدایت نمودیم. این‌گونه نیکوکاران را پاداش می‌دهیم. زکریا، یحیی، عیسی و الیاس همه از نیکوکاران هستند. اسماعیل، یسع، یونس، لوط و همهٔ آن پیامبران را بر عالمیان برتری دادیم.» انعام ۸۶ - ۸۳

« سلام به پیامبران باد.» صافات / ۱۸۱

« سلام بر او (یحیی) روزی که به دنیا آمد و روزی که می‌میرد و روزی که زنده برانگیخته می‌شود.» مریم / ۱۵

« همانا خداوند و فرشتگان بر پیامبر درود می‌فرستند ای کسانی که ایمان آورده‌اید بر او صلوات و درود بفرستید و با تعظیم و جلال بر او سلام گویید.» احزاب / ۵۶

معاد

سومین جوهرۀ اساسی ادیان بحث معاد و بازگشت و زندگی مجدّد است همان گونه که قبلاً اشاره شد این موضوع اساسی، به زندگی انسان هدف، جهت و معنا می‌بخشد. اما در دو دین توحیدی پیشین تصویری نامشخص و ناقص دارد. از این رو این مسئله مهم می‌بایست در آخرین دین آسمانی تکامل یابد تا انسان‌ها بینش و نگرش درستی نسبت به هدف نهایی زندگی داشته باشند.

در قرآن مجید بارها سخن از معاد و بازگشت انسان گفته شده و با صراحت و تأکید بسیار زیاد انسان را متوجّه هدف نهایی خلقت نموده‌است. آیاتی که دربارۀ معاد، زندگی اخروی و چگونگی آن سخن گفته، بسیار زیاد است. برای مخاطب مؤمن هیچ شک و شبهه‌ای بر جای نمی‌گذارد و به طور روشن و با تأکید تمام، این هدف و مقصد نهایی زندگی را نشان می‌دهد.

پراکندگی آیات در مورد معاد در قرآن به یک نسبت نیست اما می‌توان گفت در همۀ سوره‌ها از آن سخن رفته‌است. با این وجود در سوره‌های مکّی در این رابطه آیات بیشتری وجود دارد، جزئیات معاد مفصل‌تر بیان شده‌است در سوره‌های مدنی هم دراین‌باره آیاتی وجود دارد اما شماره آیات آن کمتر است. دلیل این امر هم مشخص است زیرا مخاطب سوره‌های مکّی کافران، مشرکان مکه و مناطق اطراف آن بودند به همین دلیل خداوند به فراوانی با صراحت و تأکید بسیار زیاد و لحنی کوبنده دربارۀ معاد سخن می‌گوید تا این منکران را قانع نماید و با این تأکید، اعتقادات غلط آن‌ها را ضعیف نماید. آیاتی مانند:

« در آن روز وای بر تکذیب‌کنندگان، هم آنان که روز جزا را دروغ می‌پندارند.»
مطففین ۱۱ - ۱۰

« آیــا آن‌هــا گمــان نمی‌کنندکــه بــرای روز عظیــم برانگیختــه خواهندشــد.»
مطففین / ۵ - ۴

همچنین آیات محکم و کوبندۀ سورۀ مبارکۀ قارعه، زلزله و سوره‌های دیگر نازل شده در مکه که از وقوع قیامت خبر می‌دهد. مخالفان و منکران معاد را نسبت به واقعی بودن آن آگاه نموده‌است تا مخالفت‌ها و شک و تردیدهای آنان را از بین ببرد.

خداوند در آیات سوره‌های مدنی از معاد جزا و پاداش سخن به میان آورده‌است اما با لحنی ملایم‌تر آرام‌تر و با پرداختن به جزئیات زندگی دوباره آن گونه‌که شایسته مخاطبی است که به اصل موضوع باور دارد این ویژگی را در آیات سوره‌های مدنی که دربارهٔ معاد بیان شده‌است به روشنی می‌توان دید:

« چگونه منکر خدا می‌شوید با آن که بی‌جان بودید شما را جان بخشید شما را می‌میراند و باز جانتان می‌دهد و به سوی او بازگردانده می‌شوید.» بقره / ۲۸

« پس خداوند به پاس آنچه گفتند باغ‌های بهشتی را پاداششان داد که در پای درختانش، نهرها جاری است و در آن جاودان بمانند و این پاداش نیکوکاران است.» مائده / ۸۵

باید تأکید کردکه آیات بسیار زیادی دربارهٔ معاد، ویژگی‌های آن، جزا و پاداش در قرآن وجود دارد که از نظر فراوانی و شرح و تبیین این مسئله با هیچ کدام از کتاب‌های آسمانی پیشین قابل مقایسه نیست. می‌توان این آیاتی را به چهار دسته تقسیم کرد و به طور خلاصه برای هر دسته نمونه‌های ذکر کرد:

۱ - انکار معاد به وسیله مشرکان و مخالفان

« کافران گفتند جز همین زندگانی دنیا، زندگی دیگری نخواهیم داشت و ما دوباره زنده نخواهیم شد.» انعام / ۲۹

« جز این مرگ دیگر هیچ مرگ و زندگی دیگری نداریم و زنده نخواهیم شد اگر راست می‌گویید پدران ما را بیاورید (زنده کنید).» دخان ۳۶- ۳۵

« کافران می‌گویند پس این وعدهٔ قیامت که می‌گویند کی خواهد بود اگر راست می‌گویید.» سبا / ۲۹ (این آیه با همین کلمات در سورهٔ یاسین / ۴۸، نمل / ۷۱ و ملک / ۲۵ تکرار شده‌است.)

« کافران گفتند چون استخوان ما پوسیده شد آیا روزی ما دوباره زنده خواهیم شد. (هرگز چنین نخواهد شد) اسرا ۴۹ و ۹۸

۲ - تأکید بر وجود معاد و زنده شدن انسان‌ها

« ما آسمان‌ها و زمین و آن‌چه در آن‌هاست را جز برای مقصودی بزرگ خلق نکردیم

البته قیامت خواهد آمد. ای رسول از این منکران درگذر. (با خلق و خوی خوش آن‌ها را دعوت کن).» حجر / ۸۵

« روز قیامت بسیار نزدیک شده‌است هیچ کس به جز خداوند آن روز را آشکار نخواهد ساخت آیا (کافران) از این سخن تعجب می‌کنند و (با مسخره) می‌خندند و گریه نمی‌کنند. ای انسان شما بسیار غافل هستید.» نجم ۶۱- ۵۷

« قیامت که هیچ شکی در آن وجود ندارد، خواهدآمد و به طور یقین خداوند مردگان را از قبر بر می‌انگیزد.» حج / ۷

« هیچ معبودی بجز الله وجود ندارد او شما را در روز قیامت که هیچ شک و تردیدی در آن وجود ندارد جمع می‌کند و آیا کسی هست که سخنش از خداوند صادقانه‌تر باشد.» نساء / ۸۷

۳ - چگونگی وقوع قیامت

« هنگامی که زمین با شدیدترین تکان به لرزه درآید و بارهای سنگین خود را بیرون افکند انسان می‌گوید چه پیش آمده؟ آن‌گاه زمین مردم را به حوادث خود آگاه می‌سازد. » زلزله ۴ - ۱

« هنگامی که آسمان شکافته شود و هنگامی که ستارگان فرو ریزند هنگامی که آب دریاها روان گردد (تا به هم پیوسته شوند). هنگامی که انسان‌ها از قبرها برانگیخته شوند هر شخصی به هر چه‌که انجام داده، مقدم و موخرآگاه شود.» انفطار/ ۵ - ۱

« روزی که آسمان چون فلز گداخته شود و کوه‌ها مانند پشم زده متلاشی گردد و هیچ کس از خویش خود جویا نشود.» معارج / ۱۰ – ۸

۴- کیفیت زندگی پس از مرگ ، پاداش و جزا

« آنان که در ایمان بر همه پیشی گرفتند مقربان درگاهند. آن‌ها در بهشتی پر نعمت جاودانی بهره‌مندند. آن‌ها جمع بسیاری از امم پیشینیان هستند و عدهٔ کمی از متأخران. آنان در بهشت بر تخت‌های زربفت تکیه می‌زنند همه با دوستان و یاران روبروی هم می‌نشینند. پسرانی که حسن جوانی آن‌ها ابدیست به آن‌ها خدمت می‌کنند با کوزه‌ها و مشربه‌ها و جام‌های پر از شراب خالص، نه هرگز سر دردی باشد نه مستی عقل و رنج خمار کشند. میوه‌های خوش از آنچه برگزینند و گوشت مرغان از غذایی که مایل باشند. زنان سیاه چشم زیبا مانند مرواریدهای سرپوشیده هستند. این‌ها پاداش اعمال آن‌هاست.» واقعه ۲۴ – ۱۰

« در آن روز وای به حال آنان که آیات خدا را تکذیب می‌کردند امروز به سوی دوزخی که تکذیب می‌کردید، بروید. بروید زیر سایهٔ دودهای آتش دوزخ که از سه جانب شما را احاطه کند. نه آن‌جا سایه‌ای خواهد بود و نه از شرار آتش نیز نجاتی دارند. آن آتش هر شراری بیفکند شعله‌اش مانند قصری است گویی آن شراره به شتران زرد موی ماننداست وای به حال آنان که آیات خدا را تکذیب کردند.» مرسلات ۳۴- ۲۸

در قرآن کریم بحث معاد بسیار مفصل و جامع مطرح شده‌است و موارد ذکر شده نمونه‌های اندکی از آیات قرآن است که در این باره بیان شده‌است. بدین‌گونه بحث معاد در آخرین کتاب آسمانی کامل‌تر شده‌است و برای انسان در آخرت حیاتی جسمانی و روحانی را به تصویر کشیده‌است. تا هیچ کدام از جنبه‌های وجودش از آن بی‌بهره نماند. در حالی که در کتاب‌های آسمانی پیشین مسئله معاد در حجم و اندازه قرآن و با ذکر جزئیات این گونه کامل بیان نشده‌است.

پیوند و توازن ماده و معنا

از جمله مهم‌ترین نکاتی که در مکاتب الهی وجود دارد نحوهٔ نگرش به دنیا و آخرت و تلاش در ایجاد تعادل و توازن در نگرش به آن دو است. به طوری که سهم هیچ کدام ازآن‌ها فراموش نشود یا به یکی بیش از حد اهمیت داده‌نشود. این مسئله بسیار مهم و قابل تأمل است و نمی‌توان به سادگی از کنار آن گذشت. زیرا زیاده‌روی در دنیاگرایی و برآورده‌کردن خواسته‌های جسمانی و مادی، انسان‌ها را در مادیات و خوشی‌های زودگذر و فانی غرق می‌کند و مانع رسیدن او به تکامل می‌شود، کرامت و منزلت او را از بین می‌برد. از طرف دیگر نادیده‌گرفتن خواست‌ها، نیازهای جسمانی، مادی و گوشه‌گیری از دنیا و انزوا که در بعضی از مکاتب و ادیان دیده‌می‌شود با توانایی‌های انسان و وجود خواهش‌های جسمانی او سازگار نیست. همه انسان‌ها قادر نیستند این شیوهٔ زندگی را ادامه دهند و کاری عاقلانه و منطقی به نظر نمی‌آید. حتی اگر گروه انگشت شماری هم توان ادامهٔ این وضعیّت را داشته باشند به دلیل این‌که نیازهای وجودی انسان سرکوب می‌شود هر لحظه امکان طغیان این خواهش‌های جسمانی وجود دارد. در این صورت ممکن است برای همیشه انسان را از رسیدن به تکامل جسمانی و معنوی باز دارد؛ افراط و تفریط در نگرش به دنیا و آخرت مانع رسیدن انسان به هدف نهایی خلقتش می‌شود.

همان‌گونه که اشاره شد در دو دین توحیدی یهود و مسیح این هماهنگی کامل نیست. در حالی که در اسلام ضمن این‌که هدف نهایی زندگی انسان حیات اخروی و رسیدن به قرب الهی است، این هدف نیاز به گذشتن از دنیای مادی دارد از این رو اسلام به دنیا عنایت و توجّه خاصی دارد. برآورده‌کردن نیازهای جسمانی و مادی و در کنار آن نیازهای روحی در دنیا را وظیفهٔ خود می‌داند تا انسان در عین تأمین نیازها و خواسته‌های جسمانی و دنیوی خود به هدف متعالی زندگی یعنی آخرت و جوار رحمت حق بیندیشد. این‌گونه توازن و هماهنگی در بینش به دنیا و آخرت به وجود آید. از جملهٔ موارد نگرش اجتماعی اسلام و اهمیت دادن به جامعه و زندگی اجتماعی انسان می‌توان به حقوق فردی؛ مانند: ازدواج، ارث، مالکیّت و حقوق اجتماعی؛ مانند: زکات، امنیّت، جهاد و سایر احکام اجتماعی قرآن که به تناسب زمان صادر شده‌است، اشاره کرد. حتی در قرآن به طهارت و پاکیزگی ظاهر انسان توجّه شده‌است: «خداوند توبه‌کنندگان و پاکیزگان را دوست دارد.» سورهٔ بقره آیه ۲۲۲ که بدون شک برای سلامت جسمانی انسان در دنیاست. همهٔ این‌ها نشانه توجّه قرآن به دنیا، خواسته‌ها و نیازهای مادی انسان است تا سهم انسان از دنیا هم فراموش نشود: «

در هر چه که خداوند به تو بخشیده‌است بکوش تا سعادت آخرت را طلب کنی بهره‌ات را از لذّات و نعمت‌های دنیا فراموش نکن.» قصص / ۷۷

در عین حال قرآن انسان را به معنویت دعوت می‌کند و به زندگی پس از مرگ و جزا و پاداش فرا می‌خواند و هدف نهایی خلقت انسان را رسیدن به مقام قرب الهی می‌داند.

نکتهٔ بسیار جالب و قابل توجّه، ارتباط تنگاتنگ دنیا و آخرت در قرآن کریم است. زیرا همهٔ احکام الهی در این کتاب آسمانی در اصل به خاطر اصلاح زندگی اجتماعی و دنیوی انسان و تکامل او صادر شده‌است و هدف اصلاح اجتماع و برداشتن تبعیض‌ها و نابرابری‌هاست. اما در عین‌حال برای همین احکام، پاداش اخروی در نظر گرفته شده‌است که به مواردی از آن‌ها اشاره می‌نماییم:

برپا داشتن نماز و گرفتن روزه جزء وظایف مسلمانان است. در اصل در این دنیای مادی برای انسان کارکردها، فایده‌های جسمانی و روحانی دارد. زیرا با وضو آغاز می‌شود که اولین فایدهٔ آن پاکیزگی جسم و سلامت بدن است و بعد تمرین بندگی در مقابل خداوند است و موجب اتصال انسان به منبع لایزال قدرت و بخشندگی می‌شود و در عرصهٔ اجتماعی نیز تعهّد و مسئولیّت اخلاقی در انسان ایجاد می‌کند تا حقوق دیگران را محترم بشمارد: «نماز را بر پای دار همانا نماز، نمازگزار را از هر کار زشتی باز می‌دارد.» عنکبوت / ۴۵

پس باعث پاکیزگی روح و روان هم می‌شود، از اجر و پاداش اخروی هم برخوردار است:

«همانا مؤمنان رستگار می‌شوند آنان که در نماز خاضع و فروتن هستند.»
مؤمنون/ ۲ - ۱

روزه هم در دنیا فایده و کارکرد جسمانی و روحانی دارد و باعث سلامت جسم می‌شود و در عین حال اظهار عبودیّت در برابر خداوند است و ارادهٔ انسان را در برابر مشکلات و سختی‌ها تقویت می‌کند. این فایدهٔ روحانی روزه است افزون بر این‌ها کارکرد اجتماعی هم دارد و آن درک حال محرومان و فقرا و توجّه کردن و بخشش به آن‌ها به منظور فقرزدایی از جامعه است که خداوند پاداش آن را فراموش نمی‌کند: «همانا همهٔ مردان و زنان مسلمان،... و مردان و زنان روزه دار و کسانی که از تمایلات جنسی خود را حفظ می‌کنند و کسانی که یاد خدا بسیار می‌کنند، خداوند برای همهٔ آن‌ها مغفرت و پاداش بزرگ مهیا ساخته‌است.» احزاب / ۳۵

حکم زکات بر اساس نیاز زمان و شرایط آن دوره به منظور ایجاد توازن و تعادل درتوزیع ثروت در جامعه صادر شده‌است. اولین فایدهٔ آن به جامعهٔ انسانی برمی‌گردد، ضمناً از پاداش الهی هم بهره‌مند است:

« آنچه را که در راه خدا به عنوان زکات می‌دهید ثواب آن چند برابر می‌شود.» روم / ۳۹

« همانا مؤمنان رستگار می‌شوند و کسانی که زکات مال خود را به فقیران می‌دهند.» مؤمنون ۴ - ۱

به این ترتیب به حیات مادی انسان روح معنویّت بخشید شده‌است. برای هر کاری که فایدهٔ آن مستقیم یا غیرمستقیم به جامعه و زندگی دنیا برمی‌گردد پاداش اخروی تعلّق گرفته‌است. در همین جا گره‌خوردی، پیوند و تعادل مادیات و معنویّت کاملا به چشم می‌آید و این گونه نگرش قرآنی که موجب سالم زیستن و درست زندگی کردن در عرصهٔ حیات فردی و اجتماعی شده وخواهد شد پاداش اخروی به همراه دارد و به همهٔ امورات زندگی و حیات مادی جلوهٔ معنوی بخشیده شده و هدف‌دار می‌شود. تا جایی پیش می‌رود که کل زندگی در همهٔ لحظات پر از معنویّت می‌شود:

« ای پیامبر بگو همانا نماز من، عبادت من زندگی و مرگ من برای خداست که پروردگار جهانیان است.» انعام / ۱۶۲

فصل سوم

تئوری آسمانی – زمینی بودن وحی

باران وحی و ظرف جامعه انسانی

ارتباط خداوند با انسان از طریق وحی و کلام صورت گرفته‌است و به این وسیله رابطهٔ میان ماده و معنا، زمین و آسمان برقرار شده‌است. در هر ارتباطی نیاز به شش عامل وجود دارد:

زمینه

فرستندهٔ پیام -------- پیام --------------گیرندهٔ پیام (مخاطب)

مجرای ارتباطی

کد (رمزگان) [1]

برای هر ارتباطی سه عامل اصلی فرستنده، پیام و گیرنده لازم است علاوه بر آن به زمینه (مقدمات و تمهیدات فهم پیام) مجرای ارتباطی (گفتار یا متن چاپی) و کد یا رمـزگان: « نظامی است که ایجاد پیام را ممکن می‌سازد و دست یابی به هر عنصر پیام در ارجاع به

---

[1] - صفوی، گفتارهایی درباره زبان شناسی، ص ۵۴ و صفوی، آشنایی با زبان شناسی در مطالعات ادب فارسی، صص ۳۵- ۳۲ همچنین وزیرنیا، زبان شناخت، صص ۲۶۵ - ۲۶۳

آن میسر است.» [1] (علائم و نشانه‌های زبان) که پیام به کمک آن انتقال داده می‌شود، نیاز است.

فرستندۀ وحی، خداوند از دانش، قدرت و توان، مقام، منزلت و جایگاه بسیار بالایی برخوردار بوده و هست. او آفرینندۀ آسمان‌ها، کهکشان‌ها، زمین، کل موجودات و نظام هستی است. منشأ زندگی و حیات در هر نقطه که زندگی وجود دارد می‌باشد. از کوچکترین ذرات نظام خلقت که فعلاً با دانش کنونی انسان الکترون، نوترون و پروتون است تا بزرگ‌ترین کهکشان‌ها بخشی از آفریده‌های خداوند هستند که انسان امروز می‌تواند آن را مشاهده کند و به پژوهش و تحقیق دربارۀ آن‌ها بپردازد. آفرینش این مجموعه، نظم و نظامی که در آن وجود دارد گواه علم، دانش، بزرگی و عظمت آفریننده‌اش می‌باشد. آفریدگاری‌که مجموعۀ هستی را به خوبی اداره می‌کند. او بر بزرگترین پدیده‌های نظام هستی و عملکرد آن‌ها در پنهان‌ترین و ناچیزترین لحظه‌ها علم و آگاهی دارد و نظام خلقت را از لحظۀ آفرینش تا زمانی‌که وجود دارد به سوی هدفی خاص پیش می‌برد. این بخش بسیار ناچیز از توانایی‌های فرستندۀ پیام « خداوند » است که ما انسان‌ها فعلاً آن را شناخته‌ایم.

از سوی دیگر گیرندۀ پیام « انسان » یکی از آفریده‌های ناچیز خداوند است که در گوشه‌ای بسیار ناچیز و کوچک از نظام هستی یعنی کره زمین زندگی می‌کند. این موجود هرچند به خاطر داشتن عقل و هوش یکی از بهترین آفریده‌های خدا محسوب می‌شود اما از نظر توانایی‌های وجودی، علم، دانش و آگاهی محدودیّت‌های فراوانی دارد. خداوند فرموده‌است: « به شما نبخشیدیم مگر کمی علم و دانش را. » اسرا / ۸۵

به خاطر میزان دانش ناچیز انسان و درعین‌حال اکتسابی بودن دانش و محدودیّت‌هایی که در زمینۀ پیشرفت علوم وجود دارد، علم انسان به صورت تدریجی پیشرفت می‌کند. انسان با تأمل، درنگ و تحقیق در پدیده‌های مختلف، آرام آرام در راه شناختن آن‌ها قدم بر می‌دارد و پیش می‌رود به طوری‌که انسان امروز توانسته‌است به بخش ناچیز و اندکی از قواعد و قوانین حاکم بر نظام هستی پی ببرد. البته به قاعده و قانونی که در چهارچوب محل زندگی او یعنی کرۀ خاکی وجود دارد تا حدودی پی برده‌است. هرچند ازاین محیط کوچک فراتر رفته اما نتوانسته با اقتدار سیّارات اطراف خود را بشناسد. هنوز محدودۀ نفوذ، تسلط و دانشش در مقابل نظام خلقت بسیار ناچیز است و در شناختن دنیای اطراف خود راهی

[1] - مارتینه، مبانی زبان شناسی عمومی، ص ۳۲

بسیار طولانی در پیش دارد. این وضعیّت انسان عصر حاضر در برابر نظام هستی است که آفریدهٔ خداوند است. به طور قطع در مقابل خالق این مجموعه چیزی برای خودنمایی و ابراز وجود ندارد. این تصویری واقعی از توانایی انسان امروز است.

در زمان نزول وحی، انسان در محدودهٔ زندگی خود بسیار ناتوان‌تر از امروز بود و از علم و دانش بسیار کمتری برخوردار بود. زمانی که آن انسان را با آفریدگار (فرستندهٔ پیام) مقایسه می‌کنیم، می‌بینیم که این گیرندهٔ پیام در برابر فرستنده بسیار ناچیزتر و ضعیف‌تر از انسان امروز بود و چیزی برای گفتن و نشان دادن نداشت و میان آن‌ها از لحاظ توانایی‌ها، علم، دانش و ظرفیّت‌های وجودی فاصله‌ی غیرقابل تصوّر وجود داشت.

چون نابرابری و اختلاف زیادی میان فرستندهٔ پیام «خداوند» و گیرندهٔ آن «انسان» وجود داشت. پس باید برای درک پیام یکی از آن‌ها خود را به سطح دیگری می‌رساند. امکان این که مخاطب وحی «انسان» بتواند خود را به سطح گوینده «خداوند» برساند، وجود نداشته و ندارد. در نتیجه خداوند پیام خود را با ظرفیّت ذهنی، توان وجودی و شرایط اجتماعی انسان متناسب کرده‌است تا پیامش برای انسان قابل درک و فهم باشد.

انسان در دانش، علوم و درک واقعیّت‌ها، پیشرفتی تدریجی دارد. این پیشرفت به مرور زمان صورت می‌گیرد. همین پیشرفت‌ها، زمینهٔ تحوّلات اجتماعی و تغییر روابط و مناسبات انسانی را فراهم می‌کند. این تغییرات بر حقوق انسان‌ها تأثیر می‌گذارد بنابراین انسان هر دوره‌ای از سطح مشخصی از دانش و علم برخوردار است که جامعه، شیوهٔ زندگی، روابط و مناسبات اجتماعی و انسانی مخصوص به او را شکل می‌دهد. سطح دانش، فرهنگ، نیازها، خواسته‌ها، توقّعات و حقوق انسانی و حتی مسائل جزئی زندگی مانند مسکن نحوهٔ پوشش و... هر دوره‌ای با دوره‌های دیگر قطعاً تفاوت داشته و دارد. همیشه گذشتگان حتی انسان‌های امروز نسبت به آیندگان از دانش و آگاهی کمتر و به تبع آن از وضعیّت اجتماعی پایین‌تری برخوردار بوده، هستند و خواهند بود.

جامعهٔ عرب در هنگام نزول وحی از جوامع عقب‌ماندهٔ دنیای آن روز بود و اعراب جاهلی در آن هنگام از نظر دانش، آگاهی و زندگی اجتماعی در سطح پایینی بودند. روابط، مناسبات انسانی و اجتماعی مخصوص به خود را داشتند. چون آن‌ها مخاطبان اولیهٔ وحی الهی بودند بنابراین خداوند برای این که پیامش برای گیرندگانش قابل فهم باشد کلام خود را متناسب

با ظرفیّت‌های آنان هماهنگ کرد تا از این طریق آن‌ها را هدایت نماید. این هماهنگی در همهٔ ادوار نزول وحی وجود داشته‌است. در زمان نزول قرآن هم راضی، قانع کردن و هدایت این مخاطبان اولیه بسیار مهم و اساسی بود. چون اگر آنان راضی نمی‌شدند و دین را نمی‌پذیرفتند دین اسلام پا نمی‌گرفت و دیگر در دوره‌های بعد مخاطبانی وجود نداشت که هدایت شوند. پس رعایت حال مخاطبان، درک وضعیّت، شرایط زندگی و محیط اجتماعی آن‌ها برای انتقال پیام بسیار مهم است. به طوری که پیامبر اکرم (ص) فرموده‌است: « ما جمعیت انبیا مأموریم با مردمان در حدّ فهم و عقلشان سخن بگوییم.»[1]

عارف شاعر بزرگ ایرانی مولوی هم در این رابطه می‌گوید:
« پست می‌گویم به اندازهٔ عقول   عیب نبود این بود کار رسول »[2]
« چون که با کودک سر و کارت فتاد   هم زبان کودکان باید گشاد »[3]

هماهنگ کردن پیام با وضعیّت مخاطب به دلیل ظرفیّت و توان درک اوست. زیرا پیامی بالاتر از ظرفیّت او برایش قابل درک نیست و مسلماً آن را نمی‌پذیرد. در نزول وحی خداوند فرستندهٔ پیام است که از آگاهی، دانش و قدرت غیر قابل توصیفی برخوردار است امّا مخاطب او « انسان آن دوره » توانایی محدود و ویژگی‌های مخصوص به خود را دارد. خداوند بسیار منطقی و زیبا، وضعیّت و توان او را تشخیص داده‌است و پیام خود را با وضعیّت زندگی او هماهنگ کرده‌است. این مطلب نه‌تنها نقصی محسوب نمی‌شود بلکه درایت و حکیم بودن خداوند را نشان می‌دهد که به اندازه ظرفیّت و توان مخاطبانش از آن‌ها انتظار دارد. آیهٔ ۲۸۶/بقره این مطلب را تأیید می‌نماید: « خداوند هیچ کس را مجبور به کاری نمی‌کند مگر به اندازهٔ توانش... و پروردگارا بیشتر از توان و تحمّل ما بر ما مگذار.»

بنابراین مانند بارانی که به داخل ظرفی ریخته و مشخصات آن را به خود گرفته، وحی که آسمانی، الهی، پاک و زلال است به دنیای انسانی و زمینی ما وارد شده‌است و مشخصات آن را به خود گرفته‌است. در ظرف توان وجودی انسان، شرایط زندگی او و جامعهٔ همزمان با نزول وحی قرار

---

[1] - حرانی، تحف العقول، ص ۴۰ و غزالی، احیاء علوم الدین ج ۱ ص ۱۷۲ همچنین برقی، المحاسن ص ۱۹۵

[2] - نیکلسون، مثنوی، دفتر اول، بیت ۳۸۱۱

[3] - همان، دفتر چهارم، بیت ۲۵۷۷

گرفته‌است. ویژگی‌ها، مشخصات، محدودیّت‌های آن انسان، آن دوران و جامعه را پذیرفته‌است از جمله: ویژگی‌های جامعه، نرم و معیارهای آن، زبان و مشخصات آن، شیوهٔ برخورد با مخاطبان، ویژگی‌های انسانی، شرایط اجتماعی، روابط و مناسبات انسانی و محدودیّت‌های آن و ظرفیّت محدود انسان آن دوره از لحاظ دانش، توانایی و درک.

در ادامهٔ مطالب کتاب به ذکر این هماهنگی وحی با واقعیت‌ها، ظرفیّت‌ها، محدودیت‌های قوم و جامعهٔ عرب در ابعاد مختلف اجتماعی، فرهنگی و میزان درک و دانش آن‌ها می پردازیم :

وضعیّت مکه و قبیله قریش

شهر مکه یکی از مهم‌ترین شهرهای حجاز است این شهر به دلیل وجود خانۀ کعبه برای همۀ اعراب محترم و بزرگ شمرده می‌شد. آن‌ها هر ساله برای برگزاری مراسم حج از نقاط مختلف عربستان وارد مکه می‌شدند و در این مراسم بزرگ شرکت می‌کردند. وجود حرم، خانۀ کعبه، تقدس، احترام آن نزد همۀ قبایل عرب و حرام بودن جنگ و خون‌ریزی در آن‌جا از امتیازات مهم شهر مکه بود. آن‌جا را به شهری امن و برخوردار از آرامش تبدیل کرده بود به طوری که خداوند هم به امنیّت آن سوگند یاد کرده‌است: «سوگند به این شهر امن و امان.» تین / ۳

قبیلۀ قریش به خاطر حضور در شهر مکه و همچنین به خاطر تولیّت و سرپرستی خانۀ کعبه نزد همۀ قبایل عرب از منزلت و جایگاه ویژه‌ای برخوردار بود. افزون بر این جایگاه معنوی، ورود زائران به این شهر و بر پایی بازارهای مختلف از جمله بازار عُکاظ درآمد سرشاری را نصیب ساکنان مکه به ویژه ثروتمندان و اشراف می‌کرد. همچنین امنیّت و آرامش شهر مکه این فرصت را برای قریش فراهم کرد که کاروان‌های بازرگانی به راه بیاندازد. آن‌ها در طول سال دو سفر انجام می‌دانند یکبار به شام و یک بار به یمن می‌رفتند و کالاهای مختلفی را خرید و فروش می‌کردند. به همین دلیل قریشیان و بزرگان آن‌ها از ثروت زیادی برخوردار شدند. از نظر مادی هم در میان قبایل عرب جایگاه ویژه‌ای پیدا کردند.

نکتۀ مهم دیگر این بود که ساکنان مکه؛ مانند بیشتر قبائل عرب بت‌پرست بودند. وجود خانۀ کعبه و بت‌های مختلفی که در آن قرار داشت و برپایی مراسم حج، شهر مکه را مرکز بت‌پرستی درعربستان کرده بود. مکه نماد و مظهر قدرت و رواج بت‌پرستی بود. قبیلۀ قریش و ساکنان آن اصلی‌ترین مدافعان و معتقدان بت‌پرستی به شمار می‌آمدند که وظیفۀ سرپرستی و محافظت از خانۀ کعبه را برعهده داشتند.

اعراب هر ساله مهم‌ترین خبرهای خود را طی مراسم حج و بازارهایی که برای تجارت برپا می‌شد، به یکدیگر اطلاع می‌دادند و از اوضاع و احوال هم آگاه می‌شدند. بنابراین شهر مکه افزون بر مرکزیّت دینی، مرکزیّت اطلاع‌رسانی و تجاری هم داشت و از جهات مختلف مهم‌ترین شهر عربستان به شمار می‌آمد. مرکزیّت شهر مکه و جایگاه قبیلۀ قریش از دلایلی است که خداوند آخرین پیامبر خود را از این شهر و از میان این قبیله درعربستان انتخاب

کرده‌است و در مرکز بت‌پرستی او را مامور دعوت مردم به یکتاپرستی نمود و پیام وحی خود را متناسب با وضعیّت ساکنان آن هماهنگ نمود.

شیوهٔ دعوت

یکی از موارد موقعیّت‌شناسی خداوند در قرآن چگونگی آغاز دعوت با توجّه به شرایط مخاطبان و فضای عمومی جامعه است. پس از برگزیده شدن حضرت محمد (ص) به رسالت، آن‌گونه که روایت شده‌است به این دلیل که هنوز شرایط مساعد نبود؛ پیامبر اسلام تا مدت سه سال، مخفیانه به دعوت پرداخت. کسانی را که پاک و شایسته می‌دانست به دین اسلام دعوت کرد این مؤمنان که فطرتی خداجو داشتند با تمام وجود به آیات قرآن و سخنان پیامبر گوش دادند و با یکتاپرستی آشنا شدند. با جان و دل خداوند را به یگانگی پذیرفتند، از پرستش بت‌های بی‌مقدار دوری جستند، با اصول و مبانی آیین جدید آشنا شدند و به آن ایمان آوردند. آنان حاضر بودند در شرایط سخت از پیامبر خود دفاع نمایند. زمانی که شمار این افراد به حد قابل قبولی رسید زمینه برای اعلام موجودیّت و دعوت همگانی فراهم شد. پیامبر از جانب خدا ماموریت پیدا کرد تا دعوت خود را آشکار کند: « خویشاوندان نزدیک را آگاه کن و در مقابل هر یک از مؤمنان که از تو پیروی کند، فروتن باش پس اگر تو را نافرمانی کردند بگو من از آنچه شما انجام می‌دهید، بیزارم.»   شعرا / ۲۱۶ - ۲۱۴

این گونه خداوند، فضای موجود در جامعهٔ عرب (شهر مکه) را در نظر گرفته‌است و متناسب با آن به پیامبر دستور داد که ابتدا به صورت پنهانی و بعد آشکارا، مردم را به دین دعوت کند.

انتخاب زبان انسان

وجود تمام پدیده‌های طبیعت، نظام خلقت و پیچیدگی‌های آن به خودی خود وسیلهٔ ارتباطی و زبانی فراگیر است که به طور غیرمستقیم با همهٔ انسان‌ها سخن می‌گوید و عظمت آفریدگار خود را نشان می‌دهد. هر انسانی که وجدانی آگاه و بیدار دارد، این واقعیّت را درک می‌کند که خداوند ساکتی گویاست و آفریده‌های او زبان فراگیر و وسیلهٔ ارتباطی او با انسان‌ها در همهٔ زمان‌ها است.

با این وجود، لطف خداوند ایجاب می‌کرد برای هدایت انسان‌ها به طور مستقیم با آن‌ها رابطه برقرار کند. لذا خداوند پیامبران را برگزید و از طریق فرشتگان پیام‌های خود را به انسان‌ها انتقال داد تا آن‌ها را به صورت مستقیم هدایت و راهنمایی کند.

انتخاب زبان یکی از ابتدایی‌ترین موارد سازگاری وحی با محدودیّت‌های انسانی است. این نکته شاید بسیار ساده به نظر برسد اما چون مخاطب قرآن در ابتدا اعراب بودند، پس وحی به زبان عربی بر آن‌ها نازل شد. این مطلب نشان دهندهٔ سازگاری خداوند با ویژگی زبانی جامعهٔ عرب است. مسلماً نمی‌توان یک زبان خاص انسانی را برای خداوند تصوّر کرد. اگر خداوند از زبان خاص یک قوم برای ایجاد ارتباط با آن‌ها استفاده کرد به دلیل محدودیّت‌های زبانی آن‌ها بوده‌است. به ناچار خداوند با در نظر گرفتن این محدودیّت زبانی، با آن‌ها ارتباط برقرار کرد. از زبان آن‌ها برای راهنمایی‌شان استفاده نمود. همان‌گونه که وحی نازل شده برای قوم یهود به زبان عبری بود چون یهودیان به این زبان سخن می‌گفتند. به زبان اوستایی برای ایرانیان وحی نازل شد و برای قوم عرب هم زبان عربی به کار گرفته شد تا انتقال پیام وحی صورت گیرد.

اعجاز در سخنوری

با توجّه به این‌که تنها امتیاز قوم عرب شاعری و سخنوری بود قرآن در راستای در نظر گرفتن شرایط جامعهٔ عرب این مایهٔ امتیاز آن‌ها را به چالش کشید، حقانیّت و اعجاز خود را ثابت کرد. در زمان خاتم پیامبران درعربستان سخنوری، شعر و شاعری رونق زیادی داشت. خداوند با نزول قرآن کریم این مایهٔ افتخار آن‌ها را به مبارزه طلبید. آیات قرآن از نظر زیبایی سرآمد همهٔ اشعار و سخنان آنان شد و خود را به عنوان بهترین اثر زبان عربی مطرح نمود. ویل دورانت در این باره می‌گوید: « زبان قرآن عربی خالص و فصیح است، تشبیهات و استعارات نیرومند، روشن و عبارات دلفریب فراوان داردکه با سلیقهٔ مردم مغرب جور نیست. به اتفاق آرا قرآن بهترین و نخستین نثر عربی است.»[1] قرآن بارها آن‌ها را به مبارزه دعوت کرده‌است و از این طریق معجزه بودن خود را ثابت کرد: « بگو اگر جن و انس با هم جمع شوند تا کتابی مانند این قرآن بیاورند هرگز نمی‌توانند هر چند که پشتیبان یکدیگر باشند.» اسرا / ۸۸ (مشابه این آیه در سورهٔ یونس / ۳۸ و هود / ۱۳ و بقره / ۲۴ - ۲۳ وجود دارد.

پس باید اعجاز قرآن را از نظر فصاحت، بلاغت و زیبایی در سخنوری بررسی کرد تا توان و اعجاز قرآن در سخنوری نشان داده شود. در این باره مهمترین نکته‌ای که باید به آن اشاره کرد به تناسب حال و مقام سخن گفتن است که انطباق هرچه بیشتر قرآن را با اوضاع و شرایط جامعه نشان می‌دهد و پایه و اساس علم معانی است، شرط فصاحت و بلاغت شمرده می‌شود. قرآن در این زمینه واقعاً سرآمد است؛ خداوند شرایط مخاطب و موضوع مورد بحث را به دقت سنجیده و به تناسب آن، آیات زیبای خود را بیان فرموده‌است که به ذکر چند مورد بسنده می‌کنیم:

جلب توجّه قوم عرب به طبیعت

دانش و آگاهی قوم عرب از جهان پیرامون محدود به مشاهدات عینی و تجربی بود. اعراب از علم و آگاهی برخوردار نبودند. جامعهٔ آن‌ها متمدن و علم‌گرا نبود. قوم عرب در دامن

---

[1] - دورانت، تارخ تمدن، ج ۴، بخش اول ص ۲۲۶

طبیعت به صورت تجربی و عملی زندگی می‌کردند. به همین دلیل پروردگار بلند مرتبه در راستای انطباق با وضعیّت موجود و درک آن‌ها از جهان، در موارد زیادی از آیات قرآن، آن‌ها را به تفکّر و تعقّل در آیات و پدیده‌های طبیعت فراخوانده‌است. توجّه آن‌ها و هر انسانی را درهرزمانی به دقّت در آفریده‌های مختلف و نظم و ترتیب نظام هستی جلب کرده‌است تا از این طریق به وجود آفریدگار پی ببرند:

«آیا در خلقت شتر نمی‌نگرند که چگونه آفریده شده‌است و به آسمان نگاه نمی‌کنند که چگونه برافراشته شده‌است و کوه‌ها که چگونه بر زمین نصب شده‌است و زمین که چگونه گسترده شده‌است. » غاشیه / ۲۰ - ۱۷

«ما از آسمان آب با برکتی نازل کردیم و باغ‌های میوه و خرمن‌ها از کشت حبوبات رویانیدیم.» ق / ۹

توجّه به سرگذشت پیشینیان

جذابیّت داستان و ذکر سرگذشت اقوام دیگر موجب شد که قرآن جهت تنبّه، به سرگذشت اقوام پیشین توجّه شایانی نماید. داستان‌های زیادی دربارهٔ اقوام گذشته، پیامبران و اشخاص در قرآن آمده‌است و بخش قابل توجّهی از کتاب به آنان اختصاص یافته‌است: داستان قوم عاد، ثمود، فرعون، نمرود، پادشاهان یمن و داستان پیامبران: حضرت ابراهیم، موسی، یعقوب، داود، سلیمان، الیاس، یونس، یحیی و شایستگی‌ها و اقداماتشان همچنین داستان حضرت آدم و وسوسهٔ ابلیس، داستان اصحاب کهف به منظور پند دادن به قوم عرب به زیبایی بیان شده‌است. داستان زیبا و بلند حضرت یوسف در ضمن نشان دادن یک الگوی شایسته، جذابیت خاصی به قرآن بخشید و قرآن را به متنی با موضوعات متنوع و جذاب تبدیل کرده‌است. این داستان‌ها در میان موضوعات مختلف مطرح شده با در نظر گرفتن شرایط مخاطبان در سوره‌های مکّی به صورت کوتاه و در سوره‌های مدنی بلندتر بیان شده‌است که نشان دهندهٔ توجّه قرآن به جذابیّت داستان و علاقهٔ مخاطبان به آن است.

لحن و شیوهٔ بیان

از موارد دیگر زیبایی‌های آیات قرآن این است که خداوند با توجّه به موافق بودن مخاطب یا مخالف بودن و شدت آن، لحن و شیوهٔ بیان آیات را هماهنگ کرده‌است. چون شهر مکه محل اصلی تعارض با دین اسلام بود و ساکنان مکه به ویژه اشراف و بزرگان به شدت و با تمام توان با ترویج و گسترش اسلام مخالفت کردند. بنابراین موقعیّت ایجاب می‌کرد که خداوند برای قانع نمودن آن‌ها، با اطمینان از زبانی محکم و لحنی قاطع استفاده کند و به این وسیله حقانیّت خود را به مخالفانش بفهماند.[۱]

بر اساس اصول علم معانی هنگامی که مخالف، منکر و سرسخت است علاوه بر زبان و لحن محکم، پیام و مطلب به صورت فشرده و کوتاه بیان می‌شود تا شنونده با سخنی کاملاً محکم و جدی رو به رو شود و بداند که گوینده با اطمینان آن را بیان کرده‌است.[۲] اگر گوینده موفق به انجام این کار شود زمینهٔ تحت تأثیر قرار گرفتن شنونده را فراهم کرده‌است. این وضعیّت را معمولاً انسان‌ها در هنگام خشم و جدی بودن در سخنان خود نشان می‌دهند. زیبایی‌ها و ظرافت‌های غیرقابل توصیفی که در این باره در آیات قرآن وجود دارد در واقع بر اساس شیوه و لحن سخن گفتن انسان استوار است که رعایت حال و مقام (توجّه به شرایط و وضعیّت مخاطب) به زیبایی در آن به کار گرفته شده‌است.

طول آیات مکّی به خاطر شرایط مخالفان نسبت به آیات مدنی کوتاه‌تر است و این کوتاهی و ایجاز نشان دهنده مهم بودن پیام است. لحن آن‌ها هم محکم و در بعضی موارد کوبنده است. زمانی که این آیات را بررسی می‌نماییم. به بعضی از دلائل زیبایی آیات قرآن پی می‌بریم. به عنوان نمونه خداوند از شیوه‌های مختلفی برای تأکید در سخن و قاطعیّت لحن آیات استفاده نموده‌است:

---

۱ - الکواز، سبک شناسی اعجاز بلاغی قرآن، ص ۲۲۱

۲ - شمیسا، معانی، ص ۷۴

۱ - گاهی برای تأکید آیه به صورت سؤال بیان شده‌است[۱]: « (ای رسول) آیا حدیث هولناک قیامت به تو رسیده‌است؟» غاشیه / ۱

۲ - گاهی تأکید بر آیات با استفاده از « واو » سوگند صورت گرفته و از شیوه بیان و سوگند خوردن انسان استفاده شده‌است امّا مناسب و به موقع و بسیار محکم به کار گرفته شده‌است[۲]: « قسم به آفتاب و تابش آن، هنگام رفعتش، قسم به ماه که پیرو آفتاب تابان است.» شمس / ۲ - ۱

۳ - گاهی آیات با تهدید شروع شده‌است: « وای بر مردم دروغگوی بدکار !» جاثیه / ۷

« وای بر نمازگزاران کسانی که در هنگام نماز غافلانه نماز می‌خوانند!» ماعون/۵-۴

۴- گاهی برای تأکید کلمات و آیات تکرار شده‌است: «به زودی، وقت مرگ خواهند دانست البته به زودی، وقت مرگ خواهند دانست.» نبا / ۵ - ۴

۵ - گاهی سخنی که محتوی نفرین دارد با تکرار موکد و محکم شده‌است[۳]: « مرگ بر تو، مرگ. باز هم مرگ بر تو، مرگ.» قیامت / ۳۵ - ۳۴

افزون بر این‌ها خداوند وضعیّت مخاطبان همچنین موقعیّت و موضوعی را که آیات بازگوکنندهٔ آن است (حال ومقام) به زیبایی هرچه تمام‌تر رعایت کرده‌است.[۴] به عنوان مثال:

« خُذوهُ فَغُلوهُ ثُمَّ اَلجَحیم صَلّوهُ « بگیریدش و به غل و زنجیرش بکشید پس او را به دوزخ افکنید. » حاقه ۳۱- ۳۰

دو آیهٔ فوق بسیار کوتاه است و از چند کلمه ساخته شده‌است. کوتاهی و موجز بودن نشان‌دهندهٔ مهم بودن و در عین حال تأکید بر جدی و محکم بودن کلام است.[۵] آیهٔ کوتاه اول از دو جمله ساخته شده‌است که هر جمله فعل امری است که مفعولش همراه آن آمده است: خُذوهُ جملهٔ اول و فَغُلُوهُ جملهٔ دوم. این ایجاز بیانگر خشم است چون در هنگام خشم انسان قادر به گفتن جملات طولانی نیست و پیام خود را در قالب جملات کوتاه بیان

---

۱ - پیشین، ص ۳۰۵

۲ - شمیسا، معانی، ص ۱۲۰ و ۱۱۱

۳ - همان، ص ۱۴۰ - ۱۳۹

۴ - همان، ص ۱۲۶

۵ - همان، ص ۱۴۳- ۱۴۲

می‌کند، آیهٔ بعد هم به همین ترتیب کوتاه است. این آیات تصویر ترسناک سرنوشت کفّار در روز قیامت را نشان می‌دهد. کوتاهی آیات و حالت امری افعال وظیفه خود را در القای حس واهمه و ترس به زیبایی ایفا کرده‌است و می‌توانست بر مخاطبان اولیه که مشرکان سرسخت مکه بودند بسیار تأثیرگذار باشد و آن‌ها را در اعتقادات خود دچار شک و تردید کند. آن‌ها و هر مخالف منکری را در هر زمانی به تأمل وادار کند.

مشرکان و کفّار منکر اصول اساسی ادیان بودند با تمسخر و استهزاء با دعوت پیامبران برخورد کردند: « چون از آیات ما چیزی بداند آن را به مسخره می‌گیرد برای چنین مردمی عذاب خوار کننده مهیا شده‌است.» جاثیه / ۹

خداوند در واکنش به رفتار آنان، از همان لحن استهزاء آمیز مخالفان استفاده کرده‌است:
« ای رسول آنان را به عذاب دردناک دوزخ بشارت بده.» انشقاق / ۲۴

« پس از آن آب جوشان بر سرش فرو ریزید (خطاب به او) عذاب دوزخ را بچش تو بسیار گرامی و عزیز هستی.» دخان /۴۹ - ۴۸

همان‌طور که مشخص شد، خداوند از ویژگی‌ها و توانایی‌های زبانی قوم عرب و رعایت حال و مقام در هنگام نزول آیات به بهترین شیوه استفاده کرده و موجب شده آیات قرآن بر مخاطبان هنگام نزول و دوره‌های دیگر تأثیرگذار باشد.

هماهنگی محتوی آیات با شرایط مخاطبان در مکه

از نظر محتوی مطالب نازل شده هم، درسوره‌های مکّی خداوند کاملاً وضعیّت مخاطبان اولیهٔ خود را که اعراب و ساکنان مکه بودند؛ مورد توجّه قرار داد. همان‌گونه که قبلاً گفته شد آن‌ها بت‌پرست، منکر بعثت پیامبران و معاد بودند در نتیجه محتوی آیاتی که در مکه نازل شده به گونه‌ای نازل شده که این منکران سرسخت را قانع نماید. مهمترین موضوعاتی که برای قانع کردن آنان می‌توانست تأثیرگذار باشد، تأکید قاطع بر وجود آفریدگار، نبوت پیامبر و معاد بود تا آن‌ها را متوجّه سازد که دوباره زنده خواهند شد و به سوی آفریدگار بر می‌گردند. به همین دلیل محتوی سوره‌های مکّی دربارهٔ توحید و نبوت و معاد است.

حتّی تمام داستان‌هایی که در سوره‌های مکّی بطور مکرّر بیان شده‌است در خدمت تبیین اصول دین و قانع کردن منکران و مشرکان مکه بوده‌است.

هدف از ذکر داستان‌ها که با اصول اساسی ادیان در ارتباط بود انذار و ترغیب مشرکان به پذیرش یکتاپرستی، نبوت و معاد بود. چرا که در این داستان‌ها سرنوشت اقوام نافرمانی مطرح شد که با پیامبران در افتادند و نابود شدند. قوم نوح، عاد و ثمود، پادشاهانی مانند نمرود و فرعون که به گواهی قرآن و تاریخ بسیار نیرومندتر از قبیلهٔ قریش و اعراب بودند ولی چون دعوت پیامبران را نپذیرفتند، در نتیجه خشم خدا شامل حال آن‌ها شد و آنان را از صحنهٔ روزگار محو کرد. هدف از ذکر سرگذشت اقوام گذشته هم تقدیرخداوند از پیامبران، نیکوکاران، بیان سعادت و خوشبختی آن‌ها در دنیای دیگر و هم ترغیب مشرکان و منکران به انتخاب مسیر آن‌ها بود و همچنین جنبهٔ هشدار داشت که در صورت مخالفت به سرنوشت اقوام نافرمان دچار می‌شوند.

نکتهٔ جالب توجّه، حجم سوره‌های مکّی نسبت به کل قرآن و دلیل این امر است. سوره‌های مکّی نوزده جزء قرآن یعنی نزدیک به دو سوم کل قرآن را شامل می‌شود. این حجم عظیم نمایانگر این حقیقت بزرگ است که اولاً خداوند پایه و بنیاد دین را بر اصول توحید و نبوت و معاد قرار داده‌است. ثانیاً وضعیّت مخاطبان مکه که با هر سه اصل مخالف بودند ایجاب می‌کرده که محتوی آیات و سوره‌های مکّی پیرامون این اصول باشد.

این گونه محتوی آیات مکّی تناسب کاملی با مخاطبان اولیه، وضعیّت و شرایط اعتقادی آن‌ها داشت. همین زمینهٔ بسط و تبیین اصول توحید، نبوت و معاد را به شکل هر چه کامل‌تر فراهم کرد. نزول آیات در شهر مکه مدت سیزده سال ادامه پیدا کرد و مشرکان در این مدت بر اعتقادات خود پافشاری کردند و نظریات و عقاید خود را بیان کردند و آیات قرآن هم بر اساس ضرورت و نیاز، به آن‌ها پاسخ داد. بنابراین فرصت فراهم شد که اصول اساسی ادیان از نظر محتوی، عمق و ژرفای بیشتری پیدا کند و توحید، نبوت و معاد در اسلام بوضوح تبیین شود.

نحوهٔ برخورد با مخاطبان در مدینه

برخلاف مخاطبان مکه، مخاطبان قرآن در مدینه وضعیّتی کاملاً متفاوت داشتند. پیامبر اسلام (ص) پس از بستن پیمان دوم عقبه در سال سیزدهم با گروهی از اهالی مدینه که با آغوش باز اسلام را پذیرفتند، توانست پایگاهی بزرگ را به دست آورد. خزرجیان تعهد کردند از محمد (ص) اطاعت و حمایت کنند و با دشمنان او بجنگند. این بیعت را بیعت الحرب نامیدند.[۱] بنابراین دو قبیلهٔ مهم اوس و خزرج به اسلام ایمان آوردند و از خدا و پیامبر او اطاعت کردند و « انصار » یعنی یاری دهندگان نامیده شدند. پس مخاطبان اصلی در مدینه پیرو و مؤمن بودند و بخش مهمی از آیات مدنی خطاب به آن‌ها و متناسب با شرایط آنان نازل شد. هرچند سه محور اساسی توحید ، نبوت و معاد در سوره‌های مدنی هم مطرح شده اما چون انصار ایمان آورده بودند در نتیجه حجم این آیات نسبت به سوره‌های مکی کمتر است. با لحنی آرام و در قالب آیات بلندتر آن‌گونه که مناسب مخاطب مومن است، بیان شده‌اند.

گروه دیگر از ساکنان مدینه، یهودیان بودند که به صورت سه طایفهٔ بنی قینقاع، بنی نضیر و بنی قریظه درمدینه حضور داشتند. آن‌ها به خدای واحد ایمان داشتند و دارای کتاب و شریعت بودند. مخالفتی با اصول توحید، نبوّت و معاد نداشتند. در نتیجه در شهر مدینه انصار و یهودیان ساکن آن بودند؛ انصار با پیامبر بیعت کردند و یهودیان هم در اساس دین با پیامبر مشکلی نداشتند. فقط از روی کینه توزی و لجاجت با پیامبر مخالفت می‌کردند.

۱- شهیدی، تاریخ تحلیلی اسلام ص ۵۶

گروه سوم منافقانی بودند که خود را مؤمن نشان می‌دادند و نه آشکارا بلکه ریاکارانه، پنهانی با پیامبر و اسلام مخالفت می‌کردند. مشکلاتی در راه گسترش اسلام به وجود می‌آوردند و در دلسرد کردن مؤمنان و ایجاد آشوب نقش داشتند. شمار آنان از دو گروه دیگر کمتر بود.

بافت جمعیّتی مدینه از چنین گروه‌هایی شکل گرفته بود، آیات قرآن به تناسب شرایط و وضعیّت آنها نازل می‌شد و پاسخ‌گوی خواسته‌ها و پرسش‌های آنها بود. با وجود این که مسیحیان در مدینه ساکن نبودند اما به دلیل پرسش‌های یهودیان و دیگران دربارهٔ حضرت عیسی و دین مسیح، قرآن دربارهٔ آن‌ها آیاتی را بیان فرموده‌است. حال به بررسی این گروه‌ها و شیوهٔ تعامل آیات قرآن با آن‌ها می‌پردازیم:

یهودیان

یهودیان مدینه یکتاپرستانی بودند که از کتاب و شریعت بهره‌مند بودند. به همین دلیل خود را از اعراب بت‌پرست جدا می‌دانستند و ناخواسته، نقش مهمی در گرایش ساکنان مدینه به دین اسلام داشتند چون هر زمان که با آن‌ها تضاد پیدا می‌کردند به ساکنان مدینه می‌گفتند به زودی پیامبری در این منطقه مبعوث می‌شود و آن‌ها با او متحد می‌شوند و اعراب را نابود می‌کنند. همین سخنان ذهنیّت ساکنان مدینه را آماده ظهور و پذیرش پیامبر جدید کرد.

خداوند در قرآن کریم با همهٔ افراد قوم یهود برخورد یکسانی نداشته، حساب پیامبران و بزرگان آن‌ها را از حساب قوم یهود جدا دانسته و دو نوع برخورد با آن‌ها کرده‌است:

۱ - بزرگداشت پیامبران بنی اسرائیل

همان‌گونه که در سوره‌های مکّی اشاره شد، خداوند از همهٔ پیامبران به نیکی یاد کرده‌است و مقام و منزلت والای آنان را نزد خود نشان داده‌است. پروردگار از پیامبران بنی‌اسرائیل هم به نیکی یاد کرده‌است؛ قرآن از دو پیامبر بزرگ حضرت داود و سلیمان نام برده، شکوه، عظمت، پاکی و نیکوکار بودن آن‌ها را بیان کرده‌است. آنان را رستگارانی دانسته که در سایهٔ رحمت الهی قرار دارند: «پس این را بر او (داود) بخشیدیم و در پیشگاه ما دارای مقام والا و بهترین جایگاه شد.» ص / ۲۵

امّا هنگامی که به تورات مراجعه می‌کنیم می‌بینیم در عین حالی که داود و سلیمان پادشاهان و پیامبران بزرگی بوده‌اند اما اشتباهاتی انجام داده‌اند و هر کدام مرتکب گناهان بزرگی شده‌اند. این تصویری است که تورات از آن‌ها ارائه داده‌است:

حضرت داود با زنی معاشرت داشته، برای به دست آوردن او، همسرش را به میدان جنگ فرستاد و سفارش کرد که او را در جای سخت نبرد نگه دارند و پشت سر او را خالی کنند تا کشته شود. همین اتفاق افتاد و داود آن زن را به همسری گرفت. تورات کتاب دوم سموئیل باب ۱۱آیات ۲۷ - ۲

در قرآن این داستان وجود ندارد اما به ماجرای داوری داود میان دو نفر (فرشته) که بطور ناگهانی در محراب بر داود ظاهر شدند اشاره کرد که خود را برادر معروفی کردند یکی از آن‌ها عنوان نمود که برادرم‌که نود و نه گوسفند دارد خواهان تنها گوسفند من شده و در کلام بر من چیره شده‌است. داود در ضمن ستمکار دانستن صاحب نود و نه گوسفند و سرزنش کردن او متوجّه شد که خداوند با این ماجرا او را آزمایش کرده‌است پس طلب بخشش کرد به سجده افتاد و توبه کرد و خداوند او را بخشید. ص / ۲۵- ۱۷

سلیمان هم در اواخر سلطنت به خاطر این که همسران بسیار زیادی داشت (۱۰۰۰ زن) هفتصد زن و سیصد کنیز که بسیاری از آن‌ها بت‌پرست بودند موجب گرایش او به بت‌پرستی شدند و خدایان آن‌ها را پرستش کرد. تورات کتاب اول پادشاهان باب ۱۱آیات ۶ - ۱

قرآن کریم در سورهٔ مدنی بقره که مطمئناً پاسخی به یهودیان مدینه بوده‌است به صراحت کافر بودن سلیمان را رد کرده‌است:

> « آنچه را که شیطان صفت‌ها در ملک سلیمان می‌خواندند پیروی کردند و سلیمان کافر نبود امّا شیطان صفت‌ها کافر شدند و به مردم سحر می‌آموختند. » بقره / ۱۰۲

این شیوهٔ برخورد قرآن با حضرت داود و سلیمان دو فایدهٔ مهم نیز دارد، اول این که داود و سلیمان را بسیار پاک‌تر و بزرگ‌تر از آنچه یهودیان به آن اعتقاد داشتند و درتورات آن را مطالعه کرده بودند، معرفی کرده‌است. دوم این که این نگاه و شیوه برخورد با پیامبران قوم یهود، می‌توانست عامل گرایش یهودیان به دین اسلام باشد زیرا یهودیان می‌دیدند که قرآن با نگرشی بسیار مثبت‌تر از تورات به بزرگان آن‌ها نگاه و از آن‌ها ستایش کرده‌است.

۲- خطاکار دانستن قوم یهود در گذشته و زمان نزول قرآن

چون یهودیان مؤمن بودند شیوهٔ تعامل خداوند با آن‌ها با شیوهٔ تعامل با کفّار متفاوت بود. یهودیان صاحب شریعت بودند و به آن تفاخر می‌کردند. برای بهانه‌گیری به استناد تورات پرسش‌ها و سخنانی مطرح می‌کردند و می‌خواستند خدا و پیامبر را امتحان کنند و نظر آن‌ها را بدانند تا در صورت مخالفت با تورات به دشمنی خود ادامه دهند. در نتیجه خداوند تورات و اعتقادات یهودیان را چهار چوب تعامل با آن‌ها قرار داد و وضعیّت و شرایط آن‌ها را در نظر گرفت. آن‌ها را به اصولی که در قرآن و تورات مشترک است، دعوت نمود. با توجّه به حضور یهودیان در مدینه همهٔ آیاتی که قوم یهود را مخاطب قرار داده‌است در سوره‌های مدنی مطرح شده‌است: « ای اهل کتاب به سوی سخن دادگرانه‌ای که میان ما و شما مشترک است بیاید که جز خدای یگانه را نپرستیم و چیزی را شریک او قرار ندهیم و برخی از ما برخی دیگر را به جای خدای یگانه نپذیرد. پس اگر از دعوت روی گردانند؛ بگویید گواه باشید که ما منقاد (اوامر خدا) هستیم.» آل عمران / ۶۴

اما یهودیان دعوت قرآن را نپذیرفتند و به مخالفت با پیامبر ادامه دادند و بهانه‌های مختلفی می‌گرفتند و از پیامبر انتقاد می‌کردند که می‌بایست کتاب آسمانی تو مانند ده فرمان حضرت موسی یک‌جا نازل می‌شد. خداوند یادآوری کرد که یهودیان درخواست‌های بسیار بزرگ‌تری از حضرت موسی می‌کردند و از او می‌خواستند که خدا را به آن‌ها نشان دهد. نسا / ۱۵۳

خداوند در قرآن کریم، کارهای ناشایست یهودیان مدینه در برخورد با پیامبر و عمل نکردن آن‌ها به تورات را مطرح و آنان را به خاطر این اقدامات سرزنش کرده‌است و مژده عذابی سخت به آن‌ها داده‌است. بقره / ۸۵

یهودیان برای آشفته کردن ذهن مسلمانان و مخالفت با پیامبر به دروغ سخنانی را از زبان خدا بیان می‌کردند که خداوند با رد سخن آن‌ها، کسانی را که بر خدا دروغ می‌بندند ظالم خوانده‌است. آل عمران / ۹۴ - ۹۳

آن‌ها در ضمن مخالفت با پیامبر از دین خود دم می‌زدند و همراه با مسیحیان خود را فرزندان خدا نیز می‌دانستند. مائده / ۱۸

عالمان دینی آن‌ها افزون به عمل نکردن به تورات، مردم را از رسیدن به خدا باز می‌داشتند. توبه / ۳۵ - ۳۴

ذکر این نکته لازم به نظر می‌رسد که یهودیان با مخالفت‌هایشان، زمینهٔ اخراج خود را از مدینه فراهم کردند. اولین گروه اخراجی، طایفهٔ بنی قینقاع بودند که در سال دوم هجری پس از جنگ بدر به خاطرمشکلی که در بازار بنی قینقاع به وجود آمد و یک یهودی و یک مسلمان کشته شدند در برابر پیامبر (ص) ایستادند. پیامبر قلعهٔ آن‌ها را محاصره کرد و پس از شکست دادن، آنان را با اموال و دارایشان به شام تبعید کرد. آیات ۱۳ - ۱۲ آل عمران به این ماجرا اشاره دارد.

دستهٔ دوم یهودیان بنی نضیر بودند که وقتی پیامبر (ص) برای گفتگو دربارهٔ مطلبی پیش آن‌ها رفت. تصمیم به کشتن پیامبر گرفتند، پیامبر متوجّه شد و بدون گفتگو از کنار قلعهٔ آنان دور شد سپس دستور جنگ را صادر کرد و قلعهٔ آنان را محاصره نمود، آن‌ها به ناچار تسلیم شدند، پیامبر دارایشان را مصادره کرد، آن‌ها را به شام تبعید کرد. در قرآن کریم آیات ۸ - ۲ سورهٔ حشر به آن اشاره کرده‌است.

گروه سوم یهودیان بنی قریظه بودند که در جنگ احزاب قول همکاری به مشرکان دادند و پیمان خود را با پیامبر شکستند. در نتیجه پس از این که مشرکان ناامیدانه از محاصره دست کشیدند. پیامبر قلعهٔ آن‌ها را محاصره کرد، پس از طولانی شدن محاصره، یهودیان به قضاوت سعد بن معاذ رضایت دادند. سعد که با تورات آشنایی داشت بر اساس حکم تورات دستور داد که مردانشان کشته شود زنان و کودکانشان اسیر و دارایی و اموالشان مصادره شود، این حکم اجرا شد[1]. آیات ۲۷ - ۲۶ سورهٔ احزاب به این رویداد اشاره دارد.

این ماجرا در سال پنجم هجری روی داد. پس آیات قرآن کریم که دربارهٔ یهودیان نازل شده و متناسب با واقعیّت حضور و رفتارهای آنان بر اساس قوانین آن جامعه بوده‌است، می‌بایست در فاصلهٔ سال اول تا پنجم هجری که یهودیان در مدینه حضور داشتند نازل شده باشد. چون در این سال‌ها مخاطب قرآن کریم قرار گرفته‌اند. یا به طور استثنا آیاتی در فاصلهٔ سال پنجم تا هفتم هجری که قلعهٔ خیبر یهودیان فتح شد، نازل شده‌است.

---

[1] - شهیدی، تاریخ تحلیلی اسلام، صص ۸۸-۸۷

مسیحیان

در قرآن درسوره‌های مکّی و مدنی به دو صورت درباره مسیحیان سخن به میان آمده‌است. در سوره‌های مکّی ماجرای حضرت مریم، پاکدامنی او و پیامبری حضرت عیسی و معجزاتش بیان شده و از آنان به نیکی یاد شده، مقام و جایگاه والای آنان نزد خدا بیان شده‌است. تا با خاطرنشان کردن وجود پیامبران در گذشته مشرکان را تشویق کند که نبوت پیامبر را بپذیرند، همچنین آیاتی دربارهٔ اصول اعتقادی آن‌ها بیان شده‌است.

در سوره‌های مدنی آیاتی دربارهٔ مسیحیان، حضرت عیسی و پایان زندگی او آمده‌است که برای روشن شدن واقعیّت بود. چرا که یهودیان و حتی مسیحیان معتقد بوده و هستند که حضرت عیسی به صلیب کشیده شده‌است. یهودیان معتقدند که آن‌ها عیسی را به صلیب کشیده‌اند امّا قرآن خلاف نظر آن‌ها را بیان کرده‌است:

«هم به واسطهٔ کفر و بهتان بزرگشان (یهودیان) بر مریم و هم از این رو که به (دروغ گفتند) که ما مسیح عیسی بن مریم، رسول خدا را کشتیم. در صورتی که نه او را کشتند و نه به صلیب کشیدند بلکه بر آن‌ها مشتبه شد. همانا آن‌ها دربارهٔ حضرت عیسی عقاید مختلفی اظهار داشتند و از روی شک و تردید سخن گفتند و عالم به سخن خود نبودند جز آن که از حدس و گمان پیروی کردند. به یقین بدانید که مسیح را نکشتند.» نساء / ۱۵۷ - ۱۵۶

گاهی خطاب به گروه‌های مسیحی که با پیامبر دیدار کرده‌اند، آیاتی نازل شده که حضرت عیسی فرستادهٔ خدا است. خطاب به مسیحیان می‌فرماید سخن از پدر، پسر و روح القدوس نگویید؛ چون خدا فرزند ندارد. نساء / ۱۷۱

خداوند نگرش مثبتی به مسیحیان دارد و با تحسین از آن‌ها یاد می‌کند. زیرا مسیحیان با نرمی و ملایمت با مسلمانان رفتار می‌کردند. گروهی از راهبان و کشیشان هنگام شنیدن آیات قرآن به شدت تحت تأثیر قرار می‌گرفتند. مائده / ۸۳ - ۸۲

شمار آیات مکّی و مدنی که خطاب به مسیحیان و دربارهٔ اعتقاداتشان آمده، بسیار کم‌تر از آیاتی است که دربارهٔ یهودیان نازل شده‌است. این موضوع بر اساس دو واقعیّت بوده‌است: اول این که در محیط مکه و مدینه مسیحیان ساکن نبودند و در نتیجه برخورد با مسیحیان

کمتر اتفاق می‌افتاد. دوم این واقعیّت که مسیحیان اهل دشمنی و ایجاد تنش نبودند درنتیجه خداوند هم بر حسب نیاز و ضرورت آیاتی دربارهٔ آن‌ها نازل کرده‌است.

شیوهٔ تعامل خداوند با مسیحیان در آیات نازل شده بسیار منطقی و نقادانه است. خداوند از نحوهٔ برخورد مسیحیان با دین اسلام ستایش کرده‌است و این رفتارشان را امتیازی مثبت دانسته‌است. اما اندیشه و اعتقاد آن‌ها دربارهٔ خدا و حضرت عیسی را رد می‌کند و با قاطعیّت کسانی را به تثلیث اعتقاد دارند. مائده / ۷۳ و کسانی را که ادعا می‌کنند مسیح، خدا است کافر میداند و فرجام آن‌ها را عذاب الهی بیان فرموده‌است. مائده / ۷۲ و ۱۷

منافقان

منافقان کسانی بودند که مهر بر دل‌های آن‌ها زده شده‌بود و دچار تردید بودند. آن‌ها دین اسلام را نپذیرفته بودند اما آشکارا این مطلب را بیان نمی‌کردند. خود را مؤمن و همراه با مسلمانان نشان می‌دادند اما رفتار آن‌ها بر خلاف گفته‌هایشان بود. با کفّار و یهودیان رابطه داشتند. آن‌ها بیشتر در فکر استفاده از فرصت‌ها بودند و تلاش می‌کردند از هر موقعیّتی در جهت پیشبرد اهداف و منافع خود استفاده کنند. خداوند در قرآن کریم برخورد و رفتار آن‌ها را نشان داده‌است. می‌توان رفتار آن‌ها را به دو دسته تقسیم کرد:

۱- رفتار آن‌ها در برخورد با خدا پیامبر و اجرای وظایف دینی

اظهار ایمان می‌کردند اما ایمان نداشته و کافر بودند. نور/ ۵۰ - ۴۷

عهد و پیمان خود را می‌شکستند، مؤمنان و مسلمانان را مسخره می‌کردند. چون کافر بودند خداوند آن‌ها را عذاب خواهد داد. توبه / ۸۷ - ۷۵

منافقان در بیشتر موارد در جنگ شرکت نمی‌کردند و از لحاظ نگرش به کافران نزدیک‌تر بودند تا به مسلمانان. آل عمران / ۱۶۷ و نسا ۷۳ - ۷۲ و توبه / ۴۲

اگر هم شرکت می‌کردند در عین حالی که کاری انجام نمی‌دادند از خود تعریف می‌کردند و خواهان غنیمت بیشتری بودند. احزاب / ۱۹

۲- استفاده از فرصت‌ها و بحران آفرینی

هنگام بازگشت سپاه اسلام از غزوه بنی مصطلق به انصار توصیه کردند که مهاجران را از مدینه بیرون کنند. منافقون / ۸

منافقان به یهودیان بنی نضیر وعدهٔ کمک در برابر پیامبر دادند و آن‌ها را دلگرم کردند امّا خداوند بر دروغ گویی آن‌ها تأکید کرد. حشر / ۱۳- ۱۱

از شرایط سخت جنگ احزاب سوء استفاده کردند. با مشرکان هم پیمان شدند و مسلمانان را تحریک به بازگشت از کنار خندق می‌کردند. احزاب / ۱۳ - ۱۲

برای ایجاد تفرقه در میان مسلمانان و اجرای نقشه‌های خود، مسجد ضرار را ساختند. توبه / ۱۰۹ - ۱۰۷

به عایشه همسر پیغمبر تهمت بستند و خداوند وعدهٔ عذاب به آن‌ها داد. نور / ۱۱

نفاق و ریاکاری به سادگی قابل تشخیص نبود. بنابراین منافقان به آسانی برای پیامبر و مؤمنان قابل شناسایی نبودند. اما با توجّه به این که قرآن بر اساس واقعیّت‌ها، رویدادها و نیازها نازل شده‌است بدون شک رفتارها و کارهای ذکر شده در آیات فوق از منافقان سر زده بود و بعد آیات قرآنی دربارهٔ آن‌ها نازل شده‌است. مهم‌ترین نتیجه و فایده زودهنگام نزول این آیات، شناسایی منافقان برای مسلمانان بود. خداوند به این وسیله عملاً عرصه را بر آنان تنگ کرد و میدان فعالیت را از آنان گرفت تا این گروه ریاکار نتوانند خود را از دید مسلمانان پنهان نگه دارند و به اقدامات تفرقه‌انگیز خود ادامه دهند. در نتیجه این فرصت برای مسلمانان فراهم شد تا بر اساس دستورات خداوند با آن‌ها برخورد نمایند.

با توجّه به این که گفتار و رفتار منافقان ریاکارانه و تفرقه انگیز بود، خداوند در قرآن کریم آیاتی را که دربارهٔ آن‌ها نازل فرموده‌است با وضعیّت آن‌ها هماهنگ کرده‌است. بر گفتار و رفتار آن‌ها انگشت گذاشته‌است، با سرزنش و نگاهی تحقیر آمیز دربارهٔ آن‌ها سخن گفته و در پایان آیات، افعال « نمی‌فهمند» را به کار برده‌است. منافقان آنقدر در دیدگاه الهی منفور هستند که خداوند آن‌ها را مانند شیطان گمراه‌کننده دیگران دانسته‌است. احزاب/ ۶۰

خداوند آن‌ها را ملعون و حکمی مشابه حکم مشرکان و کافران در حقّشان صادر کرده‌است. احزاب / ۶۱ و نسا / ۹۱

در قیامت هم آنان را در ردیف کافران و مشرکان قرار داده و جهنم را برای آنان مهیا کرده‌است. فتح / ۶ همچنین احزاب / ۷۳ و نساء / ۶۸

مسلمانان

بیشترین درصد آیات در سوره‌های مدنی خطاب به مهاجر و انصار و دیگر مؤمنانی است که بعداً ایمان آورده بودند. زیرا آن‌ها بودند که با اطاعت از خدا و رسولش نقش اساسی در پیشبرد اهداف دین وگسترش آن داشتند. با تلاش و عشق و ایمان آنان بود که به سرعت اسلام در همهٔ نقاط عربستان رواج پیدا کرد. آمادگی این مخاطبان و ایمان آنان به اصول اساسی، زمینه را فراهم کرد تا خداوند به ارشاد و راهنمایی مؤمنان در فروع و مسائل جزیی‌تر بپردازد. چون این مخاطبان اصلی چنین شرایطی داشتند، خداوند محتوی آیات خود را با وضعیّتشان هماهنگ کرد. در جهت رساندن آن‌ها به این اهداف ثانوی اقدام نمود. چون آن‌ها مخالفتی با خدا و پیامبر (ص) نداشتند، بنابراین لحن آیات قرآن هم متناسب با این سازگاری و اطاعت آن‌ها، نرم و آرام است و پیام خداوند در قالب آیاتی که جملات طولانی دارد به آن‌ها ابلاغ شده‌است و نیازی به استفاده از جملات کوتاه و محکم سوره‌های مکّی ندیده‌است.

مهم‌ترین مطالب و موضوعاتی که در سوره‌های مدنی خطاب به مؤمنان نازل شده، از این قرار است :

۱- بیان قدرت و عظمت خداوند و لطف او نسبت به مؤمنان

هدف از بیان این دسته از آیات، گاهی تذکر و یادآوری برای مردم است تا عظمت، قدرت و علم خدا را فراموش نکنند:

« آیا مردم نمی‌دانند که خدا بر هر چیز قادر است آیا نمی‌دانند که پادشاهی آسمان و زمین از آن خداست و شما بجز او دوست و یاوری ندارید. » بقره / ۱۰۷ - ۱۰۶

گاهی ذکر قدرت خدا به منظور فراموش نکردن نعمت‌های او در نتیجه اثبات وجود خداست:

« خداوند زمین را برای انسان‌ها آفرید. در زمین میوه‌های فراوانی از جمله خرما است که

دارای غلاف است و گیاهان خوش بو وجود دارد. همچنین دانه‌هایی است که در میان پوسته قرار دارد. کدام یک از نعمت‌های خدا را تکذیب می‌کنید.» الرحمان / ۱۳ - ۱۰

گاهی ذکر این آیات به منظور اثبات معاد بیان شده‌است:

« ای مردم اگر دربارهٔ رستاخیز تردید دارید. همانا شما را از خاک آفریدیم سپس از نطفه سپس از علقه...» حج / ۵

۲ - سخن از جزا و پاداش

برای بیداری و هوشیاری مؤمنان و به منظور ترغیب آن‌ها به اجرای احکام دینی و پیامد مثبت آن و همچنین تحذیر مخالفان و گناهکاران و آیاتی دربارهٔ پاداش به مؤمنان و جزای مخالفان و گناهکاران نازل شده‌است. با توجّه به اکثریت مسلمانان در مدینه سخن از پاداش بیشتر از جزا و کیفر است تا مؤمنان امیدوارانه‌تر در راه دین قدم بردارند و به سرانجام نیک خود دلگرم باشند؛ مثلا:

دربارهٔ پاداش: بقره / ۲۱۸ ، آل عمران / ۱۶ - ۱۵ حج / ۱۴ و...

تصاعدی حساب کردن پاداش: بقره / ۲۶۱ - آل عمران ۵۷، ۵۶، ۲۱، ۱۲ - نور / ۱۹

۳- امر و نهی در مسائل اخلاقی و دعوت به ارزش‌های انسانی

خداوند در جهت تکامل اخلاق مؤمنان و دعوتشان به ارزش‌های انسانی، همچنین دور کردن اخلاق ناشایست، آیاتی را نازل فرمود که بر ارزش‌های مثبت اخلاقی تأکید کرده و از کارهای ناپسند بر حذر می‌داشت:

« هرکس به سوی خدا راهی دارد که بدان راه یابد پس به سوی کارهای خیر بشتابید.» بقره / ۱۴۸

« اموال یتیمان را پس از بلوغشان به آنان بدهید و نامرغوب خود را به خوب و مرغوب آنان تبدیل نکنید و اموالشان را همراه با اموال خود نخورید زیرا این کار گناه بسیار بزرگی است.» نساء / ۲

این سه عنوان که در سوره‌های مدنی مطرح شده در سوره‌های مکّی هم وجود دارد. با این تفاوت که به دلیل مخالف بودن ساکنان مکه این آیات کوتاه و با لحنی محکم و قاطع بیان شده‌اند. در حالی که در سوره‌های مدنی به دلیل همراهی و اطاعت مؤمنان از دستورات خداوند، آیات با جزئیات بیشتر و طولانی‌تر و با لحنی آرام بیان شده‌است.

۴ - تشریح احکام و وظایف مؤمنان

با توجّه به ایمان آوردن مهاجرین و انصار، زمینه برای ارشاد و راهنمایی آن‌ها در فروع دین و ابلاغ دستورات دینی مهیا شد. در نتیجه خداوند با در نظر گرفتن این وضعیّت، شمار زیادی از آیات سوره‌های مدنی را به تشریح احکام دینی و توضیح آن برای مؤمنان اختصاص داده‌است تا آنان آداب و مناسکی به منظور اجرای فرایض دینی و احکامی جهت ادارهٔ جامعه داشته باشند. این در حالی است که پیش از این (در مکه) با وجود حجم زیاد آیات نازل شده در حدود دو سوم کل قرآن، آیات تشریح احکام و وظایف مسلمانان کم‌تر نازل شده بود. این موضوع نشان دهندهٔ موقعیّت شناسی خداوند در رعایت حال مخاطب و در نظر گرفتن شرایط اوست. آیات زیادی در سوره‌های مدنی دربارهٔ تشریح احکام و عبادات نازل شده‌است که فقط چند نمونه را ذکر می‌نماییم:

آداب وضو مائده/۶
وجوب روزه بقره/۱۸۶
سؤال دربارهٔ شراب و پاسخ اولیه به آن بقره / ۲۱۹
حکم تحریم شراب و قمار مائده /۹
دربارهٔ ارث نساء/ ۱۲ – ۷
غنیمت جنگ و حکم خمس انفال/۴۱

مثبت‌نگری خداوند در پذیرش احکام و رسومات جامعه عرب

همان‌گونه‌که اشاره شد الهی بودن قرآن به این مفهوم نیست که وحی پدیده‌ای صرفاً معنوی و الهی است و برخاسته از معنویت و منطبق با همهٔ ویژگی‌های دنیای روح و معنویّت است و همهٔ ویژگی‌ها و شرایط آن عالم در آن وجود دارد. اگر وحی چنین ویژگی‌هایی داشت بدون شک در عالم انسانی مخاطبی پیدا نمی‌کرد چون برای همهٔ انسان‌ها نامفهوم و ناآشنا می‌نمود. انسان‌ها قادر به درک آن نبودند و هیچ گونه نیازی به آن احساس نمی‌کردند. زیرا با ویژگی‌ها، صفات و مشخصاتی که در عالم انسانی وجود داشت سازگاری نداشت و پدیده‌ای کاملاً دور از ذهن و دور از واقعیّت موجود برای انسان و دنیای مادی و به شمار می‌آمد.

بر اساس تئوری آسمانی- زمینی، الهی بودن وحی به این مفهوم است که وحی منبع و منشأ الهی دارد و خداوند فرستندهٔ آن بوده‌است و پیام خود را با وضعیّت، شرایط و محدودیّت‌های زندگی انسان منطبق نموده‌است. از طریق این هماهنگی در جهت اصلاح بینش معنوی و دیدگاه او نسبت به فلسفه زندگی، هدف و سرانجام کاروان حیات، گام برداشته‌است. بدین گونه مبدأ و فرستندهٔ وحی خداوند است و گیرنده و مقصد آن انسان. چون میان فرستنده و گیرنده از هر لحاظ اختلاف بسیار زیادی وجود دارد و به ناچار محتوا و چارچوب وحی متناسب با توان، موقعیّت، شرایط فردی و اجتماعی گیرندهٔ آن، هماهنگ شده‌است.

کتب آسمانی نمایان‌گر توان، وضعیّت، شرایط و محدودیّت‌های انسان و جامعه‌ای است که هنگام نزول وحی وجود داشته‌است. پیام الهی برای اصلاح آن انسان و آن جامعه نازل شده است. اصلاحی که بر اساس آن واقعیّت‌های موجود، بوده‌است و فرستندهٔ پیام « خداوند » با درایت الهی با پذیرش آن واقعیّت‌ها و محدودیّت‌ها به اصلاح امور معنوی و مادی انسان‌ها که گیرندگان پیام او بودند پرداخته‌است. به بیانی کوتاه، خداوند بسیار خردمندانه و با دیدی مثبت اقدام به پذیرش و گلچین کردن رسوم و قوانین مقررات مناسب در جامعه‌ای که وحی در آن نازل شده بود،کرده‌است. یک سری از قوانین و رسوم و احکامی راکه از قبل در جامعه موجود بوده با تغییرات جزئی اصلاح کرده و آن را برای پیشبرد جامعه پذیرفته‌است و در پیام وحی خود گنجانده‌است. قوانین، مقررات و رسوم نامناسب را نپذیرفته و به این شیوه جامعه را آراسته و پیراسته‌است. اکنون رسوم، اعتقادات، احکام اجتماعی و ویژگی‌های فرهنگی جامعهٔ عرب که قرآن آن‌ها را پذیرفته؛ بررسی می‌نماییم:

مراسم حج و عمره

مراسم حج و عمره که هر ساله برگزار می‌شود، درمیان اعراب قبل از اسلام سابقه داشته‌است. اعراب که دین حضرت ابراهیم و اسماعیل را فراموش کردند و به بت‌پرستی روی آوردند. بت‌ها را در خانه کعبه قرار دادند؛ هر ساله به زیارت خانهٔ خدا و بت‌ها می‌رفتند.[1] خانهٔ کعبه در میان قوم عرب از چنان احترام و تقدسی برخوردار بود که اگر کسی به آن پناه می‌برد، در امنیّت قرار می‌گرفت و هیچ کس حق تعرض به او را نداشت.[2] بنابراین در عصرجاهلی، زیارت حج مظهردیانت قوم عرب شمرده می‌شد.[3] با توجّه به این که مراسم حج یادگاری از حضرت ابراهیم و اسماعیل بود؛ اعمال مهم آن، مانند: احرام، طواف هفت بار دور خانهٔ کعبه، سعی میان صفا و مروه، توقف در مواقف، قربانی کردن و رجم شیطان در میان اعراب جاهلی اجرا می‌شده‌است. اسلام همین اعمال مهم و اساسی آن را پذیرفت.[4] اما به جای پرستش بت‌ها، پرستش خدای واحد را اساس آن قرار داد. رسوم زائدی را که قبایل جداگانه به آن عمل می‌کردند و به مراسم حج افزوده بودند، کنار گذاشت. به مراسم و اعمال حج یکپارچگی و انسجام بخشید. مراسم عمره هم که زیارت خانهٔ خدا در طول سال برگزار می‌شد، در میان اعراب جاهلی وجود داشته‌است. اسلام با تغییراتی جزئی آن را پذیرفت. بنابراین حج که مهم‌ترین آیین عبادی، اجتماعی مسلمانان در سراسر جهان است در دورهٔ جاهلیّت برگزار می‌شده‌است. با این تفاوت که مراسم فقط برای ساکنان شبه جزیرهٔ عربستان از چنین جایگاهی برخوردار بوده‌است. بنابراین خداوند بسیار آگاهانه به این مراسم دینی قوم عرب رسمیّت و اعتبار بخشید و آن را به عنوان مهم‌ترین مراسم عبادی و اجتماعی مسلمانان پذیرفت. به این گونه فرستندهٔ پیام، وضعیّت شرایط گیرندهٔ پیام را در نظر گرفت: با پذیرش این مراسم آیینی با آن هماهنگ شد و با محور قرار دادن یکتاپرستی، آن را اصلاح کرد.

---

[1] - لاپیدوس، تاریخ جوامع اسلامی، صص ۴۷ - ۴۶
[2] - علی، المفصل فی التاریخ العرب الجاهلی، ج ۴ ص ۳۶۳
[3] - سالم، تاریخ عرب قبل از اسلام، ص ۲۶۴
[4] - فروخ، ایام الجاهلیه ص ۱۶۱ همچنین علی، المفصل فی التاریخ العرب الجاهلی ج ۵ ص ۱۰۱

تولیّت خانه کعبه، سقایّت و رفادت حاجیان

از جمله مسئولیت‌هایی که پیش از اسلام بر عهدهٔ ساکنان مکه بود، کلیدداری و سرپرستی خانهٔ کعبه بود همچنین سقایّت « آبرسانی» به حاجیان، رفادت یعنی تأمین غذا برای حجاج فاقد توانایی مالی از وظایفی بود که بر عهدهٔ ساکنان مکه بود. در ابتدا قبیلهٔ بنی‌خزاعه عهده‌دار تولیّت کعبه بود. بعدها قصی بن کلاب مره به سیادت مکه دست یافت. تولیت، سقایت و رفادت حاجیان را برعهده گرفت. سپس تولیّت خانهٔ‌کعبه به فرزندان او عبدالدار، سقایت و رفادت به فرزند دیگرش عبدالمناف رسید. تا زمان ظهور اسلام و فتح مکه این وضعیّت برای فرزندان آن‌ها باقی ماند.[1] زمانی که پیامبر خواست وارد کعبه شود کلید کعبه را از طلحه بن ابی طلحه که عهده‌دار آن بود گرفت. خواست آن را به عمویش عباس بدهد، که آیهٔ « خداوند به شما امر کرده‌است که امانات را به صاحبان آن‌ها برگردانید» نساء / ۵۸ نازل شد، پیامبر دوباره آن را به عهده‌دار آن برگرداند.[2] این گونه بود که در اسلام تولیّت خانهٔ کعبه بردوام ماند. همچنین سنت سقایّت و رفادت حاجیان با سخن پیامبر در حجه الوداع که آن را از کارهای خیر عرب دانست، ادامه پیدا کرد.[3]

ماه‌های حرام

اعراب ساکن عربستان برای جلوگیری از جنگ در این محیط پر تنش، از راه حل ماه‌های حرام استفاده می‌کردند. پیدا کردن حداقل امکانات برای زنده ماندن و بقای قبیله در این سرزمین کاری بسیار دشوار بود. در بسیاری از موارد منافع قبایل با هم تضاد پیدا می‌کرد، جنگ و درگیری میان آن‌ها شروع می‌شد. آن‌ها برای کم کردن میزان این تنش‌ها و جنگ‌ها و برای این که در طول سال آرامشی داشته باشند خونریزی در چهار ماه از سال را حرام شمردند. این چهار ماه که به ماه‌های حرام معروف شده‌اند عبارتند از: ذی‌القعده، ذی‌الحجه، محرم و رجب. در این ماه‌ها هر نوع قتل و خونریزی و جنگ حرام بود و قبایل عرب در آرامش به سر می‌بردند. اما اعراب گاهی برای رسیدن به منافع خود ماه‌ها را به تاخیر می‌انداختند. بعضی ماه‌های حلال را حرام یا برعکس ماه حرام را حلال اعلام می‌کردند.[4] با

---

[1] - خاکرند، سیر تمدن اسلامی، ص ۹۳

[2] - سالم، تاریخ عرب قبل از اسلام، صص ۲۷۷ - ۲۶۷

[3] - علی، المفصل فی التاریخ العرب الجاهلی، ج ۵ ص ۷۵

[4] - سالم، تاریخ عرب قبل از اسلام، ص ۳۲۸ همچنین فروخ، ایام الجاهلیه، ص۱۵۷

توجّه به اینکه آرامش و صلح همیشه و در همه جا پسندیده بود و هست؛ خداوند در سورۀ مبارکۀ توبه آیه ۳۶ رسم وجود چهار ماه حرام یادشده را پذیرفت. اما در آیه ۳۷ همین سوره هرگونه به تأخیر انداختن و جابجایی ماه‌ها را کاری حرام و نادرست شمرد. این گونه خداوند با نگرشی مثبت رسم وجود ماه‌های حرام را که واقعیّتی سودمند در جامعۀ آن روز عرب بود پذیرفت اما تغییر و جا به جایی آن‌ها را ممنوع کرد. بدیهی است که انگیزه‌ها و عواملی که در گذشته باعث آن جنگ‌ها و درگیری‌ها می‌شد امروز از میان رفته‌است. و اساساً ماه‌های حرام در زندگی انسان امروز نقش گذشتۀ خود را ندارند.

پاکی بدن (کلمات ده گانه)

پاکی بدن یا کلمات ده‌گانه آدابی بودند مربوط به نظافت و پاکیزگی که در میان قوم عرب سابقه داشته‌است. آن‌ها را از آداب دین ابراهیم می‌شمردند که در اسلام هم به همین صورت پذیرفته شد. پنج دستور از آن‌ها مربوط به پاکیزگی ناحیه سر است: مضمضه کردن، استنشاق، مسواک زدن، تراشیدن موی سر و گرفتن موی شارب. پنج دستور دیگر مربوط به پاکیزگی اندام‌های دیگر بود که از این قرار هستند: استنجا (شستن عورتین)، گرفتن ناخن، گرفتن موی بدن، گرفتن موی عورتین و ختنه. بنابراین این اصول ده‌گانۀ پاکیزگی در میان قوم عرب وجود داشته‌است و اسلام هم بدون مخالفت آن‌ها را پذیرفت.[1]

خاکسپاری مردگان

خداوند در قرآن کریم دربارۀ شیوۀ خاکسپاری مردگان سخنی بیان نفرموده‌است و همین امر زمینه را فراهم نمود تا سنت و رسم خاکسپاری مردگان در میان قوم عرب در اسلام پذیرفته شود. در میان آن‌ها، غسل دادن، کفن کردن و خاکسپاری مرده رایج بوده‌است. آنان مرده را پیش از خاکسپاری غسل می‌دادند. برای شستن از سدر استفاده می‌کردند چون در میان قوم عرب سدر مانند صابون بود. همچنین آنان کفن را می‌شناخته‌اند. چون در شعر شاعر معروف عرب امرؤالقیس «اکفانی» مرا کفن بپوشان، آمده‌است. اما اعراب گاهی برای بزرگداشت مرده‌های خود از پارچه‌های رنگارنگ و گران‌قیمت به عنوان کفن استفاده

---

[1] - فضایی، جامعه شناسی دینی، جاهلیّت قبل از اسلام، ص ۱۳۳ همچنین علی، المفصل فی التاریخ العرب الجاهلی، ج ۴ ص ۶۵۳

می‌کردند که اسلام این کار را ناپسند دانست. سپس مرده‌ها را بعد از کفن کردن به خاک می‌سپردند. از صدر اسلام تا امروز مسلمانان مرده‌های خود را این گونه به خاک می‌سپارند.[1]

مقدم داشتن سمت راست

از جمله رسومی که در جامعهٔ اسلامی وجود داشته و هنوز هم دارد این است که همیشه سمت راست را مقدم می‌داشتند. هنگامی که مجلسی بر پا می‌شد بزرگان مجلس و افرادی را که جایگاه و احترام بیشتری داشتند در سمت راست خود می‌نشاندند. هنگام ورود به هر مکانی از جمله مسجد، ابتدا با پای راست وارد آن‌جا می‌شدند. تا همین اواخر افرادی را چپ دست بودند را سرزنش می‌کردند که چگونه اسم خدا را با دست چپ می‌نویسند. این سنت و شیوه میان اعراب پیش از اسلام و هنگام ظهور اسلام وجود داشته‌است.[2] بعداً مسلمانان مقدم داشتن دست راست را سنت پیامبر دانسته به همین دلیل این شیوه و روش در اسلام مقبولیّت بیشتری پیدا کرد.

---

[1] - علی، المفصل فی التاریخ العرب الجاهلی، ج ۵ صص ۱۶۰ - ۱۵۶، ۳۲

[2] - همان ج ۵، ص ۴۰

احکام اجتماعی

احکام و قوانین اجتماعی در هر جامعه‌ای برخاسته از نظام اجتماعی حاکم، مناسبات و روابط میان انسان‌ها در آن جامعه است. در میان قوم عرب پیش از اسلام در عربستان چون به صورت قبیله‌ای زندگی می‌کردند، محور همهٔ چیز قبیله و منافع آن بود. محدودیّت‌های منابع طبیعی و کمبود امکانات موجب می‌شد که افراد برای به دست آوردن آن‌ها با هم دچار تنش شوند. در این تنش‌ها افرادی که در بدست آوردن امکانات از توانایی بیشتری برخوردار بودند؛ توانستند سهم بیشتری به خود اختصاص دهند. درنتیجه از موقعیّت اجتماعی برتری برخوردار شدند. روابط و مناسبات انسانی بر اساس توان و میزان برخورداری از امکانات شکل گرفت.

محدودیّت امکانات طبیعی عامل اصلی به وجود آمدن فقر در میان قوم عرب بود. فقر، ریشهٔ همهٔ مشکلات در آن جامعه بود و قبایل مختلف برای بقا و ماندگاری خود ناچار به تعرض و تجاوز به حقوق یکدیگر می‌شدند و امنیّت و آرامش را در این منطقه از بین می‌بردند. وجود جنگ‌های مختلف پیش از اسلام در میان آن‌ها بیانگر این واقعیّت و حقیقت است. بنابراین فقر عامل اصلی ناامنی در این سرزمین بود و به ناچار افراد قبیله را وادار می‌کرد برای بقا و ماندگاری خود و قبیله از قواعد و قوانین درست یا نادرست آن اطاعت کنند.

چون نقش مردان در تأمین معاش و امنیّت خانواده و قبیله در منطقهٔ عربستان بیشتر بود نسبت به زنان از حقوق بیشتری برخوردار بودند. نبود امکانات و ناامنی موجب می‌شد که جامعه به مردان بیش از زنان نیاز داشته باشد. زیرا مردان قادر بودند بار مسئولیت اقتصادی خانواده را به دوش بکشند و آن را اداره کنند. این ایفای نقش در تأمین معاش و امنیّت موجب شد که مردان بر همهٔ ارکان زندگی اجتماعی و خانوادگی تسلط پیدا کنند؛ حق و حقوق بیشتری برای خود قائل شوند. این شرایط موجب برتری مردان بر زنان شد و به این ترتیب دو طبقه اجتماعی مردان و زنان شکل گرفت.

به دلیل این‌که زنان نقش زیادی در معاش و تأمین امنیّت نداشتند در نتیجه جامعهٔ عرب به آن‌ها چندان بها نمی‌داد. فقر شدید درجامعه هم عامل دیگری بود که موجب می‌شد که زنان حق چندانی نداشته‌باشند. خانواده‌ها از دنیا آمدن دختران که نقشی در اقتصاد خانواده نداشتند، خوشحال نبودند. در بعضی از قبایل شدت فقر به اندازه‌ای بود که خانواده‌ها مجبور می‌شدند دختران را زنده به گور کنند هرچند که در شمار کمی از قبایل این کار ناپسند

انجام می‌شد. درکل در میان قوم عرب زنان چون در اجتماع نقشی بر عهده نداشتند از حق و حقوقی هم برخوردار نبودند.

مانند اکثر جوامع قدیم در جامعهٔ عرب طبقه آزادگان و بردگان وجود داشت و فقر و ناامنی افزایش شمار بردگان را در پی داشت. انسان‌های فقیری که بدهکار می‌شدند و قادر به پرداخت بدهی خود نبودند در خدمت طلبکار قرار می‌گرفتند و او از آن‌ها به عنوان برده استفاده می‌کرد. شمار دیگری از بردگان اسیران جنگی بودند در صورتی‌که برای آزادی آن‌ها اقدامی صورت نمی‌گرفت به بردگی گرفته می‌شدند. شماری از بردگان هم بردگان حبشی بودند. در جامعهٔ عرب بردگان از هیچ حقی برخوردار نبودند آن‌ها مجبور بودند به ارباب خود خدمت کنند. بنابراین در جامعهٔ عرب طبقات مردان، زنان و بردگان وجود داشتند. در همهٔ زمینه‌ها حقوق آن‌ها با هم متفاوت بود.

حق ارث

در مورد ارث فرزندان پسر در میان قبایل مختلف، قانون واحدی وجود نداشت اما در اکثر موارد به فرزند پسری که به سن بلوغ رسیده بود اما قادر به جنگیدن نبود ارث تعلّق نمی‌گرفت. اعراب پیش از اسلام ارث را مختص پسری می‌دانستند که به سن بلوغ رسیده بود و توان جنگیدن با دشمن را داشت. آن‌ها انسان دیوانه را هم از ارث محروم می‌کردند. در شرایطی که ارث فرزندان پسر هم مشروط به توان جنگیدن آن‌ها بود بسیار طبیعی بود که زنان و دختران از ارث محروم شوند چون آن‌ها اصلاً توان جنگیدن نداشتند. بنابراین اعراب زنان و دختران را از ارث محروم می‌کردند.[۱] تنها فردی که برای دختران حق ارث قائل شد شخصی به اسم ذوالمجاسد (عامر بن جشم) بود. ذوالمجاسد از قاضیان و فقهای عرب پیش از اسلام بود. او میراث خود را در میان پسران و دختران تقسیم کرد. برای پسران دو برابر دختران حق ارث قائل شد. این حکم در میان قوم عرب عمومیّت پیدا نکرد اما بعدها خداوند با توجّه به واقعیّات جامعهٔعرب و محدودیّت‌های موجود و نقش بیشترمردان

---

[۱] - فروخ، ایام الجاهلیه، ص ۱۵۸ همچنین علی، المفصل فی التاریخ العرب الجاهلی، ج ۵ صص ۵۶۷ و ۴۸۵

درجامعه، این حکم را (للذکر مثل حظ انثیین) نساء / ۱۱ به عنوان بهترین گزینهٔ موجود، برگزید.[1] برای اولین بار بطور رسمی به زنان، نصف حق ارث مردان تعلّق گرفت.[2]

بردگان

بردگان پایین‌ترین طبقهٔ اجتماعی جامعهٔ عرب محسوب می‌شدند. کار آن‌ها خدمت کردن و انجام کارهایی بود که عرب‌های آزاد، انجام دادن آن را در شأن خود نمی‌دانستند. آن‌ها هیچ حقی نداشتند و مانند یک ملک خرید و فروش می‌شدند. قانون برده‌داری هیچ گونه حق اعتراض و اظهار نظری را به آنان نمی‌داد و تا زمانی که زنده بودند حق مالکیّت برای اربابشان وجود داشت. بردگان نیز چاره‌ای جز پذیرش نداشتند.

وضعیّت زنان برده (کنیزان) بسیار اسف بارتر بود آنان نه‌تنها مجبور بودند که از دستورات ارباب خودت اطاعت کنند بلکه اربابشان حق معاشرت جنسی با آنان را داشت. بنابراین آن‌ها حتی حق مالکیّت بدن خود را هم نداشتند.

به دلیل این که در دنیای قدیم و در جامعهٔ عرب پیش از اسلام نظام برده‌داری نهادینه شده بود و در جامعه نیاز به برده وجود داشت و اسیران جنگی، بدهکاران و فرزندان خانواده‌هایی که به خاطر فقر فروخته می‌شدند به برده تبدیل می‌شدند.[3] خداوند در قرآن مخالفتی با نظام برده‌داری نکرد و آن را به عنوان واقعیّت موجود جامعه پذیرفت. آیات مختلف قرآن که دربارهٔ چگونگی رفتار با بردگان است نشان دهندهٔ پذیرش نظام موجود است. وضعیّت کنیزان در قرآن کریم به همان شیوهٔ جامعهٔ عرب پیش از اسلام بود یعنی ارباب می‌توانست با کنیز خود معاشرت جنسی داشته باشد: « زنان شوهر دار بر شما حرام شده‌است بجز زنان اسیری که به تصرف خود در آورده‌اید (کنیزان) که بر شما حلال می‌باشد. ازدواج با زنان دیگر جز این‌ها حلال گشته‌است.» نساء / ۲۴

همچنین خداوند در آیات ۷ - ۵ مؤمنون با صراحت، معاشرت جنسی با زنان به ازدواج در آمده و کنیزان را حلال دانسته‌است: « آنان که فرج خود را از عمل حرام نگه می‌دارند جز

---

[1] - علی، المفصل فی التاریخ العرب الجاهلی، ج ۵ ص ۵۶۶ – ۵۶۵ و ۴۸۰ و ۵۵

[2] - لاپیدوس، تاریخ جوامع اسلامی، ص ۶۵

[3] - همان، ج ۵، ص ۵۷۳

با زنان عقدی خود یا کنیزان متصرف که هیچ گونه ملامت در معاشرت با آنان بر آن‌ها نیست.» (این آیات با همین کلمات در سورهٔ معارج آیات ۳۰ - ۲۹ آمده‌است.)

درآیه‌های مختلفی به بسنده کردن به کنیزان در صورت ناتوانی مالی در ازدواج با زنان آزاد، اشاره شده‌است. از جمله بقره/ ۲۲۱ و نساء / ۳

قانون برده‌داری در جامعهٔ عرب و دنیای قدیم به گونه‌ای نهادینه شده بود که امکان حذف نظام برده‌داری وجود نداشت. در نتیجه خداوند آن را پذیرفت. اما در آیاتی نشان داد که از وضعیّت موجود راضی نیست به همین دلیل آزاد کردن بردگان را به عنوان یکی از راه‌های جبران اشتباهات و گناهان به مسلمانان توصیّه کرد: آزاد کردن بردگان به عنوان جریمهٔ مؤمنی که به طور عمد مؤمنی را کشته نساء / ۹۲ همچنین آزاد کردن برده در جریمهٔ کفارهٔ سوگند مائده / ۸۹

ازدواج و طلاق

در زمینهٔ ازدواج و طلاق مردان اختیار و آزادی بیشتری داشتند. هر مرد می‌توانست شمار زیادی زن داشته باشد.[۱] روایت شد که مردان قبیلهٔ قریش گاهی بیش از ده زن داشتند و در زمینهٔ ازدواج میان زن و مرد برابری و مساوات را رعایت نمی‌کردند. شخصی به اسم غیلان بن سلمه الثقفی ده زن گرفته بود. وقتی اسلام آورد پیامبر او را وادار کرد که زنان اضافی خود را طلاق بدهد.[۲] در دنیا نظام چند همسری در گذشته در بسیاری از نقاط وجود داشته‌است[۳] و در آن هنگام در کل دنیای قدیم و همچنین جامعهٔ عرب شرایط برای برابری میان مرد و زن آماده نبود در نتیجه قرآن کریم تلاش کرد که با توجّه واقعیّت جامعه و نقش محوری مردان در آن، وضعیّت موجود را تا حد امکان تعدیل کند:

«اگر بیم آن دارید که دربارهٔ دختران یتیم انصاف نکنید پس از دیگر زنان آنچه برای شما پاک است دو یا سه یا چهار زن را به همسری در آورید. پس اگر بیم آن دارید

---

۱ - گوستاولوبون، تاریخ تمدن اسلام و عرب، ص ۱۲۱

۲ - المفصل فی التاریخ العرب الجاهلی، ج ۵ ص ۵۴۸ همچنین سالم، تاریخ عرب قبل از اسلام، ص ۳۴۹

۳ - سابق، فقه السنه، صص ۷۲۸ - ۷۲۶

که عدالت نکنید به همسر و یا به آنچه مالک آنید « کنیز » بسنده کنید این راه نزدیک‌تر است که ستم نکنید.» نساء / ۳

در جامعهٔ عرب پیش از اسلام طلاق حق مردان به شمار می‌آمد. مردان می‌توانستند همسر خود را تا دو بار طلاق بدهند و بعد رجوع کنند. اگر برای بار سوم طلاق اتفاق می‌افتاد دیگر امکان رجوع وجود نداشت.[۱] این همان حکمی است که خداوند در قرآن کریم آن را پذیرفته است: « طلاق دو بار است پس از آن یا به نیکی نگاه داشتن و یا به نیکی رها ساختن است. شما را حلال نیست که از آنچه به ایشان داده‌اید؛ چیزی باز ستانید مگر آن‌که بترسند که حدود الهی را در کنار هم رعایت نکنند. پس اگر « شما » بیم داشتید که آن دو حدود الهی را در کنار هم مراعات نکنند. پس آنچه زن برای آزادی خود می‌دهد (و شوهر می‌ستاند) گناهی بر آن دو نیست. این‌ها مقرّرات الهی است از آن‌ها تجاوز نکنید و کسانی که از حدود الهی تجاوز کنند؛ آن‌ها حقاً ستمکارند. اگر بار سوم زن را طلاق داد دیگر بر او حلال نیست تا زمانی که زن با مردی غیر او ازدواج کند. پس اگر شوهر دوم طلاقش داد و دانستند که مقررات الهی را به پا خواهند داشت؛ مانعی بر آن‌ها نیست که به یکدیگر رجوع کنند. این‌ها احکام الهی است که خداوند برای مردم که نمی‌دانند بیان می‌کند.» بقره ۳۰ - ۲۹

« هنگامی که زن طلاق داده می‌شد بر او لازم بود که ایام عده را نگه دارد اعراب جاهلی بر رعایت عده بسیار جدی بودند برای حفاظت کردن از نسب و جلوگیری از اختلاط نسل‌ها. »[۲] قرآن کریم هم با توجّه به این واقعیّت جامعهٔ عرب و سودمندی آن، بر رعایت ایام عده تأکید کرده‌است: « ای پیامبر چون زنان را طلاق دهید آن‌ها را به وقت عده‌شان طلاق دهید و حساب عده را نگه دارید و از خداوند که پروردگار شماست بترسید.» طلاق / ۱

قصاص

اعراب قصاص را مناسب‌ترین و بهترین راه برای جلوگیری از قتل و هرج و مرج در میان خود می‌دانستند. آن‌ها بر این باور بودند که خون را جز خون نمی‌شوید یعنی حتماً قاتل می‌بایست محاکمه شود و به عوض مقتول قصاص گردد. خانوادهٔ مقتول تا زمانی که قاتل را

---

۱ - پیشین، ج ۵ ص۵۵۳ - ۵۴۸

۲ - فروخ، ایام الجاهلیه، ص ۱۵۸

نمی‌یافتند، آرام نمی‌گرفتند. شادی و شراب را بر خود حرام می‌کردند و تا آن زمان برای مقتول خود عزاداری نمی‌کردند. همین که قاتل را به سزای عمل خود می‌رساندند آرامش پیدا می‌کردند. احساس می‌کردند که وظیفهٔ خود را انجام داده‌اند. سپس آنچه را که بر خود حرام کرده بودند، حلال می‌کردند و زنان برای مردهٔ خود عزاداری می‌نمودند.

در جامعهٔ عرب چون اختلاف طبقاتی وجود داشت: مردان با زنان و انسان آزاد با برده در یک سطح نبودند. بنابراین حکم قصاص به صورت یکسان در مورد همهٔ افراد اجرا نمی‌شد. اگر انسان آزادی، انسان آزادی را می‌کشت حتماً می‌بایست قصاص شود. اگر مقتول از افراد بزرگ قبیلهٔ خود و قاتل انسان عادی بود خانواده مقتول، قاتل را شایسته قصاص نمی‌دانستند. آن‌ها خواهان قصاص انسان معروف‌تر درمیان خانوادهٔ قاتل بودند.[1] اگر انسان آزاد بردهای را می‌کشت قصاص نمی‌شد. صاحب برده به گرفتن دیه رضایت می‌داد.[2] اما اگر برده‌ای انسان آزاد را می‌کشت خانواده مقتول به قصاص برده راضی نمی‌شدند. چون زن و مرد هم برابر نبودند. بنابراین حکم قصاص آن‌ها هم یکسان نبود.

قصاص در میان اعراب پیش از اسلام وجود داشت و دارای سلسله مراتب خاصی بود. خداوند هم با توجّه به واقعیّت ناامنی جامعهٔ عرب، وجود طبقات مختلف، ارزش و جایگاه آن‌ها و خشونت نهادینه شده در جامعه، همان حکم موجود درجامعهٔ عرب پیش از اسلام را صادر فرمود: « ای اهل ایمان حکم قصاص در قتل برای شما این گونه نوشته شده که انسان آزاد در برابر انسان آزاد، برده در مقابل برده و زن در برابر زن قصاص خواهند شد پس هر کس به وسیله برادرش عفو شود باید با او نیک رفتار شود، پرداخت (دیه) با نیکی انجام شود این تخفیف و رحمتی از سوی پروردگارتان است. پس اگر کسی بعد از گذشت، تجاوز کند از قاتل انتقام بگیرد او را عذابی دردناک خواهد بود.» بقره/ ۱۷۸

نکتهٔ مهم در حکم خداوند این بود که دیگر تفاوتی میان انسان‌های آزاد (مردان) قائل نشد. قاتل و مقتول در این طبقه در هر جایگاه و مقامی که بودند در برابر حکم قصاص با هم برابر بودند.

حکم قصاص در قرآن کریم به صورتی دیگر هم آمده‌است اما خداوند می‌فرماید که ما در تورات دربارهٔ قصاص چنین حکم کرده‌ایم: « (در تورات) بر بنی اسرائیل حکم کردیم که

---

[1] - علی، المفصل فی التاریخ العرب الجاهلی، ج ۵ صص ۴۰۰ - ۳۹۹

[2] - همان ج ۵ صص ۵۷۹ - ۵۷۸

نفس در مقابل نفس، چشم در مقابل چشم، بینی در برابر بینی، گوش در مقابل گوش و دندان را در مقابل دندان قصاص کنید. هر زخمی را قصاص خواهد بود پس هرگاه کسی به جای قصاص به صدقه « دیه » راضی شود، نیکی کرده‌است و کفارهٔ گناه او خواهد بود. هر کس خلاف آنچه خدا حکم کرده، حکم کند از ستمکاران خواهد بود.» مائده / ۴۵

این حکم در تورات هم این‌گونه آمده‌است: « هنگام قصاص چشم تو ترحم نکند: جان به عوض جان، چشم به عوض چشم، دندان به عوض دندان، دست به عوض دست و پا به عوض پا.» تورات خروج باب ۲۱ آیات ۲۵ - ۲۳

در جامعهٔ اسلامی همان حکم قصاص که بر اساس واقعیّت جامعهٔ عرب بود، بقره / ۱۷۸ ملاک عمل قرار گرفت. امروز هم در بیشتر کشورهای اسلامی اجرا می‌شود.

دیه

در جامعهٔ عرب پیش از اسلام، اعراب از گرفتن دیه خودداری می‌کردند و آن را نشانهٔ ضعف و ناتوانی درگرفتن انتقام می‌دانستند. با این وصف هنگامی که دو طرف بنا به مصلحت به توافق می‌رسیدند؛ خانوادهٔ مقتول به گرفتن خون بها راضی می‌شد. دیه افراد به تناسب موقعیّت، جایگاه و طبقات آن‌ها متفاوت بود. اعراب دیهٔ پادشاهان را هزار شتر تعیین کرده بودند. اگر مقتول از بزرگان قبیله بود دیهٔ او را مانند دیهٔ پادشاهان هزار شتر قرار می‌دادند. اما اگر فردی از عامهٔ مردم بود دیهٔ صریح (دیهٔ کامل) او را ده شتر تعیین می‌کردند. اگر مقتول جز هم‌پیمانان یا انسانی فرومایه بود که پدری آزاد و مادری کنیز داشت، دیهٔ او نصف دیهٔ کامل بود یعنی پنج شتر. دیهٔ زن هم به همین ترتیب نصف دیهٔ کامل بود. بعضی از قاضیان عرب دیهٔ مقتول را صد شتر اعلام کردند. این حکم را به ابی سیّار العدوانی منسوب می‌کنند و گفته‌اند که او اولین کسی بود که دیه را صد شتر تعیین کرد. عده‌ای دیگر این حکم را به عبدالمطلب منسوب می‌کنند و می‌گویند که او اولین کسی است که سنت صد شتر را برای دیه تعیین کرد.[1]

خداوند در قرآن کریم در سورهٔ نسا آیه ۹۲ دربارهٔ دیه سخن گفته‌است. اما به هیچ وجه میزان آن را برای هیچ شخص وگروهی تعیین ننموده‌است. پیامبر سنت دیهٔ کامل « صد

---

[1] - همان ج ۴ ص ۵۴۲ و ج ۵ صص ۵۹۹ - ۵۹۲

شتر» در جامعهٔ عرب را که به وسیلهٔ انسان تعیین شده بود، پذیرفت. بر اساس سنت قوم عرب دیهٔ زن نصف دیهٔ مرد تعیین شد. این گونه حکم و سنت رایج در جامعهٔ عرب در اسلام هم در دستور کار قرار گرفت.

اکنون هم این سلسله مراتب در پرداخت دیه در کشورهای اسلامی وجود دارد میان زن و مرد مسلمان تفاوت وجود دارد: دیهٔ زن مسلمان نصف مرد مسلمان تعیین شده‌است. دیهٔ مرد غیر مسلمان اما مؤمن به یکی از ادیان توحیدی نصف دیهٔ مرد مسلمان است و دیهٔ زن غیر مسلمان مؤمن نصف دیهٔ مرد مؤمن به ادیان توحیدی است و این سلسله مراتب به همین ترتیب برای افراد کافر در همان شیب نزولی ادامه دارد.[۱]

فدیه

در میان قوم عرب رسم این بود که افرادی که اسیر می‌شدند در مقابل گرفتن مالی آزاد شوند، به این مال فدیه می‌گفتند. اگر قبیله و خانوادهٔ اسیر اقدام به پرداخت فدیه نمی‌کردند آن اسیر برای همیشه به برده تبدیل می‌شد. اگر کسی می‌توانست فرار کند از اسارت نجات پیدا می‌کرد. در غیر این صورت خود فرد اسیر یا خانواده و قبیلهٔ او می‌بایست برای آزادیش فدیه پرداخت می‌کردند. فدیهٔ افراد به تناسب مقام و موقعیّت آن‌ها تعیین می‌شد، مقدار آن دقیق مشخص نبود. اما مقدار آن مانند دیه بود. فدیهٔ پادشاهان گاهی به هزار شتر می‌رسید. فدیهٔ بزرگان بر اساس موقعیّت آن‌ها تعیین می‌شد و فدیهٔ مردم عادی گاهی تا پنج شتر تقلیل می‌یافت. پیامبر فدیهٔ اسیران جنگ بدر را این گونه تعیین کرد که اسیر اگر به ده نفر از فرزندان انصار سواد خواندن و نوشتن بیاموزد آزاد می‌شود.[۲]

خمس (مرباع)

یکی از حقوق و امتیازات مهم رئیس قبیله در جاهلیّت این بود که یک چهارم از غنیمت‌های جنگی به او می‌رسید. به آن مرباع می‌گفتند که از همان کلمهٔ « ربع » گرفته شده‌است.

---

[۱] - هرتلی، فقه متقین، صص ۷۰ - ۶۶

[۲] - علی، المفصل فی التاریخ العرب الجاهلی ج ۴ ص ۵۴۲ و ج ۵ ص ۶۳۲

گرفتن مرباع نشانهٔ بزرگی و مایهٔ افتخار رئیس قبیله بود. روسای قبایل که مرباع می‌گرفتند به « ذوی آکل » معروف بودند. مرباع یک حق قدیمی بود که در میان اکثر قبایل وجود داشت. تا زمان ظهور اسلام این حق رسمیّت و اعتبار داشت.[1]

تقسیم غنایم بر عهدهٔ رئیس قبیله بود. گرفتن یک چهارم غنیمت حق او بود و وظایفی را به دوش او می‌گذاشت از جمله: بر او واجب بود که از مال خود به میهمانان انفاق کند، خانهٔ خود را به روی گروه‌های مختلف مردم باز کند، بر او واجب بود که برای آزادی اسیران قبیله‌اش تلاش کند، در صورت ناتوانی مردم در پرداخت دیه به آن‌ها کمک کند و وظایفی مشابه این‌ها را به عهده بگیرد.[2]

با آمدن اسلام خداوند با توجّه به وجود چنین قاعده و قانونی، تعلّق بخشی از غنایم به خدا و پیامبر را پذیرفت و موارد مصرف آن را هم مشخص کرد. اما میزان سهم را اندکی تغییر داد یک چهارم را به یک پنجم کاهش داد. مرباع به خمس تبدیل شد: « ای مؤمنان بدانید که هر چه به شما غنیمت برسد یک پنجم آن متعلّق به خدا و رسول و خویشان او، یتیمان و فقیران و مسافران در راه مانده‌است. اگر به خدا و به آنچه بر بندهٔ خود محمد در روز فرقان (جنگ بدر) که دو سپاه اسلام و کفر با هم روبرو شدند، ایمان آورده‌اید؛ بدانید که خدا برهمه چیز تواناست.» انفال / ۴۱

خداوند دراین مورد هم پیامش را با واقعیّات، قاعده و قانون جامعهٔ عرب هماهنگ کرده‌است. حکم آن جامعه را که هنوز کارایی خود را از دست نداده‌بود و متناسب با وضعیّت جامعه بود با اندکی تغییر پذیرفت.

وقف (حبس)

تمام چیزهایی که صاحبش آن را وقف می‌کرد و قابل فروش و به ارث بردن نبود: از درخت خرما گرفته تا زمین، اموال، مستغلات، حیوانات، سود و درآمد حاصل از آن‌ها را شامل می‌شد. اعراب جاهلی این اموال و دارایی‌ها را بر بت‌ها و معابد وقف می‌کردند. هیچ کس حقّ دست درازی به آن‌ها را نداشت. درآمد حاصل از آن‌ها صرف بت‌ها و معابد و امور مربوط

---

[1] - همان، ج ۵، ص ۲۶۵ – ۲۶۲

[2] - همان، ج ۴، ص ۳۴۸

به آن‌ها می‌شد. اعراب گوش ماده شتر یا گوسفندی را که ده شکم می‌زاید می‌شکافتند و آن را آزاد می‌گذاشتند. استفاده از آن را حرام می‌کردند که البته اسلام این حرام را حلال اعلام کرد. همچنین درخت خرما و آب چاه برای مسافران در راه مانده، وقف (حبس) می‌شد. هر مسافر و نیازمند می‌توانست از آب چاه و میوهٔ درخت بدون اجازه استفاده کند. بنابراین حبس دوران جاهلیّت همان وقف در دوران اسلامی است با این تفاوت که در دورهٔ جاهلیّت این اموال، مستغلات، حیوانات و غیره برای غیر خدا وقف می‌شد اما در اسلام برای آن‌چه که در راه خدا و منافع مسلمانان بود صرف شد.[1] خداوند در قرآن کریم دربارهٔ وقف و اوقاف سخنی به میان نیاورده‌است ولی این شیوه و سنت دوران پیش از اسلام چون پسندیده بود و فوایدی برای مردم داشت به عنوان یک واقعیّت و قانون مفید از طرف پیامبر پذیرفته شد و به یک سنت اسلامی تبدیل شد. با این شرط اساسی که در راه خدا و منافع مسلمانان صرف شود.

جزیه

جزیه از کلمات و اصطلاحاتی بود که در میان اعراب پیش از اسلام رواج داشت. قوم عرب از دشمنان شکست خورده جزیه می‌گرفتند. جزیه مالیاتی بود که از رؤسای قبایل شکست‌خورده گرفته‌می‌شد و به قبیلهٔ پیروز داده‌می‌شد.[2] وجود چنین قاعده و رسمی در میان قبایل عرب پیش از اسلام موجب شد که خداوند با در نظر گرفتن رسم و قانون مخاطبان خود از این لفظ در قرآن کریم استفاده کرده و آن را به عنوان یک حکم قانونی معرفی نماید که مسلمانان در ادارهٔ امور جامعه از آن استفاده نمایند:

> «ای مؤمنان با همهٔ کسانی که (از اهل کتاب) که به خدا و روز قیامت (دین اسلام) ایمان نیاورده‌اند و آنچه را که خدا و رسول او حرام کرده‌اند؛ حرام نمی‌دانند و به دین اسلام ایمان نیاورده‌اند؛ جنگ و نبرد کنید تا آنگاه که با تواضع به اسلام جزیه دهند.»
> توبه / ۲۹

بنابراین جزیه در اسلام مالیاتی است که پیروان ادیان آسمانی دیگر به خاطر شکست در برابر مسلمانان یا به هر دلیل دیگری که در سایه و حمایت حکومت اسلامی زندگی می‌کنند

---

[1] - همان ج ۵ صص ۶۱۰ و ۲۵۹
[2] - همان ج ۵ صص ۳۰۶ - ۳۰۵

و حکومت حافظ امنیّت و آسایش آن‌هاست؛ باید بپردازند. بنابراین جزیه در اسلام همان جزیهٔ دوران پیش از اسلام است. این قانون باید در مورد اهل کتاب و کسانی که در سایه حکومت اسلامی زندگی می‌کردند، اجرا شود.

رهن

رهن در میان اعراب جاهلی رایج بود. رهن مال و امانتی بود که در مقابل گرفتن وام و قرضی به گرو گذاشته می‌شد. در صورت بازپرداخت وام و قرض، وثیقه به صاحب آن مسترد می‌شد. در صورتی که شخص توانایی بازپرداخت آن را نداشت طلبکار به جای وام خود آن گرویی را برای خود نگه می‌داشت. رهن در میان اهالی یثرب و مکه رایج بود.

حتی در امور سیاسی هم رهن کاربرد داشت. قبایلی که در جنگ شکست می‌خوردند در عوض عمل کردن به تعهداتشان پسران و نزدیکان خود را به رهن و گرو می‌گذاشتند. همچنین برای تضمین پرداخت دیه از رهن استفاده می‌کردند و نزدیکان خود را گرو می‌گذاشتند.[1] با توجّه به این که در جامعهٔ مخاطب وحی، چنین قاعده و رسمی کارآمد بوده‌است خداوند هم آن را پذیرفت و از آن برای جلوگیری از وقوع مشکلات استفاده نمود: « اگر در سفر باشید و نویسنده (برای سند، قرض و معاملهٔ نسیه) نیافتید برای وثیقه، دین گروی گرفته شود. اگر برخی گروهی دیگر را امین می‌داند، به آن کس که امین شناخته شده، امانت بسپارد و از خدا بترسید و در امانت خیانت نکنید و کتمان شهادت ننمایید که هرکس کتمان شهادت کند البته به دل گناهکار است و خداوند بر آنچه انجام می‌دهید آگاه است.» بقره / ۲۸۳

به این ترتیب رهن در اسلام تأیید شد و در موارد مختلف کاربرد پیدا کرد. افزون بر این موارد در معاملات و مباحثی مانند ضمانت، دیه و اجاره[2] به همان شیوه‌ای که در جامعهٔ اسلامی رایج بود و هست در جامعهٔ عرب پیش از اسلام وجود داشته‌است. اسلام در این مورد هم ادامهٔ دهنده و پیرو رسوم و قواعدی بود که در جامعهٔ عرب رواج داشته‌است.

---

[1] - همان ج ۵ ص ۶۲۳ - ۶۲۲

[2]- همان ج ۵ ص ۶۲۷-۶۲۱

مجازات سارق

تبعیض و نابرابری موجب افزایش جرم و سرقت در شهر مکه شد. به همین دلیل بزرگان مکه تصمیم گرفتند که برای کنترل اوضاع سارقان را به شدیدترین شکل شکنجه کنند. بر اساس آنچه گفته شده عبدالمطلب یا به روایت موثق و مکرّرتر ولید بن مغیره که هر دو از بزرگان قریش بودند به قطع دست دزد حکم دادند. تا از سرقت و بی‌نظمی در مکه جلوگیری کنند. به این ترتیب، این حکم در مورد سارقان اجرا شد.[1]

خداوند هم با در نظر گرفتن این وضعیّت آشفته و نابسامان جامعهٔ عرب، حکم قطع دست دزد را که انسان‌ها آن را وضع کرده بودند و اجرا می‌شد، پذیرفت و در اسلام هم به مرحله اجرا درآمد: « دست مرد و زن دزد را به جزای آنچه کسب کرده‌اند؛ ببرید این مجازاتی از طرف خداوند است او بر هر کاری توانا و به مصلحت مردم آگاه است.» مائده / ۳۸

اولین سارق مرد که پیامبر در اسلام دست او را قطع کرد خیار بن عدی بن نوفل بن عبدالمناف و اولین زن مره دختر سفیان بن عبدالاسد از بنی مخزوم بود.[2]

بدون تردید این حکم در آن زمان و مکان که قتل و غارت به طور گسترده رایج بود؛ مجازات سنگینی به شمار نمی‌آمد. افکار عمومی مردم خیلی راحت آن را می‌پذیرفت زیرا در جامعهٔ آن‌ها خشونت به طور گسترده رواج داشت و امری عادی به شمار می‌آمد. در عین حال این حکم برای جلوگیری از نابسامانی و سرقت می‌توانست کارآمد باشد. پس وجود زمینه‌های پذیرش حکم در جامعهٔ عرب و اثر مثبت اجرای آن در جلوگیری از آشفتگی موجب شد که مسلمانان تضادی با آن نداشته‌باشند چون حکم برخاسته از اجتماع آن‌ها و متناسب با جامعهٔ پر از خشونت و شیوهٔ زندگی آنان بود.

---

[1] - همان ج ۵ ص ۶۴۹ و ۸۲

[2] - همان ج ۵ ص۶۰۶ – ۶۰۵

مجازات زناکار

در میان اعراب پیش از اسلام اگر مردی با زنی شوهردار زنا می‌کرد مجازاتش مرگ بود. عبری‌ها مرد و زن زناکار را سنگسار می‌کردند تا کشته می‌شدند. اما در مورد مجازات سنگسار اتفاق نظر وجود ندارد، اهل اخبار می‌گویند رجم در میان عرب جاهلی شایع و معروف نبوده‌است اما بعید نیست که این شکنجه در دوران جاهلیّت موجود بوده باشد. اولین کسی که پیش از اسلام سنگسار شد ربیع بن حدان بود.[1]

خداوند در قرآن کریم مجازات زناکار را این گونه تعیین کرده‌است: « هر یک از زنان و مردان زناکار را با صد تازیانه مجازات کنید و هرگز دربارهٔ آنان در دین خدا رأفت و ترحم روا مدارید اگر به خدا و روز قیامت ایمان دارید باید گروهی از مؤمنان مجازات آن بدکاران را مشاهده کنند.» نور / ۳

بعضی از مفسران معتقدند این آیه ناسخ حکم آیات ۱۵ و ۱۶ سورهٔ نساء است که در آیه ۱۵ مجازات زنای زنان را نگهداری آنان در خانه و محصور کردنشان تا زمان مرگ می‌داند. نکتهٔ مهم این است که این حکم در میان اعراب پیش از اسلام رایج بود خداوند بر اساس آن چنین حکم فرموده‌است. در آیه ۱۶ خداوند مجازات مرد و زن زناکار را آزار و اذیت آنان تعیین فرموده‌است که این مجازات تا زمانی که آن‌ها توبه می‌کنند باید ادامه پیدا کند.

بنابراین مجازات صد ضربه شلاق تنها و آخرین حکم مجازات زناکار در قرآن کریم است. اما مفسران معتقدند که این آیه دربارهٔ مرد و زن بی‌همسر نازل شده‌است و برای زن و مرد متأهل با استناد به آیات دیگر، حکم سنگسار را صادر کرده‌اند و همان‌گونه که اشاره شد پیش از اسلام و در میان عبری‌ها (یهودیان) سابقه داشته‌است.[2]

همهٔ فرق و گروه‌های اسلامی به مجازات سنگسار در زنای محصن (زن و مرد متاهل) اعتقاد دارند هرچند که در قرآن دربارهٔ آن آیه‌ای وجود ندارد. اما هر کدام از گروه‌های اسلامی بر اساس سنت پیامبر به استناد به آیه یا مجموعه آیاتی مجازات سنگسار را قطعی می‌دانند.[3]

---

[1]- همان ج ۵ ص ۵۶۰

۲ - همان ج ۵ صص ۵۶۰ – ۵۵۹

۳ - سابق، فق السنه، ترجمهٔ ابراهیمی، ج۳، صص۴۳۸-۴۳۰ همچنین آیات احکام، عمیدزنجانی، صص ۴۱۸- ۴۱۰

کنار گذاشتن رسومات و رفتار نادرست

خداوند با نگرشی مثبت برای اصلاح جامعه، رسوم و آدابی را که با اصول اساسی دین و انسانیّت سازگاری نداشت؛کنار گذاشت. آن‌ها عبارتند از: زنده به گور کردن دختران، شراب‌خواری، ربا، ممنوع کردن بعضی از خوردنی‌ها، عدم پذیرش شیوه‌های مختلف ازدواج بجز ازدواج مهر، تفأل به پرندگان هنگام تصمیم به انجام کاری، تفأل به تیرهای قمار، ممنوع شدن قربانی شتر بر روی قبرها و... از موارد یاد شده به طور مختصر به زنده به گور کردن دختران، ممنوع کردن بعضی از خوردنی‌ها، تحریم شراب، ربا و تیرهای ازلام می‌پردازیم:

زنده به گور کردن دختران

اعراب پیش از اسلام به فرزندان پسر بیش از دختران اهمیت می‌دادند. این موضوع افزون بر حفظ اسم و نسب، به این دلیل بود که فرزندان پسر در شکار و تأمین معاش خانواده و تأمین امنیّت می‌توانستند نقشی اساسی‌تری داشته باشند. در شماری از قبایل به دلیل تعصّب و غیرت جاهلی که در مورد آیندهٔ دختران و ترسی که از اسارتشان داشتند یا به دلیل مهم‌تر و اساسی‌تر یعنی فقر یا ترس از آن یا به دلایل دیگر، آن‌ها را زنده به گور می‌کردند.[۱] این رسم بسیار ناپسند بود با هیچ اصل انسانی و اخلاقی سازگاری نداشت. با وجود آن‌که این رسم ناشایست در شماری از قبایل رواج داشته اما بیشتر قبایل چنین بی‌عدالتی را مرتکب نمی‌شدند. خوشبختانه کسانی بودندکه به فرزندان دختر علاقه‌مند بودند و با صرف مال و ثروت خود شماری از دخترانی را که قرار بود زنده به گور شوند؛ نجات دادند. از جمله: نیای فرزدق، شاعر عرب، ۲۸۰ دختر را از مرگ نجات داد و هر یک را با دادن دو ماده شتر و یک شتر نر خریداری کرد.[۲] با این وصف این رسم غیرانسانی در

۱ - سالم، تاریخ عرب قبل از اسلام، صص۳۵۱-۳۵۰

۲ - سالم، تاریخ عرب قبل از اسلام، صص ۳۵۱ – ۳۵۰ همچنین فروخ، ایام الجاهلیه، ص ۱۵۷

جامعهٔ عرب وجود داشت. در سورهٔ شمس هنگام بیان رویدادهای روز قیامت، انسان‌ها را متوجّه عمق این بی‌عدالتی می‌کند: « هنگامی از دختران زنده به گور شده، پرسیده می‌شودکه به سبب کدامین گناه کشته شده‌اند.» شمس / ۳۹

در مرحلهٔ دوم خداوند پس از بیان دلیل اصلی زنده به گور کردن دختران که همان ترس از فقر است، مسلمانان را از این کار ناشایست برحذر می‌دارد: « فرزندان خود را از بیم تهیدستی نکشید ما به آنان و شما روزی می‌دهیم. همانا کشتن آنان، گناهی بزرگ است.» اسرا / ۳۱

ممنوع کردن گوشت بعضی حیوانات

اعراب پیش از اسلام هیچ‌گونه محدودیّتی در زمینهٔ غذا نداشتند و خوردن هیچ حیوانی را حرام نمی‌دانستند. حیوانات را چه کوچک و چه بزرگ و چه چنگال‌دار و چه غیر آن، چه مرده و چه زنده می‌خوردند.[۱]

اما خداوند به تدریج و به تناسب شرایط و وضعیّت مخاطب با این مشکل برخورد کرد و با توجّه به واقعیّات و محدودیّت‌ها در سورهٔ مبارکهٔ انعام راجع به خوردنی‌ها آیه‌ای نازل فرمود: « ای پیغمبر بگو در آنچه به من وحی شده‌است چیزی را بر خورنده‌ای حرام نمی‌یابم، مگر مردار، خون ریخته و روان، گوشت خوک و گوشت حیوانی که به اسم غیر خدا سربریده شده‌باشد. اگر کسی وادار شود بدون آن که به آن‌ها علاقمند باشد و از حد جوع تجاوز نکند، گناهی بر او نیست. خدا بسیار آمرزگار و مهربان است.» انعام / ۱۴۵

همچنین در سورهٔ نحل همین محرمات بیان شده‌است:

> « از روزی‌های حلال و پاکیزه‌ای که خدا قسمت شما نموده‌است، بخورید و شکر نعمت خدا را به جا آورید اگر او را می‌پرستید. همانا مرده، خون، گوشت خوک و آنچه که به اسم غیر خدا سربریده شده‌باشد بر شما حرام شده‌است. ولی اگر کسی مجبور شود از آن بخورد در صورتی‌که علاقمند به آن نباشد و بیش از حد نیاز از آن استفاده نکند؛ گناهی بر او نیست. خداوند آمرزنده و مهربان است.» نحل۱۱۵-۱۱۴

---

[۱] - علی، المفصل فی التاریخ العرب الجاهلی، ج ۵ ص ۶۰

همچنین در سورهٔ بقره هم آیه ۱۷۳ همین محرمات با اندکی تفاوت بیان شده‌است.

تا سرانجام، حکم نهایی در این باره صادر شد:

« بر شما مردار، گوشت خوک، حیواناتی که به اسم غیر خدا ذبح شده‌اند، حیواناتی که خفه شده‌اند، حیواناتی با شکنجه کشته شده‌اند، آن‌هایی‌که از بلندی پرت شده و مرده‌اند، حیواناتی که به اثر شاخ زدن به یکدیگر مرده‌اند، حیواناتی که بر اثر خورده شدن بخشی از آن‌ها به وسیله درندگان مرده‌اند مگر این‌که قبل از مرگ آن‌ها را سر بریده باشید و حیواناتی که برای بت‌ها قربانی شده‌اند؛ حرام شده‌است. همچنین استفاده از تیرها برای پیشگویی حرام است. همهٔ این‌ها برای شما گناه بزرگ و خروج از فرمان خداوند است. امروز کافران از نابود کردن دین شما مأیوس شده‌اند. پس از آنان نترسید، از من بترسید. امروز دین را برای شما کامل کردم. نعمت خود را بر شما تکمیل نمودم. اسلام را به عنوان آیین برای شما برگزیدم. اما اگر کسی در حال گرسنگی ناچار شود و متمایل به گناه نباشد، مانعی ندارد چرا که خداوند بخشنده و مهربان است. از تو می‌پرسند چه چیز (از خوردنی‌ها و نوشیدنی‌ها) بر آنان حلال شده. بگو بر شما چیزهایی پاکیزه حلال شده‌است: آنچه که حیوانات شکاری صید می‌کنند و شما به آن‌ها آموخته‌اید از آن چه خدا به شما آموخته‌است. از نخجیری که چنین حیواناتی برای شما شکار می‌کنند خود از آن نمی‌خورند و سالم نگه می‌دارند، بخورید. به هنگام فرستادن حیوان به شکار با نام خدا آن‌ها را بفرستید و از خدا بترسید. چراکه خداوند سریع الحساب است.» مائده / ۴ - ۳

این‌گونه خداوند با در نظرگرفتن واقعیّت‌ها و محدودیّت‌هایی که در جامعهٔ عرب وجود داشت به تدریج و طی چند مرحله، حکم نهایی را در مورد تعیین محدودهٔ خوردنی‌ها صادر نمود. در زمینهٔ حلال بودن گوشت حیوانات و شیوهٔ بدست آوردن آن، اصلاحاتی را انجام داد و گوشت برخی حیوانات و بعضی از شیوه‌های به دست آوردن آن را حرام و ممنوع کرد و شیوهٔ ذبح حیوان را که در میان عرب رایج بود، برگزید.[۱]

---

[۱] - همان، ج ۵، ص ۶۷

تحریم شراب و قمار

درجامعهٔ جاهلی علاقه به شراب به عرف و شاخصهٔ فرهنگی اجتماعی تبدیل شده بود. علاقهٔ اعراب جاهلی به شراب بسیار زیاد بود و یکی از سرگرمی‌های همیشگی آنان به شمار می‌آمد. این علاقهٔ مفرط موجب شده بود که آن‌ها از هر چیزی که امکان تخمیر داشت حتی از دانه‌های گیاهان و شیر شتر، شراب بسازند.[۱]

با این توصیف تحریم شراب کاری ساده نبود. امکان داشت به راحتی مورد پذیرش اعراب

تازه مسلمان قرار نگیرد. پیش از ظهور اسلام افرادی انگشت‌شمار بودند که نوشیدن شراب را بر خود حرام کرده بودند: ولیدبن‌مغیره، عبدالله بن جدعان، قیس بن عاصم[۲] و عبدالمطلب.[۳] اما این مسئله عمومیّت نداشت.

خداوند در سورهٔ مبارکه نحل/ ۶۷ ضمن بیان نعمت‌هایی که به انسان بخشیده، اسمی هم از شراب می‌برد: « از ثمرات خرما، شرابی است که از آن می‌سازید و روزی حلال از آن به دست می‌آورید. همانا در آن‌ها نشانه‌هایی است برای خردمندان.»

پس از این اولین اشاره، خداوند بسیار خردمندانه و با در نظر گرفتن جایگاه شراب در میان قوم عرب در سه مرحله حکم تحریم شراب را صادر کرد: در مرحلهٔ اول خداوند مسلمانان را از نماز خواندن در حال مستی بازداشت: « کسانی که ایمان آورده‌اید در حال مستی نماز نخوانید تا بدانید که چه می‌گویید و چه می‌خوانید.» نساء / ۴۳

با این آیه خداوند مسلمانان را در زمان محدود نماز خواندن از مستی دور نگه داشت.

اما در مرحلهٔ دوم خداوند تلاش کرد که نگرش آنان را نسبت به مزایای شراب تغییر دهد. ضمن بیان مزایای اندک آن، نگاه‌ها را متوجّه معایب فراوان آن و گناه ناشی از آن نمود:

> « دربارهٔ شراب و قمار از تو سؤال می‌کنند. بگو در آن‌ها گناه بزرگی است و منافعی هم برای مردم دارد ولی گناه آن‌ها بیش از نفع آن‌ها است.» بقره / ۲۱۹

---

۱ - همان، ج ۴، صص ۶۶۶ - ۶۶۵

۲ - همان، ج ۴، ص ۶۷۲ – ۶۷۰

۳ - همان، ج ۵، ص ۶۴۹

بار سوم پس از این که در یک مجلس مهمانی بعد از نوشیدن شراب درگیری به وجود آمد همه متوجّه پی آمدهای منفی آن شدند. خداوند در این فرصت مناسب حکم تحریم آن را صادر نمود: « ای مؤمنان شراب، قمار، بت و تیرهای بخت آزمایی پلید و از اعمال شیطان هستند. از این پلیدی‌ها دوری کنید تا رستگار شوید. شیطان می‌خواهد از طریق شراب و قمار میان شما دشمنی و کینه ایجاد کند و شما را از ذکر خدا و نماز باز دارد. پس آیا از این دو پلیدی دست می‌کشید و بس می‌کنید.» مائده / ۹۱ - ۹۰ [۱]

به این ترتیب قمار هم که مورد علاقه قوم عرب بود در کنار شراب قرار می‌گیرد و حرام می‌شود. البته گفته‌اند که اولین کسی که قمار را در جاهلیّت حرام کرد اقرع بن جاسس تمیمی بود.[۲] اما این حرام بودن عمومیّت پیدا نکرد. هنگامی که خداوند در قرآن آن را حرام کرد بلافاصله مسلمانان از آن پیروی کردند.

تحریم ربا

ربا در میان اعراب جاهلی شایع بود. شماری از ثروتمندان برای کسب درآمد و فقرا از روی ناچاری به آن روی می‌آوردند. چون بیشتر مردم فقیر بودند ناچار می‌شدند برای امرار معاش از ثروتمندان پولی را به صورت وام همراه با سود و ربای آن به قرض بگیرند. ثروتمندان هم در مقابل دریافت سود سنگین، آن را در اختیار آنان قرار می‌دادند. با توجّه به این‌که بزرگان مکه اهل تجارت و بازرگانی بودند از فروش و سود معاملات امرار معاش می‌کردند، نگاه آن‌ها سوداگرایانه بود. در نتیجه روی ربا و بهرهٔ پول حساب کردن در میان آن‌ها رایج بود. چون یک منبع درآمد به شمار می‌آمد تحریم آن نیاز به زمان و شرایط مناسب داشت. خداوند با در نظرگرفتن وضعیّتی که بر جامعهٔ عرب حاکم بود به تدریج، قدم به قدم و با در نظر گرفتن شرایط مخاطبان، حکم تحریم ربا را صادرکرده‌است. اگر خداوند به شرایط مخاطبانش توجّه نمی‌کرد؛ می‌بایست با یک حکم ربا یا سایر احکام را صادر می‌کرد. اما می‌بینیم وضعیّت گیرندگان پیام در صدور حکم عامل اصلی بوده‌است و این تحریم در چند مرحله صورت گرفت. در آخرین مرحله که موقعیّت آماده شد حکم تحریم را صادر نموده‌است. به ترتیب مراحل صدور حکم را ذکر می‌نماییم:

---

۱ - سید قطب، فی ظلال قرآن، تفسیر آیه ۲۱۹ سورهٔ بقره و تفسیر آیه ۴۳ سوره نساء و آیات ۹۱ — ۹۰ سوره مائده

۲ - همان، ج ۵، ص ۱۲۶

۱ - در مراحل اولیه از نظر ذهنی و روانی مخاطب خود را آماده کرده‌است: « و آن سودی که شما به رسم ربا دادید تا به اموال رباخواران بیافزایید (نفع دنیوی ببرید) هرگز پیش خداوند افزوده نمی‌شود بلکه محو و نابود می‌شود اما آن زکاتی که بدون ربا در راه خدا به فقیران می‌دهید ثواب آن چند برابر می‌شود.» روم / ۳۹

۲- در مرحلهٔ دوم سخن از قوم یهود است که ربا بر آن‌ها حرام شده‌بود اما آن‌ها رباخوار بودند: « همچنین به خاطر این‌که یهودیان ربا می‌گرفتند در صورتی که از رباخوردن نهی شده بودند و هم از آن رو که اموال مردم را به باطل می‌خوردند. ما برای کافران آن‌ها عذاب دردناک آماده کرده‌ایم.» نساء / ۱۶۱

۳- بار سوم خداوند با شدت عمل بیشتری برخورد می‌کند: « ای کسانی که ایمان آورده‌اید؛ ربا مخورید که دائم سود به سرمایه افزاید تا چند برابر شود از خدا بترسید تا شاید رستگار شوید.» آل عمران / ۱۳۰

۴ - در نهایت خدا پس از آماده شدن مخاطبان، حکم تحریم آن را صادر نمود:[۱]

« کسانی که ربا می‌خورند از قبرها در روز قیامت بر نمی‌خیزند جز مانند آن که به وسوسه و فریب شیطان دیوانه شده‌باشند. آنان به این دلیل در این عمل زشت افتادند که می‌گویند هیچ فرقی میان تجارت و ربا نیست در حالی که خداوند تجارت را حلال و ربا را حرام کرده‌است. هر کس پس از آن که اندرز خدا به او رسید از این عمل دست کشید خدا از گذشته او در می‌گذرد و عاقبت او با خدای مهربان است و کسانی که از ربا دست نکشیدند آنان اهل جهنم هستند و در آن جاودان معذب خواهندبود. خداوند سود ربا را نابود می‌گرداند و صدقات را افزونی می‌بخشد و کافران گناه کار را دوست ندارد.» بقره / ۲۷۶ – ۲۷۵ همچنین آیات۲۷۸ - ۲۷۷

هر انسان آگاه و منطقی با در نظر گرفتن انطباق قرآن با واقعیّت‌ها و پذیرش رسوم و قوانین قوم عرب، به این نتیجه خواهد رسید که اگر خداوند ویژگی‌های فکری، روحی، روانی، رسوم، فرهنگ و قوانین اجتماعی آن‌ها را در نظر نگرفته بود و پیام خود را بدون در نظر گرفتن این ویژگی‌ها برای گیرندگان اصلی خود (همان اعراب ساکن در جامعهٔ عرب به هنگام ظهور اسلام) نازل می‌کرد هیچ کسی به آن تمایل نشان نمی‌داد و به دین اسلام گرایش پیدا

[۱] - دراز، الربا فی نظر قانون الاسلامی، صص ۱۲ - ۱۱

نمی‌کرد. چون با روحیّات و نظام فکری و فرهنگی و اجتماعی آن‌ها در تضاد بود. در عمل چنین پیامی قصد نابود کردن همهٔ شاخصه‌های انسانی و اجتماعی آن‌ها را داشت. طبیعتاً هیچ کس به چشم یک پیام مثبت و خیرخواهانه به آن نگاه نمی‌کرد و حاضر به پذیرش آن نبود.

درحالی که خداوند بسیارحکیمانه واقعیّت‌های فرهنگی، اجتماعی و رسوم و قراردادهای آن جامعه را پذیرفت و وضعیّت و شرایط گیرندگان پیام خود را که در آن چارچوب فرهنگی و اجتماعی زندگی می‌کردند در نظر گرفت. کلام الهی خود را با آن واقعیّت‌ها منطبق نمود، احکام و قوانین و رسوم مثبت موجود در جامعهٔ عرب را پذیرفت، پتانسیل‌های مثبت موجود از جمله حق ارث زن را تقویت کرد و احکام و قوانین نادرست را از عرصهٔ جامعه حذف نمود. با نگرش و جهان‌بینی الهی که به آنان بخشیده بود، شالوده و بنیان یک نظام پویا، سالم و توانمند را در دنیای آن روز پی‌ریزی کرد. به دلیل این نگرش الهی مثبت و انطباق با فرهنگ و جامعهٔ عرب بود که اعراب به سرعت جذب کلام خدا شدند و آن را از آن خود و متعلّق به خود، متعلّق به نظام فرهنگی و اجتماعی خود دانستند.

فصل چهارم

صدور احکام و جایگاه آن‌ها

چرا خداوند به صدور احکام پرداختند؟

نظام حاکم در عربستان نظام قبیله‌ای بود و قبایل، منافع، مصالح و گاهی قوانین مخصوص به خود را داشتند. افراد هم تابع منافع قبیلهٔ خود بودند و بقا و ماندگاری خود را در بقا و پایداری قبیله می‌دانستند. بنابراین در همهٔ احوال تابع رسم و رسوم قبیله بودند و از آن حمایت می‌کردند. چون مصلحت و منافع قبایل مختلف تضاد پیدا می‌کرد و چون قوم عرب بسیار متعصّب بودند همهٔ به قبیله، آداب و رسوم خود افتخار می‌کردند، رسم و قانون قبیلهٔ خود را برتر از هر راه رسم و قانون می‌دانستند. بنابراین در خیلی از موارد در میان قبایل، در مورد میزان احکام خاص از جمله: دیه، فدیه و... اتفاق نظری وجود نداشت.

پیامبر اسلام در مکه رهبری دینی و معنوی و در مدینه علاوه بر آن، رهبری اجتماعی و سیاسی را هم به عهده داشت. در زمانی که پیامبر در مکه بود همهٔ اعراب ساکن مکه مشرک و مسلمان بر اساس رسم و قانون قبیلهٔ قریش عمل می‌کردند و مسلمانان از پیامبر انتظار دخالت در مسائل اجتماعی را نداشتند چون رهبری سیاسی و اجتماعی جامعه در اختیار سران قریش بود اما بعد از این که پیامبر به مدینه هجرت کردند عهده‌دار رهبری سیاسی و اجتماعی نیز شدند، طبیعتاً برای مسلمانان در مورد نحوهٔ تعامل با موضوعات مختلف:

احکام، رسوم، مناسک و قوانین گذشته، پرسش‌هایی پیش می‌آمد که انتظار داشتند نظر خدا، رسول را دربارهٔ آن‌ها بدانند. خداوند هم بر اساس واقعیّات و احکام موجود در جامعهٔ عرب، احکام و دستورات را صادر فرمودند.

این احکام دو دسته بودند: دسته اول احکامی بودندکه پیش از این صادر نشده بود و برای اولین بار در جامعهٔ عرب صادر می‌شد که به آن‌ها احکام تأسیسی گفته‌می‌شود؛ مانند: حکم خداوند در واجب کردن نماز، روزه، زکات و تحریم شراب، گوشت خوک و...

دستهٔ دوم احکامی بودند که در جامعهٔ عرب وجود داشتند قرآن با توجّه به کارکرد مثبتشان در جامعه با دیدی مثبت و نگرشی باز آن‌ها را پذیرفت. به این احکام امضایی گفته می‌شود مانند حکم قصاص، قطع دست دزد، ارث، ازدواج، طلاق، دیه، جزیه و...[1] که به تفصیل آن‌ها را توضیح دادیم.

صدور این احکام چند فایدهٔ مهم داشت. اول این که احکام و دستورات تاسیسی بویژه امضایی متناسب با واقعیّت‌ها و نیازهای زندگی اجتماعی آنان به وجود آمده بود. فایدهٔ دوم که بسیار اساسی و کلیدی بود ایجاد وحدت رویّه در برخورد با احکامی بود که در قبایل مختلف عرب وجود داشت. هرچند که قبایل عرب در موضوعات مختلف همان احکام و قوانینی را داشتند اما معیار و میزان مشخصی برای حکم در میان قبایل مختلف وجود نداشت؛ مثلاً دیه که میزان آن از پنج تا صد شتر (گاهی هزار شتر برای پادشاهان و بزرگان) در قبایل مختلف متغیر بود. در نتیجه در مورد میزان اتفاق نظر وجود نداشت. ضروری به نظر می‌رسیدکه مسلمانان علاوه بر اتّحاد و یکدستی در مسائل معنوی و اصول اساسی ادیان « توحید، نبوت و معاد » در عرصهٔ زندگی اجتماعی، احکام و قواعد آن هم به شیوه‌ای هماهنگ و یک‌دست عمل کنند تا وحدت همه‌جانبه صورت گیرد. هرچند که این احکام مسبوق به سابقه بودند اما چون خود احکام، حدود و میزان آن به وسیلهٔ خداوند تأیید می‌شد موجب اتّحاد همه جانبهٔ قبایل شد و آن‌ها را از آشفتگی و اختلاف نظر خارج کرد. در سایهٔ کلام خدا از تشتُّت و پراکندگی رهایی یافتند و به یکپارچگی معنوی سیاسی و اجتماعی دست پیدا کردند و به سوی خلق یک تمدن جدید گام برداشتند. با درایت و

[1] - محقق داماد، قواعد فقه، ج ۱، ص ۷ - ۶

دستورات حکیمانه خداوند در هدایت و جهت‌دهی به جامعهٔ عرب، این واقعیّت بزرگ تحقق پیدا کرد..

نکتهٔ مهم و قابل ذکر آن است که در میان ادیان توحیدی دو دین اسلام و یهودیّت دارای احکام و شعائر بیشتری هستند. به ویژه در دین یهود این موضوع بیشتر به چشم می‌آید. در مورد مسلمانان این مسئله ناشی از همان زندگی قبیله‌ای در جامعهٔ عرب هنگام ظهور اسلام و در مورد قوم یهود وجود اسباط و گروه‌های دوازده‌گانه در میان قوم بوده‌است. خداوند برای ایجاد اتفاق‌نظر و جلوگیری از اختلاف قبایل یا گروه‌ها و دسته‌ها، احکام اجتماعی را به خاطر نیازها و ضرورت‌ها صادر فرمودند. چون در خاستگاه اسلام و یهود، قبایل، گروه‌ها و دسته‌ها هر کدام به شیوه خود عمل می‌کردند. برای جلوگیری ازتشتُّت و اختلاف‌نظر، صدوراحکام در زمینه‌های مختلف یک ضرورت بوده‌است.

احکام و شعائر دینی در مسیحیّت زیاد نیست و این موضوع می‌تواند دو دلیل داشته‌باشد:

۱ - حضرت عیسی برای اصلاح نگرش و جهان بینی یهودیان و هدایت آن‌ها مبعوث شد. یکی از موضوعات مهمی که با آن مخالف بود همان توجّه به ظاهر دین و احکام و شعائر در یهودیّت بود.

۲ - زادگاه دین مسیح سرزمین فلسطین است و مردم در آن‌جا به صورت قبیله‌ای زندگی نمی‌کردند. تمدن و شهرنشینی در آن‌جا رایج بود و زیر نظر امپراطوری روم اداره می‌شد. بنابراین برای ادارهٔ جامعه، قواعد و قوانین مشخصی وجود داشت‌که حدود و ثغور آن مشخص بود در نتیجه حضرت عیسی به امر خدا تمام تلاش خود را صرف اصلاح نگرش‌ها کرد و به احکام اجتماعی نپرداخت. آن گونه که یهودیّت و بعدها در اسلام به دلیل ضرورت به آن پرداخته شده‌است. چون خاستگاه مسیحیّت، جامعه‌ای با قوانین و قواعد مشخص بود و تشتُّت و پراکندگی در آن وجود نداشت.

فرعی بودن احکام و عدم ضرورت اجرای آن

همان‌گونه که گفته شد اصل و اساس ادیان توحیدی مشخص نمودن مبدأ حیات و ایمان به وجود آفریدگاری تواناست که همه پدیده‌های جهان را با قدرت بی پایان خود به وجود آورده‌است. مهمترین هدف اساسی دین این است انسان بداند که خالق و آفریننده‌ای او را آفریده‌است، مبدأ همه چیز از جمله انسان اوست تا در مورد ریشه و اساس خود دچار سردرگمی و انحراف نشود. همچنین ایمان آوردن به این‌که کاروان زندگی انسان هدف خاصی را دنبال می‌کند. انسان در عرصهٔ جهان بیهوده و بی هدف نبوده و نباید باشد و مقصد کاروان بازگشت رسیدن به مبدأ نظام هستی است. ایمان به معاد انسان را از پوچی و بیهودگی و بی‌هدفی بیرون می‌آورد، هدف غایی و نهایی خلقت انسان را به او نشان می‌دهد. همچنین ایمان و باور به پیامبرانی است که به دلیل ارتباط با مبدأ خلقت، انسان‌ها را از مقصد حیات انسانی آگاه و در این مسیر او را راهنمایی می‌کنند.

اصل و اساس ادیان دادن نگرش درست به انسان و آگاه کردن او از راز خلقت و هدف آن است. برای رسیدن به هدف می‌بایست که ویژگی الهی و انسانی خود را به طورکامل نمایان و شکوفا سازد تا به کمال انسانی خود برسد و لیاقت رسیدن به سرچشمهٔ کمال را پیدا کند. پس این اهداف در قالب توحید، نبوت و معاد به عنوان اصول دین شناخته شده‌اند و آن‌چه که به عنوان فریضه بر مؤمن واجب شده‌است وسیله‌ای در جهت رسیدن به اهداف دین و رساندن به نقطه کمال وجودی او بوده تا شایستگی حضور در بارگاه خداوند را پیدا کند. بنابراین مؤمنان باید جهت تحقّق سه اصل اساسی دین متناسب با درک و دانش زمان خود کوشا باشند.

اما در زمینهٔ احکام اجتماعی باید گفت این احکام به هیچ عنوان جزو اصول سه‌گانه دین نیستند و به آن اندازه اهمیّت ندارند. وسیلهٔ رسیدن به کمال و سر چشمهٔ خلقت نیستند. احکام قراردادهایی هستند که برای ادارهٔ امور اجتماعی انسان کاربرد دارند و پیوند مستقیمی با اساس دین ندارند، پلی به سوی معنویّت تلقی نمی‌شوند. این احکام، اصل، اساس و خط قرمز دین محسوب نمی‌شوند. چون با تغییر ساختار جوامع، روابط و مناسبات انسانی زمینهٔ اجرایی خود را از دست داده و می‌دهند و قابلیّت اجرایی همیشگی ندارند و نمی‌توانند احکامی ابدی باشند. همان گونه که در فصل‌های پیش مشاهده نمودید به همین دلیل در

ادیان توحیدی این احکام با هم تفاوت دارند. چون بستر و خاستگاه آن‌ها که جوامع انسانی بوده به دلیل گذشت زمان دچار تغییر شده‌اند.

برای اثبات ابدی نبودن احکام، دلایل مختلفی را می‌توان ذکر کرد که آن‌ها را در قالب دو دستهٔ اصلی بررسی می‌کنیم:

۱- دینی
۲- عقلی

دلایل دینی

منظور دلایلی است که به استناد روند ظهور ادیان و نحوهٔ صدور احکام در دین که تحوّلات جوامع را پذیرفته و با آن هماهنگ شده، می‌توان ابدی نبودن احکام را ثابت کرد:

۱ - روند تکاملی ادیان

انسان‌ها از فطرتی خداجو برخوردار بوده‌اند. به همین دلیل همیشه به دنبال پیدا کردن معبود خود بوده‌اند. آن‌ها به تناسب توان، ظرفیّت ذهنی، میزان شناخت و آگاهیشان معبود خود را جستجو کرده‌اند. زمانی ستارگان و عناصر طبیعت را پرستش کرده‌اند،[1] زمانی بت‌ها را پرستش نموده‌اند.[2] به تدریج با تغییر ظرفیّت ذهنی و افزایش میزان آگاهی، فطرت خداجوی آن‌ها در چارچوب ادیان سر و سامانی پیدا کرد. خداوند برای هدایت انسان‌ها از میان آنان پیامبرانی را برگزید تا به وسیلهٔ آن‌ها معبود حقیقی را به مردم معرفی نماید. به طور قطع این معرفی و شناساندن خدای یکتا به مردم بر اساس توان و ظرفیّت فکر و درک مردم آن دوران بوده‌است. مردم هر دوره‌ای با توجّه به توانایی فکری، وجودی و دانش خود تصوّری از خداوند داشته‌اند. پیامبران آن ادوار هم با توجّه به این واقعیّات موظف به شناساندن خدای واحد، هدف نظام خلقت، مقصد و سرانجام آن شدند. به این ترتیب هر چه نسل‌های انسانی به دستاوردهای فکری و عقلی و دانش بیشتری دست می‌یافت، تعالیم دینی هم کامل‌تر می‌شد. تا بالاخره با آمدن ادیان توحیدی یهود، مسیحیّت به مراحل پایانی

---

[1] - ر.ک: ثاقب فر، دین مهر در جهان باستان، ص ۸۱ و هوک، اساطیر خاورمیانه صص۴۶- ۲۳ و هادی، شناخت اسطوره‌های ملل، ۳۷۳-۳۴۸ و هارت، اسطوره‌های مصری، ص ۲۲-۸

[2] - ر. ک: فهد، خدایان شبه الجزیره

نزدیک شد. با آمدن اسلام تعالیم اساسی ادیان یعنی توحید، نبوت و معاد در چهارچوب زمان نزول کامل شد.

خداوند با در نظر گرفتن روند تکاملی انسان و شرایط و محدودیّت‌های جوامع انسانی، ادیان را به تدریج کامل کرد و متناسب با ظرفیّت و توان هر دوره‌ای پیامبری را با تعالیمی که از تعالیم پیامبران گذشته کامل‌تر و نسبت به تعالیم پیامبران بعدی ناقص بود، فرستاده‌است. دلیل اصلی این روند طولانی و تدریجی، ظرفیّت‌های ذهنی و محدودیّت‌های جامعه انسانی بوده‌است. در غیر اینصورت خداوند می‌بایست تعالیم الهی خود را با فرستادن یک پیامبر نازل می‌کرد و دیگر نیازی به فرستادن پیامبران و کتاب‌های‌آسمانی مختلف نمی‌داشت. در حالی که بر اساس شرایط انسان ، ظرفیّت، توان درک او و جامعهٔ انسانی، پیامبران مختلفی انسان‌ها را هدایت کرده‌اند و این هدایت‌ها ادامه پیدا کرده تا سرانجام در قالب کتاب‌های آسمانی تورات و انجیل و قرآن مکتوب شد و قالب و شکل کاملاً مشخصی به خود گرفت.

همان‌گونه‌که در بررسی روند تکاملی تورات و انجیل ملاحظه نمودید به دلیل رشد تدریجی انسان و اختلاف سطح جامعهٔ زمان نزول تورات با جامعهٔ زمان نزول انجیل، قوانین، آداب، رسوم و ظرفیّت‌های متفاوت آن دو، مهمترین پیام ادیان یعنی توحید، نبوت و معاد متناسب با سطح و ظرفیّت آن جوامع ارائه شده‌است و با وجود نقص‌هایی که در این پیام‌های اساسی دیده می‌شود روند تکاملی رو به جلو و متناسب با رشد جامعه بوده‌است و از دورهٔ نزول تورات تا زمان نزول انجیل مسیر کمال را پیموده‌است. بنابراین علت اصلی نیاز به نزول وحی جدید در زمان حضرت عیسی رشد جامعهٔ انسانی و ظهور و بروز نیازها و خواسته‌ها و شرایط نو بوده که خداوند با درایت و حکمت خود و با نزول مجدد وحی پاسخگوی آن شرایط جدید بوده‌است. دلیل اصلی بعثت پیامبران در یک روند ادامه دار، واقعیّت رشد تدریجی انسان و جامعهٔ انسانی بوده‌است.

ذکر این نکته ضروری است که آیاتی که در قرآن به تحریف تورات اشاره کرده‌است، منظور تحریف در متن تورات یا انجیل نبوده بلکه افرادی به صورت روایی و شفاهی آن را با تحریف برای دیگران باز گو کرده‌اند: « همانا گروهی از آنان هستندکه به (تلاوت) زبان خود را چنان می‌گردانند که گمان کنید (آنچه می‌خوانند) کلام خداست در حالی که آن از خدا نیست و ادعا می‌کنند که آن از جانب خداست و بر خدا دروغ مـی‌بندند و خودشان هم می‌دانند.» آل عمران / ۷۸

آیاتی دیگری هم که به تحریف اشاره کرده‌است بر تحریف در متن تورات یا انجیل اشاره ندارد بلکه به تحریف در نقل و روایت اشاره دارد.[1] حتی اگر پیش از ادیان ابراهیمی تعالیم پیامبران به دلیل مکتوب نشدن یا در زمان تورات و انجیل به دلیل دیر مکتوب شدن به صورت سهوی یا گاهی عمدی به صورت جزیی تحریفی صورت گرفته باشد، این موارد جزیی در حدی نبوده‌است که هدف و رسالت کتاب آسمانی را مخدوش سازد. مطمئناً دلیل اصلی نزول پی‌درپی وحی و بعثت پیامبران مسئلهٔ تحریف نبوده‌است. چون پیام اصلی کتب آسمانی یعنی توحید، نبوت ومعاد با فراز و فرودهایی رو به پیشرفت و تکامل بوده و حتی از نظر خداوند احکام تورات الهی است و قرآن به آن اشاره فرموده‌است: « چگونه تو (پیامبر) را داور قرار می‌دهند با آن که تورات نزد آن‌هاست و در آن حکم خداوند آمده‌است.» مائده / ۴۳ و یا اشاره قرآن که به همهٔ مسلمانان و اهل کتاب پیام می‌فرستد که: « بگو ای اهل کتاب بیایید بر سر سخنی که میان ما و شما یکسان است و آن این است که جز خدا را نپرستیم و چیزی را شریک او نگردانیم و برخی از ما برخی دیگر را به جای خدای یگانه نپذیرد. پس اگر از دعوت روی گردانند، بگویید گواه باشید که ما منقاد (اوامر خدا) هستیم.» آل عمران / ۶۴

حدود بیست آیه در تصدیق تورات و انجیل نازل شده‌است: « و تورات را که پیش از من نازل شده تصدیق می‌کنم.» آل عمران / ۵۰ یا « ای کسانی که کتاب به شما داده شده به آنچه نازل کرده‌ایم که تصدیق کنندهٔ چیزی که با شماست ایمان بیاورید.» نساء / ۴۷

وجود هدف مشترک و پیام‌های اساسی مشترک، داستان‌ها و احکام نزدیک به هم و گاهی مشترک نشانه این واقعیّت است که تحریف دلیل اصلی نزول مجدد وحی نبوده‌است بلکه این موضوع به دلیل روند رشد تدریجی انسان‌ها و تغییر نگرش آن‌ها در تمام ابعاد فکری و انسانی و اجتماعی بوده‌است. این واقعیّت تأییدی بر نظریهٔ آسمانی - زمینی بودن وحی است که اندیشهٔ محوری این کتاب است.

اکنون پرسش بسیار مهم این است با توجّه به این که روند رشد تدریجی انسان همیشگی است چگونه روند هماهنگ شدن اندیشه، تفکّر، تعالیم الهی و احکام اجتماعی با ظرفیّت وجودی انسان و جامعه‌ای که در آن زندگی می‌کرده تا زمان آخرین رسالت ادامه پیدا کرد

---

[1]- نقد مستندات قرآنی نظریه تحریف کتاب مقدس، محمد بهرامی، پژوهش‌های قرآنی ۱۳۸۲ شماره۳۳ همچنین تحریف تورات و انجیل از دیدگاه قرآن معرفت ۱۳۸۸ شماره ۱۴۳

اما با آمدن دین اسلام این روند به پایان رسیده‌است؟ چگونه ممکن است که انسان‌های دوران پس از آخرین دین توحیدی «اسلام» دیگر نیازی به هماهنگ کردن اندیشه، تعالیم دینی و احکام اجتماعی با توان و ظرفیّت خود و شرایط اجتماعی‌شان نداشته‌باشند؟ یک طرف این معادله نادرست است: از یک سو انسان و جامعهٔ انسانی همیشه و تا زمانی که بر روی کرهٔ خاکی زندگی می‌کند رو به تکامل حرکت می کند و به صورت تدریجی و اکتسابی در تمام زمینه‌ها رشد می‌کند و از سوی دیگر اندیشه و تفکّر الهی (دین) و احکام را تکامل یافته تصوّر و راه را بر هرگونه تغییر مسدود کرده‌اند. این معادله‌ای‌ست که یک طرف آن نامتوازن است و نتیجهٔ مثبتی به همراه نخواهد داشت. درست و منطقی نیست که برای انسان و جامعه که همیشه در حال تغییر و تکامل است دستورات، تعالیمی و احکامی ثابت و ابدی صادر شده‌باشد. زیرا همان‌گونه‌که می‌بینیم و می‌دانیم خداوند با لحاظ کردن روند رشد تدریجی جامعهٔ انسانی، تعالیم و احکام خود را به تدریج و در درازای هزاران سال صادر کرده‌است. در واقع ما اکنون با نهایی اعلام کردن آن‌ها، واقعیّت رشد تدریجی انسان و جامعهٔ انسانی را نادیده گرفته‌ایم و با این کار، آن دستورات و تعالیم را به خطوطی قرمز تبدیل کرده‌ایم که با روند تکامل تدریجی انسان و جامعه تضادهای شدید پیدا کرده‌اند و سد راه رشد و تکامل شده‌اند و می‌شوند. روند نزول تدریجی تکامل ادیان به دلیل روند تدریجی رشد و تکامل انسان بوده‌است و چون رشد و تکامل انسان متوقف نمی‌شود پس نباید روند رشد و تکامل اندیشهٔ دینی و احکام آن متوقف شود.

فرستادن آخرین پیامبر و آخرین دین از سوی خدا برای انسان به این مفهوم نبوده و نیست که پیروان آن به صورت یکسان و بدون تغییر در همهٔ زمان‌ها، تعالیم واحکام آن را اجرا کنند بدون آن که دربارهٔ آن‌ها و تفکّر دینی که پشتوانه آن‌ها بوده‌است، تعقّل کنند و آن‌ها را با واقعیّات جامعه و زندگی خود هماهنگ نکنند. بدون شک دلیل اصلی ختم سلسلهٔ پیامبران و فرستادن تعالیم الهی در همین واقعیّت نهفته‌است که انسان به مرحله‌ای از عقلانیّت رسیده‌است که می‌تواند بدون این‌که نیازی به وحی مجدد داشته باشد میان تکامل تدریجی خود و تکامل اندیشه دینی تعادل برقرار کند و تعالیم، احکام و اندیشه دینی را با روند تکاملش در عرصه‌های مختلف، عقل، علم، اجتماع و فرهنگ هماهنگ سازد.

متأسفانه عالمان دینی تصوّری از نیاز به تکامل نگرش دینی ندارند و در چهارچوب‌های بسته و افکار محدود گذشته زندگی می‌کنند و موجب رکود اندیشه دینی شده‌اند. زیرا

نتوانسته‌اند بر اساس تعالیم الهی، نگرش و دید تازه‌ای منطبق با واقعیّات امروز، ارائه دهند و همراه با پیشرفت علوم و جوامع انسانی نگرش و احکام دینی را به روز نمایند. آن‌ها بر اساس نگاه فقهی، تنها مردم را به امور جزئی و انجام عبادات و اجرای احکام دعوت کرده‌اند. یهودیان بیش از سه هزار سال، مسیحیان دو هزار سال و مسلمانان هزار و چهار صد سال تلاش کردند که احکام دینی و اعمال عبادی را انجام دهند بدون این که هیچ گونه تغییری در نگرش دینی آن‌ها دیده شود که منجر به تغییر و تحوّلاتی اجتماعی گردد.

۲ - روند تدریجی صدور احکام در اسلام

در اسلام پذیرش و تأیید احکام موجود در جامعه (احکام امضایی) و صدور احکام جدید (تأسیسی) بر اساس واقعیّت‌ها و نیازها در یک روند تدریجی صورت گرفته‌است. در زمان نزول قرآن کریم واقعیّت‌های جامعه و ضرورت‌ها مبنای صدور آیات و احکام قرار گرفت و آیات احکام در هنگام ضرورت و برای رفع ابهامات و مشکلات، در فاصله بیست و سه سال بعثت پیامبر نازل شد. نکتهٔ جالب توجّه این است که در مواردی صدور حکم در چند مرحله صورت گرفته تا سرانجام در حکم آخر موضوع نهایی شده‌است. این حقیقت در صدور حکم شراب، قمار و همچنین تحریم ربا کاملاً مشخص است. احکام آن‌ها در یک روند تدریجی که مطابق با نیاز و شرایط بود در زمان مناسب صادر شده‌است.

پذیرش احکام موجود در جامعه و روند تدریجی صدور حکم در اسلام الگوی مناسبی برای پذیرش واقعیّت‌های جامعه امروز و صدور حکم بر اساس آن‌ها است. نکته‌ای که دقّت و توجّه بیشتری را می‌طلبد این است که در فاصلهٔ کوتاه بیست و سه سال نیازها، ضرورت‌ها و پرسش‌های مختلفی مطرح شده و قرآن با نگرش الهی بر حسب واقعیّات به آن‌ها پاسخ داده‌است. شراب، قمار یا ربا در چند مرحله و با صدور چندحکم تحریم شده‌است. این موضوع بیانگر این واقعیّت است که در مورد یک موضوع مشخص در فاصله صدور حکم اول تا صدور حکم آخر چند بار ضرورت جدید پیش آمده که نیاز به صدور حکم تازه داشته است. با این توصیف چگونه ممکن است که در دوران بسیار طولانی پس از نزول، نیاز، ضرورت و پرسش‌های تازه‌ای شکل نگیرد و نیاز به صدور احکام جدید متناسب با واقعیّت‌های روز وجود نداشته باشد؟! همهٔ ما آشکارا می‌بینیم که شرایط دگرگون شده‌است، ضرورت‌ها و پرسش‌های بسیار اساسی جدیدی مطرح شده و می‌شود که نیازمند پاسخگویی

بر اساس واقعیّت‌ها است. به‌طوری که باید از لحاظ منطقی، وجدانی و از نظر افکار عمومی قابل قبول باشد. بنابراین شرایط و مقتضیّات زمان موجب شده‌است که در صدر اسلام، صدور احکام روند تدریجی داشته‌باشد و چون این بستر تغییر همیشه موجود است مقتضیّات و شرایط متغییر هستند پس باید امروز هم متناسب با آن‌ها، حکم و قانون صادر نمود.

۳ - ناسخ و منسوخ

« آنچه از آیات را نسخ می‌گردانیم یا به تأخیر می‌اندازیم بهتر از آن یا مانند آن را می‌آوریم. آیا نمی‌دانید که خداوند بر همه چیز تواناست. آیا نمی‌دانی که آنچه در آسمان و زمین وجود دارد؛ ملک خداوند است و برای خداوند یار و یاری دهنده وجود ندارد.» بقره / ۱۰۷ - ۱۰۶

در مورد شأن نزول آیه گفته شده که وقتی قبلهٔ مسلمانان تغییر یافت یهودیان ایراد گرفتند که چرا پیامبر قبله را تغییر داد. این آیات در مورد تأیید تغییر قبله و پاسخ به مخالفان نازل شد.[۱]

همهٔ فرق اسلامی به ناسخ و منسوخ اعتقاد دارند. هیچ گروهی مخالفتی با وجود ناسخ و منسوخ ندارد. از گذشته ناسخ و منسوخ را به سه دسته تقسیم کرده‌اند:

۱ - آیاتی که تلاوتشان نسخ شده اما حکمشان باقی است.

۲ - آیاتی که حکمشان نسخ شده اما تلاوتشان باقی است.

۳ - آیاتی که هم حکم و هم تلاوتشان نسخ شده‌است.

نگرش عالمان دینی فرق مختلف اسلامی نسبت به پذیرش همهٔ اشکال مختلف نسخ متفاوت است. بعضی از این گونه‌های نسخ مورد پذیرش همه قرار نگرفته‌است.[۲] اما در هر صورت همهٔ آن‌ها به وجود ناسخ ومنسوخ در قرآن باور دارند.

---

[۲] - مکارم شیرازی، تفسیر نمونه، ج ۱ ص ۳۸۸ و تفسیر ...

[۲] - داورپناه، انوار العرفان فی تفسیر قرآن صص ۴۷۱ - ۴۵۵ و تفسیر المیزان، علامه طباطبایی و سید قطب، فی ظلال قران و تفاسیر دیگر

آیات ناسخ و منسوخ در شماری از سوره‌های قرآن وجود دارد. در مورد تعداد دقیق آیات اتفاق نظر وجود ندارد.[1] با آن که دانشمندان علوم قرآنی متفق گشته‌اند که نسخ تنها در دایرهٔ احکام روی می‌دهد اما برخی از آنان محدودهٔ نسخ را چنان وسعت می‌دهند که شامل آیاتی که محتوای آن‌ها امر و نهی هم نیست، می‌شود

در هر صورت پرسش مهم و اساسی دربارهٔ ناسخ و منسوخ این است با وجود این که همه به علم و آگاهی خداوند بر حال، گذشته و آینده ایمان داریم چگونه ممکن است که خداوند حکمی را صادر نماید پس از گذشت مدتی آن حکم را منسوخ کند و حکم دیگری را جایگزین آن نماید. چرا در همان بار اول حکم نهایی را صادر نکرده یا چرا درنگ ننموده تا سر فرصت یکباره حکم نهایی صادر شده و دیگر نیازی به صدور حکم اول نباشد؟

بر اساس نظریهٔ آسمانی – زمینی بودن وحی، خداوند پیام خود را با شرایط و وضعیّت مخاطبانش هماهنگ نموده‌است. چون امور و احوال انسان و جامعه، ثابت، پایدار و شرایط زندگی همیشه یکسان و یکنواخت نیست و درحال تغییر بوده و خواهد بود بنابراین خداوند این واقعیّت‌ها را در نظر گرفته و احکام خود را صادر فرموده‌است. اگر حکمی را متناسب با شرایطی صادر نموده اما شرایط آن تغییر کرده خداوند حکم تازه‌ای متناسب با شرایط جدید صادر کرده‌است.

نکتهٔ مهم و قابل توجّه این است که ناسخ و منسوخ می‌تواند الگویی برای انسان امروز برای صدور احکام متناسب با واقعیّات باشد. زیرا در مدت کوتاه ۲۳ سال شرایط به گونه‌ای تغییر پیدا کرد که تناسب حکم با واقعیّات از میان رفت و خداوند آن حکم را منسوخ و حکم دیگری را که هماهنگ با تغییرات بود، صادر فرمودند. بیشتر از ۱۴۰۰ سال از نزول کامل قرآن و وفات پیامبر (ص) می‌گذرد شرایط اجتماعی تغییرات گسترده‌ای کرده‌است؛ جامعهٔ انسانی با پویایی به حیات خود ادامه می‌دهد این تغییرات و تحوّلات تا ابد به همین صورت ادامه پیدا می‌کند آیا عاقلانه و منطقی است که تحوّلات همه‌جانبهٔ دنیای امروز در عرصهٔ اندیشه، علم، فرهنگ، اجتماع و مناسبات انسانی را نادیده گرفت و به آن‌ها بی‌اعتنا بود؟ خداوند با پذیرش تحوّلات و نیازهای جدید جامعهٔ سنتی در فاصلهٔ زمانی کوتاه بیست و سه ساله که اصولاً تحوّل اجتماعی به ندرت در آن اتفاق می‌افتد احکام قبلی خود را منسوخ و حکم جدیدی را جایگزین آن کرد. ابداً هم در مورد واکنش مخاطبان دربارهٔ عدم ثبات در

---

[1] - ابو زید، معنای متن، صص ۲۲۳ – ۲۲۱ یا زلمی، مصطفی ابراهیم، رفع ابهام نسخ، صص۸۲-۷۶

بیان نظر و تغییر حکم، نگران نبوده چرا که مخاطبان شرایطی متغییر و ناپایدار داشتند و هنوز هم دارند. پس ما انسان‌ها هم با در نظرگرفتن همهٔ تحوّلات گسترده در مدتی طولانی ۱۴۰۰ ساله باید اجازه داشته باشیم احکامی و قوانین متناسب با واقعیّات زندگی خود صادر نماییم. چرا که خداوند خود این گونه عمل فرموده‌است. بی‌تردید حکمت وجود احکام ناسخ و منسوخ علاوه بر راه‌گشایی این آیات در زمان نزول، الگو بودن آن در دوره‌های بعد از نزول وحی است. مسلمانان باید به استناد این الگو و همگام با تغییرات، قوانین جدیدی را که با واقعیّات و تحوّلات هماهنگی دارد؛ جایگزین احکام قبلی نمایند.

۴ - محکمات و متشابهات

« اوست که کتاب قرآن را بر تو نازل کرده‌است. بخشی از آن آیه‌های محکمات است. آن‌ها اصل و اساس این کتاب هستند. بخشی دیگر آیه‌های متشابهات است. کسانی که کژی در دل‌هایشان وجود دارد برای فتنه‌انگیزی و تأویل به دنبال متشابهات می‌روند تأویل آن‌ها را جز خدا و کسانی که در علم راسخ هستند؛ نمی‌دانند راسخان در دانش می‌گویند: ما به همهٔ آن‌ها ایمان داریم و همهٔ آیات آن از سوی خداوند است و جز خردمندان کسی به آن آگاه نیست.» آل عمران / ۷

دانشمندان علوم قرآنی تفاسیر مختلف از محکمات و متشابهات ارائه داده‌اند که به چند مورد مهم آن اشاره می‌نماییم:

۱ - محکمات آن‌هایی است که دلایلش واضح و روشن است مانند دلایل وحدانیّت و قدرت و حکمت باری تعالی و متشابهات آیاتی است که شناختن و معرفتش محتاج به تأمل و تدبّر است.

۲ - محکمات آیاتی است که می‌توان از راه دلیل (آشکار یا پنهان) به آن دانایی پیدا کرد. پس از آن اطلاع قطعی حاصل نمود. متشابه آیاتی که علم به آن راهی ندارد؛ مانند: هنگام قیامت

۳ - محکمات آیاتی است که در تأویل آن هیچ اختلافی وجود ندارد. اما متشابه بر خلاف آن مورد اختلاف می‌باشد.

۴ - محکمات آیات ناسخ و متشابهات آیات منسوخ است.

۵ - مراد از محکمات آیات ۱۵۲ و ۱۵۱ سورهٔ انعام و مراد از متشابه آغاز سوره‌های قرآن است.

حداقل ده تعریف و تفسیر دیگر از محکم و متشابه ارائه شده، خوانندگان جهت اطلاع از آن‌ها می‌توانند به تفاسیر مختلف قرآن کریم مراجعه کنند.[1]

نکتهٔ مهم دیگر در این آیه اختلاف‌نظر دانشمندان اسلامی در مورد کسانی است که از تأویل این آیات آگاهی دارند. مفسرین شافعی و بیشتر مفسرین شیعه « واو » را عاطفه گرفته و می‌گویند راسخان در علم هم به تأویل متشابهات آگاهی دارند و گروه حنفیه در میان اهل سنت « واو » را استیناف دانسته‌اند و تنها خداوند را عالم به آن می‌دانند.[2]

تفاسیری که از آیات محکم و متشابه ارائه شده‌است بسیار متنوع و گاهی متضاد است. برای یک مؤمن مشخص نیست که کدام دسته از آیات جزء محکمات و کدام دسته جزء متشابهات است. اظهارنظرهای گوناگون و اختلاف‌نظر در مورد آن‌ها مانع از آن می‌شود که بتوان بر اساس نظم و ترتیب درست آن‌ها را دسته بندی و معرفی کرد. در نتیجه شک و شبهه در مورد تشخیص متشابه از محکم همچنان باقی مانده‌است.

در آیه ۷ سورهٔ آل عمران خداوند آیات قرآن را به دو دستهٔ محکم و متشابه تقسیم کرده‌است. آیات محکم را ام‌الکتاب نامیده‌است یعنی این آیات را اصل و اساس قرآن کریم دانسته‌است. بنابراین با توجّه به این‌که بیشتر آیات قرآن دربارهٔ توحید و نبوت و معاد و در پیوند با آن‌ها صادر شده‌است. پس باید پیام‌های محوری و اهداف اساسی را که خداوند به خاطر آن‌ها قرآن را نازل فرمود محکمات قرآن دانست؛ مانند: نشان دادن مبدا نظام هستی، تأکید بر یکتاپرستی و رسالت پیامبران و مقصد کاروان زندگی، تأکید بر ارزش‌های انسانی مانند: عدالت، مساوات، آزادگی که باید مؤمنان همیشه به آن ایمان داشته باشند و برای تحقق آن گام بردارند. اما با توجّه به واقعیّات جامعه و مناسبات انسانی در هر دوره تعبیر و تفسیر شوند و نمود عینی پیدا کنند تا این اصول به معنی واقعی اجرا شوند.

[1] - علامه طباطبایی، تفسیر المیزان،ج ۳، صص ۱۳۳ – ۳۳ همچنین داورپناه انوار عرفان فی تفسیری قرآن ج ۵ صص ۱۴۴ - ۸۵

[2]- علامه طباطبایی، تفسیر المیزان، ج ۳، صص ۱۰۵ – ۹۱

اما متشابهات آیاتی هستند که دربردارندهٔ پیام‌های اساسی و محوری قرآن نیستند و بالطبع تأمین کنندهٔ اهداف اساسی تفکّر الهی محسوب نمی‌شوند؛ مانند: آیاتی که دربارهٔ چگونگی و ماهیّت عالم ملکوت مجردات همچنین زمان وقوع قیامت می‌باشد. که تشخیص کیفیّت آن‌ها از توان عقل انسان بالاتر است، همچنین از نظر نگارنده احکام اجتماعی که اموری متغیّر هستند، زمینه و بستر ثابتی ندارند و نمی‌توان همیشه به یک شیوه با آن‌ها برخوردکرد باید جزء متشابهات دانست چون تغییر اوضاع زمینهٔ متشابه بودنشان را فراهم کرده‌است. بنابراین متشابهات بخشی از آیات قرآن را در بر می‌گیرد که به موضوعات و مسایل که برای انسان قابل درک نیست یا موضوعاتی که بستری متغیّردارند، اشاره دارد. پس احکام اجتماعی را که هم‌سنگ پیام‌های اساسی قرآن (توحید، نبوت، معاد، برقراری عدالت و ارزش های انسانی) نیست می توان جز متشابهات در نظر گرفت چون بستر آنها یعنی اجتماع تغییر کرده، لزوم و اجرای آن با چالش روبرو شده و ایجاد شک و شبهه کرده‌است. بنابراین می‌توان بر اساس شرایط، آن‌ها را به روز نمود بدون اینکه هیچ‌گونه آسیبی به نگرش دینی مسلمانان وارد نماید.

دلایل عقلی

دلایل عقلی، دلایلی است‌که یک انسان عادی هم بدون نیاز به استدلال‌های پیچیده با اندکی تامّل و تعقّل در موضوعات، شواهد و کنار هم قرار دادن آن‌ها می‌تواند به نتیجه برسد. برای اثبات ابدی نبودن احکام هم از همین شیوه استفاده شده‌است. به گونه‌ای که خواننده با خواندن مطالب و شواهد ارائه شده و تأمل در آن‌ها می‌تواند خود واقعیّت‌ها را درک کند و به نتیجه مطلوب برسد. اکنون این دلایل و شواهد را بررسی می‌نماییم:

۱- امضایی بودن احکام اجتماعی

همان‌گونه‌که در بخش‌های پیش گفته‌شد دسته‌ای از احکام که خداوند آن‌ها را صادر فرمودند در جامعه سابقه داشته‌است و اعراب پیش از اسلام در امور اجتماعی خود از آن‌ها استفاده می‌کردند. همه عالمان دینی، این احکام را امضایی می‌نامند و می‌دانند خداوند با توجّه به شرایط اجتماعی جامعهٔ عرب و کاربرد آن احکام در جامعه، آن‌ها را تأیید کرده‌است.

اکنون پرسش بسیار مهم این است که چه کسانی این احکام را در جامعهٔ عرب صادر نموده‌اند؟ آیا غیر از این است که واضع اصلی این احکام خود اعراب بوده‌اند و آن‌ها با تشخیص شرایط و نیازهای جامعهٔ خود برای ادارهٔ امور و حل مشکلات، آن‌ها را صادر نمودند و به این ترتیب در میان مردم به قانون و حکم تبدیل شدند. چرا باید احکامی را که انسان‌ها بر اساس واقعیّات و نیازهای جامعهٔ خود وضع کرده‌اند و خداوند با توجّه به هماهنگی‌شان با شرایط اجتماعی جامعهٔ عرب در هنگام بعثت پیامبر و نزول قرآن، آن‌ها را پذیرفته و تأیید نموده‌است کاملا آسمانی و الهی و غیر زمینی بدانیم و هاله‌ای از قداست دور آن‌ها بکشیم و امکان هیچ گونه تغییر و تحوّلی را برای آن‌ها تصوّر نکنیم؟! بدون شک الفاظ و کلمات این آیات احکام از خداوند بلند مرتبه است اما خود حکم و محتوا در جامعهٔ عرب دارای پیشینه و کاربرد بوده‌است و همهٔ عالمان دینی از امضایی بودن آن آگاه بوده و هستند. اگر خداوند آن احکام را که کاملاً متناسب با روحیّات و فرهنگ و اجتماع اعراب بود، تأیید نمی‌کرد چه احکامی را می‌توانست صادر فرماید که به راحتی اعراب مسلمان بپذیرند و میان احکام صادر شده خداوند و ساختار جامعهٔ خود تضاد و اختلافی نبینند. بدون شک خداوند، وضعیّت گیرندگان اصلی پیام خود را در نظر داشته‌است همان احکامی را که در جامعهٔ عرب

کاربرد داشت، صادر فرمودند. در صورتی که این گیرندگان اصلی آن را در تعارض و تضاد با ساختار جامعهٔ خود می‌دیدند به طور قطع نه‌تنها رغبت و تمایلی پیدا نمی‌کردند بلکه به شدت با آن مخالفت می‌کردند. اگر این مخاطبان راضی نمی‌شدند مطمئناً اسلام پا به عرصهٔ وجود نمی‌گذاشت و دیگر اسلامی وجود نداشت که امکان پذیرش آن برای نسل‌های بعدی فراهم شود. چون مخاطبان عامل اصلی گسترش دین بودند پس می‌بایست قرآن متناسب با شرایط آن‌ها باشد نه شرایط نسل‌ها بعدی. پس این واقعیّت را بپذیریم و بدانیم که احکام به تناسب شرایط و نیازهای جامعهٔ عرب صدر اسلام نازل شده‌است.

چون این احکام منشأ و خاستگاه انسانی و اجتماعی دارند، نمی‌توانند ابدی باشند. چنین تصوّری پیامدهای نامناسبی به همراه داشته و دارد. جامعهٔ عرب در صدر اسلام محدودیّت‌هایی داشته که همهٔ ابعاد زندگی آن‌ها را در برگرفته و در صدور احکام اجتماعی‌شان تأثیر گذاشته‌است. بنابراین احکام قرآن و همهٔ کتب آسمانی متناسب با شرایط زمان نزول صادر شده‌اند و با تغییر روابط و مناسبات انسانی و اجتماعی باید امکان تغییر داشته باشند. در غیر این‌صورت مردم با فاصله گرفتن احکام از واقعیّات روز، تضاد میان آن دو را درک می‌کنند و به سمت پذیرش واقعیّت‌های روز قدم برمی‌دارند. متأسفانه نتیجهٔ این اقدام آن خواهد شد که دین و احکام آن را عقب مانده و در تضاد با واقعیّت‌های زندگی اجتماعی می‌بینند و به تدریج به اصول اساسی دین هم با شک و تردید نگاه می‌کنند و این همان واقعیّتی است که امروز شاهد آن هستیم. پس ضروری است که منشأ انسانی داشتن احکام اجتماعی را بپذیریم و از ابدی تصوّر کردن آن‌ها خودداری کنیم.

۲- تناقض بزرگ

همان‌گونه که گفته شد و می‌دانیم جامعهٔ عرب پیش از اسلام یکی از عقب‌مانده‌ترین جوامع بشری در دنیای شناخته شدهٔ آن روزگار بود. عربستان میان دو امپراطوری ایران و روم قرار داشت. با وجود آن که این امپراتوری‌ها سرزمین‌های زیادی را زیر سلطهٔ خود داشتند اما وضعیّت بیابانی و طبیعت نامساعد عربستان مانع می‌شد که این دو قدرت بزرگ به آنجا لشکرکشی کنند و آن منطقه را هم تحت تصرف خود درآورند. در نتیجه ساکنان این سرزمین به خاطر کمبود امکانات زندگی و محروم ماندن از امتیازات یک جامعهٔ متمدن به ساختار زندگی قبیله‌ای خود ادامه دادند. تنها چیزی که برای آن‌ها ارزشمند بود و مایه

ماندگاری آن‌ها به شمار می‌آمد قبیله و پیروی از دستورات آن بود. ساختار قبیله‌ای مانع از به وجود آمدن یک جامعهٔ متحد و متمدن بود و در نتیجه تشتّت، پراکندگی و اختلاف نظر و تعصّبات بیش از حد نسبت به خانواده و قبیله در میان همهٔ آن‌ها وجود داشت.

جامعهٔ عرب پیش از اسلام با دو قدرت بزرگ زمان خود یعنی ایران و روم از هیچ لحاظی قابل مقایسه نبود: نه از لحاظ اعتقادات فکری و دینی و نه از لحاظ فرهنگ، شهرنشینی و ساختار اجتماعی. عقب‌ماندگی این جامعه تا اندازه‌ای بود که تمام مفسران و عالمان دینی اسلامی آن جامعه را جامعهٔ جاهلی نامیده‌اند. زیرا باورها و اعتقادات نادرست، تعصّبات بی‌مورد، ظلم و ستم، بی‌عدالتی در آن‌جا حکم‌فرما بود. عقب‌ماندگی جامعهٔ جاهلی نسبت به زمان خود همچنین دورهٔ بعد یعنی دورهٔ اسلامی واقعیّتی غیر قابل انکار است.

در آن جامعهٔ جاهلی احکام اجتماعی و جزایی وجود داشته که در هنگام ظهور اسلام چون متناسب با ساختار اجتماعی جامعه بود؛ از طرف خداوند در دین اسلام مورد پذیرش قرار گرفت و این احکام در جامعهٔ اسلامی هم اجرا شد.

اکنون پرسش بسیار مهم و اساسی تأمّل برانگیز این است که چگونه ممکن است احکام و قوانین اجتماعی جامعهٔ عرب پیش از اسلام که از عقب‌مانده‌ترین جوامع روزگار خود بوده‌است و به همین دلیل به جامعهٔ‌جاهلی معروف شده‌است به عنوان کامل‌ترین احکام اجتماعی جامعه انسانی برای زمان خود و همهٔ دوران‌های پس از آن، پذیرفته و در نظر گرفته شده باشد؟!

چگونه می‌توان بدون در نظر گرفتن تغییر ساختار جوامع و تغییر مناسبات و روابط انسانی و به تبع آن پیشرفت حقوق مدنی، احکامی ثابت و مشخص را در همهٔ جوامع و در همهٔ زمان‌ها تا ابد کاربردی دانست و آن را به مرحلهٔ اجرا در آورد که بر اساس ساختار، مناسبات اجتماعی و قبیله‌ای یک جامعهٔ جاهلی صادر شده بود؟ جامعه‌ای که در همان زمان صدور احکام نسبت به کشورهای مجاور خود نیز بسیار عقب‌مانده بود و در دنیای آن روز جامعه‌ای متمدن و پیشرفته به شمار نمی‌آمد.

نمی‌توان تصوّر کرد احکام اجتماعی یک جامعه قبیله‌ای عقب‌مانده، بهترین و مناسب‌ترین احکام برای حل مسائل اجتماعی و اداری در زمان حاضر و آینده باشد. این نظر نه پذیرفتنی است و نه قابلیّت اجرایی دارد. بلکه یک تناقض بزرگ است که ادعا شود احکام صادر شده

در یک جامعه عقب‌مانده، کامل‌ترین و بهترین احکام برای جوامع انسانی در همهٔ زمان‌هاست و جوامع پیشرفتهٔ امروز یا جوامع آینده باید از نظر ساختار اجتماعی احکام و قوانین، از قوانین و احکام جامعهٔ عقب ماندهٔ هزار یا هزاران سال گذشتهٔ جوامع دینی خواه یهود یا مسیح یا اسلام پیروی کنند.

پذیرش این تناقض موجب به هم خوردن معادلات و واقعیّات پذیرفته شده در مورد جامعهٔ عرب پیش از اسلام (جامعهٔ جاهلی) می‌شود چرا که اگر تصوّر شود احکام اجتماعی آن جامعهٔ جاهلی امروز، آینده و تا ابد درهمهٔ جوامع قابلیّت اجرایی دارد در واقع به این معنی است که جامعهٔ جاهلی، کامل‌ترین و پیشرفته‌ترین جامعه انسانی بوده چون احکام آن ابدی شده و همه جوامع بعدی هم موظف به اجرای آن می‌باشند که این امر خلاف واقعیّت‌ها و غیر قابل پذیرش است.

تنها وقتی احکام اجتماعی جامعه می‌توانست ابدی شود و برای همهٔ جوامع دوره‌های بعد قابل اجرا باشد که نخست آن جامعه و احکام اجتماعی و جزایی آن کامل‌ترین و آخرین نقطهٔ تکامل و پیشرفت جامعهٔ انسانی در دنیای مادی باشد. دوم آن‌که جوامع پس از آن به هیچ وجه به آن درجه از ترقی نرسند. سوم، افزون بر تأمین این دو شرط، ساختارهای اجتماعی و روابط و مناسبات انسانی جوامع بعد از آن جامعه به کمال رسیده به هیچ عنوان تغییر پیدا نکند، نه تغییر مثبت و نه تغییر منفی. تا همچنان احکام آن جامعه قابلیّت اجرایی داشته‌باشد.

واقعیّت‌های موجود به ما خاطر نشان می‌کندکه نه‌تنها جامعهٔ عرب پیش از اسلام کامل‌ترین جامعهٔ انسانی نبوده بلکه به جاهلیّت معروف است. ساختار اجتماعی، روابط و مناسبات انسانی جوامع بعد از آن هم ثابت و بدون تغییر نمانده‌است تا احکام آن جامعه در جوامع بعد از خود کاربرد داشته‌باشد. بنابراین عقل و منطق با توجّه به واقعیّت‌های موجود نمی‌پذیرد که احکام و قوانین آن جامعهٔ عقب‌مانده برای همیشه در همهٔ جوامع قابلیت پذیرش و اجرا را داشته باشد و همه این تغییر و تحوّلات نادیده گرفته‌شود. پس پذیرش احکام به عنوان احکامی ابدی برای همهٔ جوامع، غیر منطقی و غیرممکن است و تصوّر این که این احکام کامل‌ترین احکام هستند با واقعیّت عقب‌مانده بودن جامعه‌ای که این احکام از آنجا برخاسته‌است کاملاً در تناقض است.

۳- تضاد احکام ثابت با ظرفیّت تکامل انسان

پس از آفرینش انسان، روند پیشرفت و تکامل او آرام و تدریجی بوده‌است. ابتدا با زندگی انفرادی و غارنشینی شروع شده و بعد به سوی زندگی قبیله‌ای سپس به مرحلهٔ شهرنشینی رسیده‌است. اولین تمدن بشری در پنج هزار سال پیش در بین النهرین به نام سومر به وجود آمد. از آن زمان به بعد تمدن‌های مختلف پا به عرصه وجود گذاشتند و هرکدام پیشرفت‌هایی در زمینه‌های مختلف داشته‌اند. جامعه بشری این گونه روز به روز بالیده و به رشد همه‌جانبه ادامه داده‌است. البته درچند قرن اخیر به ویژه در صد سال اخیر روند تحوّلات بسیار سریع‌تر از دوران گذشته است به طوری‌که تغییر و تحوّلات زیادی صورت گرفته‌است.

با دقّت و بررسی پیشینهٔ زندگی انسان‌ها می‌بینیم خداوند انسان را موجودی هوشمند آفریده که قابلیّت رشد و تکامل دارد. این مسیر رشد و ترقی اکتسابی است و در اثر تلاش و کوشش انسان از طریق آزمون و خطا به بار می‌نشیند. این روند تا به امروز ادامه داشته و به طور قطع تا زمانی که انسان در دنیای مادی زندگی می‌کند ادامه خواهد داشت. زیرا خداوند این توانایی، قابلیّت رشد و تکامل تدریجی را به او بخشیده‌است.

حال این نکتهٔ بسیار تامل برانگیز است چگونه خداوند از یک طرف به انسان توان و ظرفیّت تکامل تدریجی بخشیده، از طرف دیگر برای او قوانین ثابت و ابدی صادر فرموده‌است. بخشیدن ظرفیّت رشد در تضاد کامل با ایجاد مانعی به نام قوانین ثابت است. انسان حقیقت بین نمی‌تواند به سادگی از آن چشم‌پوشی‌کند زیرا خداوند از توان و ظرفیّت رو به رشد و تکامل تدریجی انسان آگاه بوده‌است و می‌داند که این روند هیچگاه متوقف نشده و تا زمان حیاتش بر روی کره زمین ادامه پیدا می‌کند، این پیشرفت‌ها در عرصه‌های مختلف علمی و اجتماعی هم نمود پیدا کرده، مناسبات و روابط اجتماعی او را دچار تحوّل گسترده کرده و خواهد کرد.

پرسش بسیار مهم و اساسی و تامل برانگیز این است که چگونه خداوند بینا، آگاه و عالم که از این روند تکامل تدریجی انسان آگاه است برای ادارهٔ امور اجتماعی او و در همهٔ ادوار تاریخ، احکامی ثابت و مشخص و بدون تغییر را تعیین فرموده‌است که مربوط به یک جامعهٔ عقب مانده گذشته بوده‌است؟ انسان در مسیر رشد و تکامل خود مانند رودخانه‌ای خروشان است که مسیر پرپیچ و خم و طولانی را برای رسیدن به دریای تکامل خود طی می‌کند و مطمئناً

در این مسیر از حرکت باز نمی‌ایستد. چگونه ممکن است در مسیر رشد انسان در حال حرکت، مانعی به اسم قوانین ثابت و قدیمی ایجاد کرد و انتظار داشت که آن قانون متناسب و مفید برای او درهمهٔ جوامع و ادوار باشد؟ چگونه مظهر حکمت و دانایی، قوانین جوامع دوران نزول وحی را سد راه پیشرفت همه‌جانبه انسان کرده‌است؟ مطمئناً خداوند چنین اشتباه بزرگی را مرتکب نشده‌است.

اصرار بر این که خداوند احکامی مشخص و ثابتی را برای همهٔ ادوار تعیین فرموده‌است با حکمت و دانایی و عدالت خداوند منافات دارد و تصویر ناشایست از خدا ارائه می‌دهد. درست است که خداوند فرموده که: « همانا دین نزد خداوند اسلام است.» آل عمران / ۱۹ اما اسلام یک مکتب است که زیر ساخت آن یکتاپرستی، نبوت، معاد، عدالت، سلامت و... است. وجود احکام ثابت برای انسان دارای ظرفیّت تکامل در درجهٔ اول با عدالت خداوند در تضاد است و در درجهٔ بعد اجرای آن احکام در جوامعی که تغییر و تحوّل پیدا کرده‌اند با مشکل روبرو می‌شود و خود عامل بی‌عدالتی و موجب نارضایتی مردم می‌شود. خداوند هیچگاه در قرآن کریم به ابدی بودن احکام اجتماعی و جزایی اشاره نفرموده‌است. بلکه برداشت نادرست ازکتب آسمانی به ویژه قرآن کریم موجب شده‌است احکام اجتماعی آن‌ها ابدی تصوّر شود.

۴- عدم ایجاد نگرش نو با اجرای احکام و اعمال عبادی

خاستگاه احکام دینی، جوامع هنگام نزول وحی است و این احکام نمایانگر اوضاع حاکم بر آن جوامع است. این احکام محصول نگرش، طرز فکر، مناسبات و روابط اجتماعی آن جوامع است و بازتاب اندیشه‌ها، معیارها، مناسبات، فرهنگ و نحوهٔ رفتار اقوامی است که وحی در آن جا نازل شده و اندیشهٔ الهی با توجّه به محدودیّت‌ها در مواردی آن را تلطیف نموده‌است. اگر با دیدی واقع گرایانه بنگریم اجرای احکام دینی در بهترین حالت، جامعهٔ امروز را به جامعهٔ زمان نزول وحی بر می‌گرداند. اجرای احکام دین یهود به معنای یکسان پنداشتن جامعهٔ امروز با جامعهٔ هنگام نزول تورات است؛ در مورد مسیحیّت و اسلام هم اوضاع از همین قرار است.

اجرای احکام اسلامی که برخاسته از جامعهٔ قبیله‌ای عرب پیش از اسلام، مناسبات و فرهنگ حاکم بر آن است، نمی‌تواند نقشی در ایجاد نگرش جدید داشته باشد. برخلاف آنچه گروهی از مسلمانان می‌اندیشند بازگشت به دوران اسلامی و اجرای احکام، نه‌تنها جامعهٔ ایده‌آل و

مطلوبی را که با شرایط امروز سازگار باشد شکل نمی‌دهد بلکه جامعه را از لحاظ فکری، نگرشی، اجتماعی، احکام و قوانین به جامعهٔ صدر اسلام بر می‌گرداند همان گونه که می‌بینیم درحقیقت با نیازها، واقعیّات، نحوهٔ نگرش، احکام و قوانین مورد نیاز امروز بسیار فاصله دارد. در نتیجه نمی‌توان انتظار داشت که اجرای احکام نقشی در تولید نگرشی جدید متناسب با واقعیّات امروز داشته باشد.

حتی انجام اعمال عبادی هم نقشی در خروج دینداران و مسلمانان از رکود ندارد و نمی‌تواند نگرشی نو را ایجاد کند. انجام اعمال عبادی وظیفه مؤمنان و مسلمانان بوده و هست اما بعینه می‌بینیم یهودیان، مسیحیان و مسلمانان معتقد، اعمال عبادی خود را انجام داده‌اند. اما انجام اعمال حالت عادت و روزمرّه به خود گرفته و در بهترین حالت تبدیل به راز و نیازی لذتبخش میان مؤمن و مسلم با خداوند شده‌است. با وجود این که انجام اعمال عبادی ممنوعیّتی نداشته و ندارد و هر کس در عبادت آزاد بوده و هست اما انجام آن هیچ نقشی در دادن نگرشی نو به مسلمانان و مؤمنان نداشته‌است. نگرشی که به او اطمینان خاطر دهد به طوری‌که میان باور دینی خود با افکار، اندیشه‌ها و نگرش حاکم بر دنیا امروز تضادی احساس نکند.

۵- چالش‌های اجرای احکام در جوامع مسلمان امروز

شرایط، تحوّلات و انتظارات جدید، اجرای احکام کتب آسمانی را که برخاسته از شرایط جوامع گذشته بود با چالش‌های جدی مواجه کرده‌است. احکام اسلامی هم از این وضعیّت مستثنی نیستند. شکل‌گیری نظام حقوق بشر بر اساس واقعیّت‌ها در جوامع امروز و برابری انسان‌ها موجب شده که نگاه شمار زیادی از مؤمنان و مسلمانان به حقوق و احکام اسلامی تغییر کند، درست و عادلانه بودن آن‌ها را زیر سؤال ببرد و اجرای آن‌ها را در جوامع اسلامی با چالش، انتقاد و مخالفت‌هایی همراه کند. احکام اسلامی را در مواجه با جامعهٔ امروز و چالش‌های پیش روی آن می‌توان به سه دسته تقسیم کرد:

دستهٔ اول احکامی هستند که به دلیل تغییرات گستردهٔ اجتماعی، زمینه و نمود اجتماعی آن از میان رفته‌است و هیچ زمینهٔ کاربردی برای آن‌ها وجود ندارد. حکمی‌که دربارهٔ ازلام (تیرهای تفأل) و حرام بودن آن صادر شده (مائده / ۳) و همچنین پذیرش ماه‌های حرام (توبه ۳۷- ۳۶) به دلیل تغییر شرایط اجتماعی، فرهنگی و عدم وجود خارجی آن‌ها هیچ

کاربرد و معنایی ندارد. امروز تیرهای تفألی وجود ندارد؛ در نتیجه حکم آن خنثی، بی تأثیر و بی کاربرد شده‌است. از آن مهم‌تر، حکم قصاص است که دربارهٔ طبقه بردگان صادر شده، با پیشرفت جوامع و ملغی شدن نظام غیر انسانی برده‌داری، عملاً بخشی از حکم قصاص در آیه قصاص بقره / ۱۷۸ که قصاص برده در مقابل برده یا به مفهوم کامل‌تر آن برده در مقابل انسان آزاد یا برده در مقابل زن را مطرح کرده به دلیل نبود طبقه‌ای به نام بردگان، هیچ زمینهٔ کاربردی ندارد و به تاریخ پیوسته‌است.

دستهٔ دوم احکامی هستند که بازتاب خشونت موجود در جامعه‌ای هستند که در زمان صدورحکم در آن‌جا وجود داشته و به دلیل غیرعادلانه بودن، مغایرت با موازین حقوق بشری، عدم پذیرش آن در افکار عمومی مردم جهان و بازتاب منفی اجرای آن، حتی حاکمان در کشورهای اسلامی اگر هم بخواهند جرأت و توان اجرای آن را ندارند و اگر به ندرت هم در کشوری اسلامی اجرا شود بازتابی منفی و پیامدهای حقوق بشری به همراه دارد. مانند حکم سنگسار و قطع کردن دست دزد که از نظر قوانین حقوق بشر و افکار عمومی، احکامی بسیار خشن و غیرعادلانه است. چون مجازات با جرم همخوانی ندارد و عملی غیرانسانی محسوب می‌شود.

همان‌طورکه پیشتر گفته شد احکام صادر شده در قرآن منطبق با واقعیّت‌های جامعهٔ عرب و در پاسخ به نیازهای آن‌ها بوده‌است. این احکام در آن زمان که قتل و غارت به طور گسترده رایج بود مجازات سنگینی به شمار نمی‌آمد. مردم به خاطر شرایط سخت زندگی که طبیعت به آن‌ها تحمیل می‌کرد به خاطر ناامنی و خشونتی که درجامعه وجود داشت به آن عادت کرده بودند؛ زمینه و آمادگی پذیرش آن را داشتند. در جوامع آن‌ها خشونت به طور گسترده رواج داشت و امری عادی به شمار می‌آمد. در عین حال این حکم برای جلوگیری از نابه‌سامانی و سرقت می‌توانست کارآمد باشد در نتیجه وجود زمینه‌های پذیرش حکم در جامعه و اثر مثبت اجرای آن در جلوگیری از آشفتگی موجب شد که مسلمانان تضادی با آن نداشته باشند. چون حکم برخواسته از اجتماع آن‌ها و متناسب با ضرورت‌های جامعهٔ پر از خشونت و شیوهٔ زندگی آنان بود.

این احکام امروز غیرعادلانه هستند چون با موازین حقوق بشر سازگاری ندارند. بسترهای قانونی و فکری آن‌ها از میان رفته‌است و با مخالفت افکار عمومی روبرو می‌شوند. سنگسار

حکمی نیست که بتوان اجرا یا از آن دفاع کرد. همچنین قطع کردن دست دزد به دلایل زیر امکان‌پذیر نیست در بیشترجوامع اسلامی هم اجرا نمی‌شود:

۱- مجازات به هیچ عنوان با جرم متناسب نیست و بسیار سنگین است.

۲- به دلیل خو گرفتن مردم به زندگی دور از خشونت، زمینهٔ فکری ـ روانی اجرای آن مهیا نیست و افکار عمومی با آن مخالفت می‌کنند.

۳- اجرای احکام باعث عادی شدن خشونت و گسترش آن و ایجاد رعب و ترس در میان مردم می‌شود.

۴- با اجرای حکم افرادی معلول و ناقص می‌شوند. توان فعالیت در عرصهٔ اقتصادی را از دست می‌دهند و زمینهٔ منزوی و سربار شدنشان فراهم می‌شود.

۵- اجرای حکم موجب تخریب شخصیت فرد مجرم در طول زندگی‌اش خواهد شد. چون همه با دیدن دست بریده متوجّه جرم او می‌شوند.

۶- تخریب شخصیت نه‌تنها شامل مجرم بلکه شامل افرادی می‌شود که به دلایل مختلف دیگری از جمله تصادف یا کار با ابزار و وسایل خطرناک دست آن‌ها قطع شده‌است.

۷- تخریب شخصیت هم شامل اعضای خانواده مجرم و هم اعضای خانواده فرد آسیب دیده در یک سانحه می‌شود چرا که مردم با نگاه تحقیرآمیز به اعضای خانواده آن فرد سارق یا بی‌گناه نگاه می‌کنند.

دستهٔ سوم احکامی هستند که هنوز هم در کشورهای اسلامی اجرا می‌شود اما به دلیل ناسازگاری با حقوق بشر و اصل برابری انسان‌ها امروز نه‌تنها عادلانه نیستند بلکه اجرای آن‌ها نشانه ناسازگاری با حقوق بشر و دنیای جدید است و نارضایتی گروهی از مسلمانان را به همراه دارد؛ مثلاً حق ارث، دیه و قصاص.

حق ارث

همان‌گونه‌که اشاره شد درگذشته در جامعهٔ عرب، زنان نقش مهمی در تأمین معاش و امنیّت جامعه نداشتند به همین دلیل در موقعیّت پایین‌تری قرار داشتند. آنان نه‌تنها از حقوق مختلف محروم بودند. بلکه در بعضی از قبایل دختران زنده به گور می‌شدند. خداوند این کار را عملی غیرانسانی دانست. مسلمانان را از انجام آن منع کرد. سپس بهترین گزینهٔ موجود را با در نظر گرفتن توان و ظرفیّت جامعه برای احقاق حقوق زنان برگزید و آن حکم ذوالمجاسد یکی از قاضیان عرب بود که به دختران خود، نصف حق پسران را بخشید. این حکم در آن جامعه عمومیّت پیدا نکرد. اما اسلام آن را به عنوان بهترین گزینهٔ ممکن به قانون ارث تبدیل کرد و آن را مبنای قانون دیه هم قرار داد و دیه زنان نصف دیه مردان تعیین شد. برای اولین بار زنان از حق مالکیّت برخوردار شدند.[۱] قدمی رو به جلو به تناسب واقعیّات موجود برای احقاق حق آن‌ها برداشته شد.

خداوند با در نظر گرفتن واقعیّت‌ها و مصلحت جامعهٔ عرب عادلانه‌ترین گزینهٔ آن جامعه را به عنوان حکم تاییدکرد. زنان نصف مردان حق و حقوق گرفتند. محدودیّت‌های نظام اجتماعی و سنت‌های جامعهٔ عرب و هر جامعهٔ دیگری در آن روزگاز اجازه نمی‌داد که بیشتر از آن به زنان حق داده شود. زن نقشی در تأمین معاش خانواده و مهم‌تر از آن، امنیّت جامعه و خانواده نداشت. این مسئولیت‌های دشوار به عهدهٔ مردان گذاشته شده‌بود. بنا بر این واقعیّت‌ها نه‌تنها در جامعهٔ عرب بلکه در همهٔ جوامع، بستر و شرایط اجتماعی و افکار عمومی آمادگی برابری حقوق زن و مرد را نداشت. بر فرض محال اگر قرآن دستور به برابری زن و مرد را می‌داد نارضایتی شدید مردان و طغیان بحق آن‌ها علیه این قانون جدید را به همراه داشت که طبیعتاً موجب می‌شد مردان که اساس خانواده و اجتماع بودند نه‌تنها به دین اسلام گرایش پیدا نکنند بلکه با آن مقابله کنند و مانع ایمان آوردن اعضای خانواده خود شوند. بنابراین ساختار و شرایط جامعهٔ عرب به هیچ وجه اجازه چنین تغییر بزرگی را نمی‌داد. چنین تغییر بزرگی نیاز به گذشت زمان طولانی و پیشرفت جامعهٔ انسانی داشت که در زمان کوتاه بعثت پیامبر چنین تغییرات گسترده اجتماعی امکان پذیر نبود. در نتیجه حقّ ارث پذیرفته شده در قرآن که پیشتر به صورت موردی در جامعهٔ عرب سابقه داشت، در آن زمان حکمی کاملاً عادلانه و به روز بود.

---

[۱]- لاپیدوس، تاریخ جوامع اسلامی، ص ۶۵

امروز با توجّه به قوانین حقوق بشر و نقش برابر زنان با مردان در امور مختلف اجتماعی و نقش اساسی آنان در تأمین معاش خانواده، اجرای حکم قرآن در مورد زنان با چالش‌ها و مخالفت‌های بزرگی مواجه شده‌است و با توجّه به وضعیّت موجود عادلانه به نظر نمی‌رسد. زن و مرد در عرصهٔ اجتماع نقش‌هایی یکسان برعهده دارند. منطقی و عادلانه نیست که حقوق نابرابر داشته باشند. این نابرابری در جامعهٔ اسلامی امروز که قوانین خود را برخاسته از تفکّر الهی می‌دانند، وجود دارد. در حالی‌که در جوامع غیراسلامی که مبنای تفکّر آن‌ها قوانین بشری است برابری زن و مرد به رسمیت شناخته شده‌است.

این موضوع، سؤالات مختلفی را در ذهن مسلمانان ایجاد کرده‌است چگونه یک جامعه غیر مسلمان نسبت به جوامع اسلامی ما عادلانه‌تر و واقعگراتر عمل می‌کند؟ دختر و پسری که امروز در یک خانواده بزرگ می‌شوند. تا زمانی‌که مستقل می‌شوند نقشی در تأمین اقتصاد خانواده ندارند؛ مخارج زندگی و تحصیل آنان به وسیله پدر و مادر تأمین می‌شود. پس چرا در زمینهٔ ارث از حقوق یکسانی برخوردار نمی‌شوند؟ چرا مردان دو برابر زنان ارث می‌گیرند؟ مگر آن‌ها درخلقت با هم برابر نیستند! عالمان دینی برای توجیه این قانون می‌گویند که مردان مسئولیت یک خانواده را به دوش می‌کشند پس باید حق بیشتری به آن‌ها داده شود. در حالی که اگر سهم ارث برابر شود مردان زیان نمی‌بینند چون این برابری هم شامل خواهر آن‌ها و هم شامل همسرشان می‌شود. در واقع اگر در ظاهر از یک طرف به زیانشان است و خواهرشان سهم بیشتری می‌گیرد از طرف دیگر به سودشان است چون همسرشان هم از چنین حقی برخوردار است. در حقیقت کسی زیان نمی‌بیند و پیامد مثبتی هم به همراه دارد و آن رسیدن به ارزش‌های والای انسانی است که همهٔ انسان‌ها با هم برابر هستند و از حقوق یکسانی برخوردارند. در جوامع امروز، قوانین حقوق بشر به دلیل برابری انسان‌ها در خلقت، بدون در نظر گرفتن نقش افراد در جامعه برای همهٔ انسان‌ها حقوقی یکسان قائل است که امروز بسیار واقع‌گرایانه است.

دیه و قصاص

تبعیض و نابرابری زن و مرد که در حق ارث وجود دارد مبنای دیه هم قرار گرفته و در قصاص بسیار عریان‌تر است و پیامدهای منفی بیشتری به همراه دارد. دو بخش آیهٔ قصاص که امروز اجرا می‌شود طبق آیهٔ قرآن قصاص انسان آزاد در مقابل انسان آزاد و زن در مقابل

زن است. اگر مردی، زنی را به قتل برساند، اگر خانواده مقتول به گرفتن دیه راضی شوند دیهٔ زن که نصف دیهٔ مردان است به آن‌ها پرداخت می‌شود. اگر راضی نشوند و بخواهند مرد قصاص شود چون دیهٔ زن نصف دیهٔ مرد است؛ باید خانوادهٔ مقتول نصف دیگر دیه را بپردازند تا مرد قاتل به مجازات عمل خود برسد. در حالی‌که اگر زنی قاتل مردی باشد خانوادهٔ مقتول اگر به گرفتن دیه راضی شوند باید دیه کامل پرداخت شود. اگر به گرفتن دیه راضی نشوند زن قصاص می‌شود و نصف دیگر دیه از خانواده زن گرفته می‌شود. این وضعیّت نشان می‌دهد قانون قصاص ناعادلانه است. هماهنگی چندانی با واقعیّات دنیای امروز ندارد. اصولاً امروزه حکم قصاص و اعدام حکمی خشن تلقی می‌شود و در بیشتر کشورها اعدام انجام نمی‌شود. بلکه افراد به جریمه زندان محکوم می‌شوند. در واقع در قوانین جدید جرم فرد قاتل، فردی و شخصی تلقی نمی‌شود و تنها خانواده مقتول دادخواه نیستند که فقط درخواست قصاص و یا رضایت آن‌ها به گرفتن دیه، ملاک انجام حکم قرار گیرد بلکه افراد در مقابل جامعه مسئول هستند و به دلیل کشتن یک فرد و از بین بردن آرامش عمومی باید به جامعه پاسخگو باشند.

۶- در حال تغییر بودن زبان

ابزار انتقال وحی زبان انسانی است و زبان انسان ویژگی‌ها و محدودیّت‌هایی دارد. همین واقعیّت، وحی را درگیر این محدودیّت‌ها می‌نماید. زبان انسان؛ مانند موجود زنده، نقطهٔ شروع و تولدی دارد و از مراحل رشد و تغییر و تحوّل برخوردار است و ممکن است نقطهٔ پایان و مرگ هم داشته باشد. زبان‌هایی‌که از میان رفته‌اند نشان دهندهٔ این واقعیّت هستند. رشد و تغییر زبان به میزان رشد و پیشرفت انسان در همهٔ ابعاد علمی و اجتماعی بستگی دارد. هر چه پیشرفت و دانش انسان گسترده‌تر باشد. این پیشرفت‌ها در عرصهٔ زبان خود را نشان می‌دهد. در حقیقت زبان وسیله‌ای برای انتقال اندیشه و دانش است و شکوفایی در عرصهٔ دانش و فرهنگ موجب شکوفایی زبان در عرصهٔ تولید واژگان، مفاهیم و اندیشه‌های جدید می‌شود.

زبانشناسان واژگان و ساختار آن را در حال تغییر می‌دانند. آن‌ها معتقدند که واژگان در گذر زمان به چهار دسته تقسیم می‌شوند:

۱ - واژه‌هایی که به دلیل تغییرات شرایط اجتماعی و فرهنگی جامعه از میان می‌روند؛ اسامی وسایل قدیمی از این گروهند؛ مثلاً ابزار جنگی قدیمی.

۲ - واژگانی که با حفظ معنای قدیم به حیات خود ادامه می‌دهند؛ مانند: کلمات شب، روز، غم و شادی.

۳ - واژگانی که با حفظ معنای قدیم معنای جدید هم گرفته‌اند؛ مانند: یخچال

۴ - واژگانی که معنی آن‌ها تغییر کرده‌است؛ مانند: واژه سوگند.[۱]

این تغییرات چهارگانه در همهٔ زبان‌ها رخ می‌دهد. اما در این‌جا مثال واژگانی‌که ذکر شده مربوط به زبان فارسی و تغییرات آن است. در همهٔ زبان‌ها کلماتی وجود دارد که می‌تواند برای هر کدام از این دسته‌ها مناسب باشد.

علاوه بر واژگان، اندیشه‌ها و مفاهیم هم که برخاسته از دانش زمان است با تغییرات جوامع، رشد دانش و سست شدن پایه‌های دانش قبلی، درستیشان زیر سؤال رفته و خواهد رفت. اندیشه و دانش انسان‌ها در عرصهٔ زبان آن‌ها نمود پیدا کرده و می‌کند و میزان دانش و توانایی آن‌ها را نشان می‌دهد، با گسترش علوم و پیشرفت جوامع، شماری از این اندیشه‌ها دچار چالش شدند. نادرستی آن‌ها اثبات شد؛ به فراموشی سپرده شدند و جای خود را به اندیشه‌ها و نگرش‌های جدید دادند؛ مثلاً: این اندیشه که زمین مرکز عالم است یا پیشرفت دانش پزشکی که دانش گذشتگان را در تشخیص و نحوهٔ درمان بسیاری از بیماری‌ها از جمله: طاعون، وبا و... زیر سؤال برد.

ابزار اصلی انتقال پیام خداوند زبان انسان بوده‌است. با گذشت زمان، پیشرفت‌ها و رشد انسان‌ها و جوامع، این ویژگی‌های زبانی، تغییر و تحوّلاتش نمود پیدا کرده‌است؛ الهی بودن پیام مانع از تغییرات زبانی نشده‌است؛ مثلاً واژه‌هایی که در کلام خداوند از آن‌ها استفاده شده اما امروز در عرصه اجتماع و زبان کاربرد ندارد؛ مانند: ازلام (تیرهای قمار) یا اسامی بت‌های مختلف امروز عملاً کاربرد ندارد.

در مورد واژه‌هایی که در زبان تغییر نکرده‌اند و هنوز هم کاربرد دارند؛ مانند: آسمان، درخت، دریا، خاک، ستاره و... باید گفت درست که این واژه‌ها هنوز به همان معنی به کار می‌روند

---

۱ - خانلری، زبانشناسی و زبان فارسی، صص ۹۹ - ۹۷

اما به دلیل پیشرفت گستردهٔ دانش در همهٔ زمینه‌ها، نگاه انسان امروز نسبت به انسان گذشته در مورد آن‌ها تغییر اساسی کرده‌است و آنچه انسان امروز با دیدن آسمان، درخت و... در ذهن دارد با آنچه پیشینیان دربارهٔ آن‌ها می‌دانستند، بسیار متفاوت است. آسمان برای انسان قدیم سقفی بر روی زمین با مجموعه‌ای از ستارگان بود که انسان قدیم چیز زیاد دربارهٔ آن‌ها نمی‌دانست اما برای انسان امروز آسمان جایگاه بسیار وسیعی است که فعلاً برآوردها حاکی از وجود دو تریلیون کهکشان است. پس درست که این واژه‌ها هنوز به همان معنی گذشته به کار می‌روند اما نگاه انسان امروز به این واژه‌ها و به هر پدیده و واژهٔ دیگری با نگاه گذشتگان کاملاً اختلاف دارد. چون انسان امروز مناسبات و روابط خود را با آن واژه و پدیده بر اساس نگاه و دانش جدید تنظیم می‌کند. در نتیجه درک و دریافت انسان امروز و مناسباتش با این واژه‌ها و پدیده کاملاً با آنچه گذشتگان در ذهن داشتند تفاوت دارد. این موضوع فقط محدود به واژگان و اسامی پدیده‌های مختلف نیست و شامل هر واژهٔ ذات و معنی هم می‌شود. آنچه که ما از واژه‌های پدر، مادر، عشق، خشم، مهربانی، آسایش، سختی و... درک می‌کنیم با آن چه گذشتگان درک کرده‌اند بسیار اختلاف دارد. این اختلاف ناشی از پیشرفت دانش و تغییرات اجتماعی، شرایط و مناسبات است که منجر به تغییر نگاه شده است.

هرچند متن کتاب‌های آسمانی ثابت و بدون تغییر است اما به دلیل تحوّلات در همهٔ ابعاد زندگی انسان، نوع نگاه به کلمات، مفاهیم، رویدادها، رفتارها، قوانین آن‌ها دستخوش تغییر شده‌است. این موضوع به خاطر پیشرفت دانش و تحولات اجتماعی است که نگاه انسان را به همهٔ واژگان زبانی که در واقع بازتاب پدیده‌های عینی و مفاهیم ذهنی است با تغییراتی اساسی همراه کرده‌است.

فصل پنجم

انعکاس درک، دانش، انتظارات
و روحیّات قوم عرب در قرآن

انعکاس دانش زمان نزول در قرآن

همان‌گونه‌که قبلاً اشاره شد درسرزمین عربستان تا ظهور اسلام جامعه‌ای رشدیافته و متمدن به وجود نیامد. ساکنان آنجا از نظر اعتقادات دینی، علم، دانش و زندگی اجتماعی در دنیای آن روز بسیار عقب‌مانده بودند. مردم آن‌جا برای ادامهٔ حیات با سختی‌ها و مشکلات طبیعت مواجه بودند. در آن جامعه، علم ارزش به شمار نمی‌آمد و پرداختن به آن در میان مردم اعتبار و جایگاهی نداشت. در نتیجه نه‌تنها مردم با مفاهیم و دانش زمان خود چندان آشنایی نداشتند بلکه شمار اندکی از آن‌ها از سواد خواندن و نوشتن برخوردار بودند. در شهر مکه هفده نفر و در مدینه یازده نفر از سواد خواندن و نوشتن و برخوردار بودند.[1]

خداوند در هنگام نزول پیام الهی خود با مخاطبان بی‌سواد و بی‌بهره از دانش سر و کار داشت چون در همهٔ موارد پیام خود را با وضعیّت آن‌ها هماهنگ کرده بود به طور قطع در این زمینه هم پیام خود را با میزان درک و دانش مخاطبانش هماهنگ کرده‌است. بنابراین اگر در قرآن آیاتی را می‌یابیم که با دانش امروز هماهنگی ندارد و دانش امروز آن را نمی‌پذیرد جای تعجب نیست. زیرا با شرایط مخاطبان اولیه هماهنگ شده‌است چون جلب

---

[1] - بلاذری، فتوح البلدان، صص ۴۷۹ - ۴۷۷ و در ترجمهٔ فارسی، صص ۳۸۴ - ۳۸۲

نظر آن‌ها بسیار مهم بود و آن‌ها بودند که می‌توانستند اسلام را پذیرش کنند و گسترش دهند.

اکنون چند نمونه آیاتی را که دربارهٔ خلقت جهان و پدیده‌های آن در قرآن مطرح شده و با دانش امروز هماهنگی ندارد، مطرح می‌کنیم و دلایل ناهماهنگی آن‌ها را توضیح می‌دهیم:

خلقت جهان

در سوره‌های مختلف به بحث خلقت زمین و آسمان پرداخته شده‌است. در سوره‌های فرقان / ۵۹، اعراف / ۵۴، یونس / ۳، هود / ۷، ق / ۳۸، سجده / ۴ و حدید / ۴، بحث خلقت آسمان و زمین در شش روز بدون ذکر ترتیب خلقت آمده‌است. در سورهٔ فرقان چنین آمده‌است:

«همانا خداوند آسمان‌ها و زمین و آنچه میان آن دو است را در شش روز آفرید. آنگاه به عرش پرداخت او خدای رحمان است. حقیقت حال را از او بپرس که باخبر است.» فرقان / ۵۹

در سورهٔ بقره دربارهٔ خلقت زمین و هفت آسمان به ترتیب آفرینش چنین آمده‌است:

«او خدای است که همهٔ موجودات زمین را برای شما خلق کرد. پس از آن به خلقت آسمان نظر گماشت و هفت آسمان را بر فراز یکدیگر برافراشت. او به همه چیزی در نظام آفرینش آگاه است.» بقره / ۲۹

علاوه بر ترتیب آفرینش که در سورهٔ بقره ذکر شده در سورهٔ فصلت مدت زمان آفرینش هر بخش از جهان هم ذکر شده‌است:

«آیا شما واقعاً به آن کسی که زمین را در دو روز آفرید، کافر می‌شوید برای او همتایانی قرار می‌دهید؟ او پروردگار جهانیان است. در زمین کوه‌های ریشه‌داری را بر روی آن قرار داد و در آن خیر و برکت نهاد و رزق و روزی آن‌ها را در چهار روز به اندازهٔ نیاز تقاضاکنندگان تقدیر نمود. سپس به آسمان پرداخت در حالی که [به صورت] دودی بود آنگاه به آن و به زمین گفت: «خواه یا ناخواه بیایید.» گفتند: فرمانبردارانه آمدیم.» پس آن‌ها را در دو روز، هفت آسمان کرد و در هر آسمانی

کار [مربوط به] آنرا وحی نمود. آسمان نزدیک‌تر را با چراغ‌ها آذین‌کردیم و حفاظت [نمودیم] این تدبیر آن نیرومند داناست.» فصلت / ۱۱ - ۹

در این آیات ابتدا آفرینش زمین سپس موجودات روی زمین و بعد آفرینش آسمان مطرح شده‌است. زمانبندی آن هم با آیاتی که خلقت آسمان و زمین را در شش روز مطرح کرده‌است، هماهنگی ندارد چون در این آیات دو روز به آفرینش زمین، چهار روز به موجودات و رزق و روزی آن‌ها و دو روز به خلقت هفت آسمان اختصاص داده شده که در مجموع هشت روز می‌شود.

علوم ستاره شناسی و کیهان شناسی که با علوم دیگر از جمله فیزیک، زمین شناسی و غیره ارتباط تنگاتنگی دارند، نشان می‌دهند که نظام هستی مجموعه‌ای است که به طور همزمان خلق شده و در فاصلهٔ میلیاردها سال رو به تکامل رفته و این روند ادامه داشته و دارد. زمین به عنوان جزئی ناچیز از این مجموعه پس از شکل‌گیری جهان با فاصلهٔ زمانی زیاد از خلقت جهان مراحل بوجود آمدن و تکامل خود را سپری کرده‌است. در حالی که خداوند بر اساس پندار موجود در جامعهٔ آن روز، ابتدا از آفرینش زمین سخن می‌گوید سپس خلق موجودات بر روی کره زمین و تعیین روزی آن‌ها و پس از اتمام آن، آفرینش آسمان آغاز و سپس کامل می‌شود. این موضوع در تضاد با دانش امروز است که می‌گوید به تدریج خلقت در میلیاردها سال کامل شده‌است و عمر زمین بسیار کم‌تر از عمر جهان است. اگر کسانی استدلال کنند منظور از شش روز در قرآن شش دورهٔ طولانی است و هر دوره میلیاردها یا میلیون‌ها سال طول کشیده‌است نه‌تنها مشکل حل نمی‌شود بلکه پیچیده‌تر می‌شود. به هیچ عنوان امکان ندارد زمین و موجودات روی زمین خلق شده باشند و بعد میلیون‌ها سال بعد آسمان، ستارگان و سیارات آفریده شده باشند. زیرا شکل‌گیری حیات بر روی زمین و ادامهٔ آن پیش از خلقت آسمان، بدون وجود خورشید، نور و گرمای آن و بدون وجود چرخهٔ آب ممکن و قابل تصوّر نیست.

هفت آسمان

« همان خدایی که هفت آسمان را طبقه طبقه بیافرید در آفرینش آن [خدای] بخشایشگر هیچ‌گونه اختلاف [وتفاوتی] نمی‌بینی، باز بنگر آیا خلل [و نقصانی] می‌بینی.» ملک / ۳

در این آیه همچنین درسورهٔ بقره / ۲۹ در مورد آفرینش هفت آسمان بر فراز یکدیگر سخن گفته شده‌است. هفت طبقه بودن آسمان از دیدگاه علم امروز قابل پذیرش نیست. زیرا علم آسمان را فضای بی‌پایان و لایتناهی می‌داند. هر چند دنیا از آن‌چه ما فکر می‌کنیم وسیع‌تر است اما نکتهٔ مهم اینجاست که موضوع هفت طبقه بودن آسمان پیش از نزول قرآن هم وجود داشته‌است و پیشینهٔ آن به آیین مهر باز می‌گردد. مهریان معتقد بودند که زمانی که انسان به زمین فرستاده‌شد هفت مرحلهٔ نزولی را طی کرد و آن عبور از هفت طبقه آسمان بود. با هر مرحلهٔ سیر نزولی، انسان بیشتر آلوده شد.[1] این هفت طبقه آسمان به ترتیب از پایین به بالا عبارت بودند از آسمان اول ماه، دوم تیر، سوم زهره، چهارم خورشید، پنجم مریخ، ششم زحل و هفتم مشتری. مهرییان معتقد بودند اگر انسان بخواهد به اصل خود برگردد باید این هفت مرحله را به صورت صعودی طی کند. این اعتقاد موجب شد که عدد هفت تقدس پیدا کند و برای دسته بندی پدیده‌ها و موضوعات مختلف از آن استفاده شود. برای دسته بندی دریا، روزهای هفته، سیّارات و طبقات زمین به کار گرفته‌شد و همهٔ آن‌ها بر هفت طبقه یا بخش تقسیم شدند. بنابراین این اندیشه دارای پیشینهٔ طولانی بود و خداوند بر اساس آن برای اعراب وحی نازل کرد اعرابی که محدودهٔ دانش آن‌ها حتی از دانش زمان خود هم پایین‌تر بود. تقدس عدد هفت در اسلام هم به گونه‌ای دیگر نمود پیدا کرد و آن طواف خانهٔ خدا بود که می‌بایست هفت بار انجام شود. بعدها در اندیشه‌های عرفانی مراحل کمال هم به هفت مرحله تقسیم و تعریف شد. پس هفت طبقه بودن آسمان پیشینهٔ اعتقادی داشته و با علم امروز همخوانی ندارد.

شهاب ثاقب

نظر قرآن در مورد شهاب، نقش و جایگاه آن با آنچه که در دانش امروز دربارهٔ آن می‌دانیم تفاوت دارد:

« ما آسمان دنیا را به زیور اختران آراستیم و آن را از هر شیطان سرکشی محفوظ داشتیم. آن‌ها نمی‌توانند [سخن] ساکنان عالم بالا را گوش فرا دهند و از هر سویی

---

[1]- ورمازرن، آیین میترا، صص ۱۹۷ – ۱۸۵ همچنین رضی، آیین مهر، ج ۱ صص ۳۱۲ - ۲۹۷

پرتاب می‌شوند تا به عقب رانده شوند. بر ایشان عذابی پیوسته‌است. مگر کسی‌که [از سخن بالاییان] چیزی برباید که شهابی شکافنده دنبالش می‌کند.»

الصافات /۱۰-۶

همچنین در سوره‌های جن/ ۹ - ۷ و ملک / ۵ ، قرآن همین دیدگاه را دربارۀ شهاب مطرح کرده‌است.

در دیدگاه قرآن، شیاطین و اجنه برای شنیدن سخنان و رازهای عالم ملکوت به آن‌جا می‌روند. خداوند شهاب را مامور دور کردن آن‌ها کرده‌است.

در حالی که بر اساس دانش امروز، شهاب‌ها تکه‌های باقیماندۀ کرات و سیّارات هستند و درآسمان درحال حرکت‌اند. جاذبه سیّارات آن‌ها را به سوی خود می‌کشد. وقتی جاذبۀ زمین آن‌ها را به سوی خود می‌کشد و وارد جو زمین می‌شوند بر اثر اصطکاک با گازهای جوّ آتش می‌گیرند. پیشرفت‌های علمی این واقعیّت را برای ما اثبات کرده‌است.[۱] مسلماً در هنگام نزول، چنین دانشی در اختیار انسان‌های آن دوره نبوده‌است در نتیجه خداوند به تناسب درک مردم آن دوره، دربارۀ شهاب سخن گفته‌است. زیرا درک و فهم دانش امروز برای آن‌ها ممکن نبوده‌است و بیان جزئیات علمی آن، در آن دوره نه‌تنها حکمت و دوراندیشی خداوند را زیر سؤال می‌برد بلکه به دلیل ناهماهنگی میان موضوع علمی مطرح شده و ظرفیّت درک مخاطبان اولیۀ کلام خداوند، آشفتگی ذهنی در جامعه ایجاد می‌کرد، مخالفت‌ها را بیشتر می کرد و ممکن بود پذیرش وحی را با مشکل مواجه کند.

خلقت انسان

نظر قرآن دربارۀ شیوۀ خلقت انسان با آنچه که دانش زیست شناسی ثابت نموده‌است، بسیار تفاوت دارد:

۱- spaceplace.nasa.gov و solarsystem.nasa.gov و nasa.gov

«انسان بنگرد که از چه چیز خلق شده‌است از آبی جهنده خلق شده‌است که از میان استخوان پشت و سینه بیرون می‌آید.» طارق ۷ – ۵

با ذکر نکات زیر تلاش می‌نماییم که ناهماهنگی نگاه قرآن به خلقت انسان را با دانش امروز بیشتر روشن نماییم:

۱ - علم زیست شناسی ثابت نموده‌است که محل تولید آب جهندهٔ حاوی سلول جنسی مرد در بیضه‌ها می‌باشد نه میان استخوان پشت و سینه. توجیهاتی که مفسران برای انطباق با دانش روز در مورد دو کلمه صلب و ترائب کرده‌اند کاملاً نادرست است.[۱] زیرا صلب به معنی استخوان پشت و ترائب به معنی استخوان سینه است و غیر از این معنایی ندارد.[۲] در بعضی از ترجمهٔ و تفسیرها عنوان شده‌است که از آب جهنده‌ای که از صلب پدر و از سینه زن خارج می‌شود انسان خلق می‌شود؟![۳] درحالی‌که علم زیست‌شناسی ثابت کرده‌است که سلول جنسی مرد در بیضه تولید می‌شود. در لقاح با تخم (هسته) در رحم، نطفه شکل می‌گیرد. این موضوع از نظر علمی ثابت شده است و شکی درآن وجود ندارد.

۲ - عده‌ای از مفسران علمی این آیه را به دوران جنینی ربط می‌دهند که اندام جنینی در میان استخوان پشت و استخوان سینه شکل می‌گیرد و در هفت ماهگی به محل اصلی خود می‌آید.[۴] در حالی‌که در آیات به هیچ عنوان سخنی دربارهٔ جنین و مراحل رشد آن مطرح نشده‌است.

۳ - خداوند در این آیات که بر اساس دانش مردم در زمان نزول نازل شده‌است تنها یک عامل را برای خلقت انسان ذکر کرده‌است و آن آب جهندهٔ حاوی سلول جنسی مرد است. هیچ نقشی برای زن و سلول جنسی زن در نظر نگرفته‌است. در حالی که علم امروز ثابت کرده که زن هم به اندازهٔ مرد در تولید مثل نقش دارد. در هرکدام از سلول جنسی مرد و زن ۲۳ عدد کروموزم وجود دارد که مجموعاً ۴۶ کروموزم (۲۳ جفت) لازم برای تشکیل جنین انسان را تأمین می‌کند.[۵] در این زمینه هم خداوند

---

[۱] - دیاب و قرقوز، طب در قرآن، صص ۵۱ - ۴۶

[۲] - فرهنگ بزرگ و جامع نوین ترجمهٔ المنجد

[۳] - قرطبی، تفسیر قرطبی (جامع لاحکام القرآن)، ج ۲۰ ص ۶

[۴] - هیتو، المعجزة القرآنیه، صص ۲۷۵ - ۲۷۱

[۵] - ریس و دیگران، بیولوژی کمپبل، ج ۳ ص ۳۰۱ - ۲۹۹

بر اساس پندار موجود در جوامع قدیم سخن گفته‌است. ارسطو بر این باور بود که نطفه‌ای که وارد رحم می‌شود یک انسان کامل بسیار ریز و مینیاتوری است که به تدریج در شکم مادر پرورش پیدا می‌کند و بزرگ می‌شود و پس از سپری شدن دوران جنینی به دنیا می‌آید. بنابراین رحم زن فقط محیط آماده و مهیا برای پرورش جنین بود بدون این‌که نقشی برابر در تولید مثل داشته باشد.[1] بر اساس همین اندیشهٔ موجود در دنیای قدیم بود که خداوند در قرآن فرموده‌است: « زنان شما، کشتزار شما هستند.» بقره / ۲۲۳

تشبیه زنان به کشتزار همان اندیشه و باور را نشان می‌دهد چون دانه در زمین کاشته می‌شود و زمین زمینهٔ رشد آن را فراهم می‌کند بدون آن‌که آمیزشی میان دانه و خاک صورت گیرد.

هدف خداوند از نازل کردن آیات دربارهٔ خلقت جهان، انسان و پدیده‌های مختلف ارائهٔ توضیح علمی واقعی دربارهٔ آن‌ها نبوده‌است بلکه هدف جلب توجّه مخاطبان به نظام خلقت و بیان اهداف اساسی دین بوده‌است. نکتهٔ مهم درک این حقیقت است که کتاب‌های آسمانی از جمله قرآن برای هدایت عامهٔ مردم نازل شده‌اند. مطمئناً نگاه عامهٔ مردم (مخاطبان اولیهٔ وحی) به پدیده‌های جهان بر اساس ظرفیّت درک انسان آن دوره و سطح درک و دانش آن‌ها بوده‌است نه نگاه علمی محض آن هم علم و دانش امروز. در واقع نباید انتظار داشته باشیم که کتب آسمانی از جمله قرآن دستاوردهای علمی را به ما ارائه دهد. منظور از هدایت، نشان دادن مبدأ و مقصد حیات و ایمان به آن‌ها و داشتن زندگی الهی بر اساس بینش الهی بوده‌است. تمام آیات قرآن در راستای تحقق این اهداف نازل شده‌اند. همهٔ آیاتی‌که در مورد خلقت جهان و پدیده‌های مختلف نازل شده‌اند وسیله‌ای برای تحقق این هدف بوده‌اند:

اکنون آیات ۱۰ - ۱ سورهٔ طارق را بررسی می‌کنیم آیات خلقت انسان که آن را ذکر کردیم در میان آن‌ها آمده‌است:

« قسم به آسمان و آن شبگرد. تو چه می‌دانی ستاره شبگرد چیست؟ آن ستارهٔ درخشان. کسی نیست مگر این‌که نگهبانی بر اوست. انسان بنگرد که از چه چیز خلق

[1] - پریور، جنین شناسی، صص ۵-۴

شده‌است از آبی جهنده خلق شده‌است که از میان استخوان پشت و سینه بیرون می‌آید. بی تردید خداوند قادر به بازگرداندن اوست روزی‌که رازها فاش می‌گردد پس انسان را نه نیرویی باشد نه یاوری.» طارق ۱۰ - ۱

این سوره با سوگندخوردن به آسمان و ستارهٔ شب گرد (شهاب) آغاز شده‌است‌که برای تأکید به کار گرفته شده و آیهٔ دوم به صورت پرسشی مطرح شده‌است که آیا انسان می‌داند ستارهٔ شبگرد چیست؟ این آیه برای تأکید بر نفی به کار رفته‌است. تا ناتوانی انسان را در درک آن نشان دهد. در آیهٔ سوم پاسخ سؤالی را که پرسیده، داده‌است: ستاره شکافنده. آیهٔ چهارم خاطر نشان می‌سازد که هر انسانی دارای فرشتهٔ نگهبانی است که اعمال او را ثبت می‌کند. سپس برای تنبُّه، توجّه انسان را به چگونگی خلقتش جلب می‌کند که از آبی جهنده خلق شده‌است. در آیات ۷ - ۵ که خلقت انسان مطرح شده‌است؛ توجّه به چند نکته ضروری است: اولاً در این آیه و آیات بعدش تنبّه و بیداری انسان مد نظر قرار گرفته‌است‌که او موجودی است‌که از چیزی بی‌ارزش آفریده شده تا دچار غرور نشود ثانیاً قدرت و توانایی خدا را به او نشان داده که همان گونه انسان را از چیزی بی‌ارزش آفریده‌است؛ می‌تواند او را دوباره زنده‌کند. به این ترتیب در این آیات خداوند قدرت و توانایی خود را به رخ انسان کشیده‌است و خواسته سرانجامش را به او یادآوری کند که به سویش بر می‌گردد. به همین دلیل در آیهٔ نهم دربارهٔ روز قیامت سخن گفته و در آیهٔ دهم ناتوانی و تنهایی او را در آن روز بیان کرده‌است. در واقع هدف این آیات تشویق به توحید، ایمان آوردن به زندگی دوباره است. این سه آیه که بیانگر شیوهٔ خلقت انسان بر اساس دانش آن زمان و ظرفیّت انسان آن دوره است در واقع بیان موضوعی فرعی در متن این مجموعه آیات بوده‌است که هدف آن تأکید بر پیام اساسی ادیان، توحید و معاد است. نویسنده کتاب « تفسیر علمی قرآن » هم به درستی هدف این آیه را اثبات معاد و هدف دار بودن خلقت ذکر کرده‌است.[1]

همان‌گونه که در تئوری آسمانی - زمینی بودن وحی اشاره شد، وحی ریشهٔ آسمانی دارد اما با واقعیّت‌های زندگی انسان، ظرفیّت‌های علمی، فرهنگی، اجتماعی او و محدودیّت‌های جوامع در دوره‌های مختلف نزول وحی، هماهنگ شده‌است. مخاطبان قرآن، اعراب بی‌سواد و جاهل بودند در بهترین حالت ممکن بود آن‌ها توان درک دانش زمان خود را داشته باشند. اگر خداوند یک قانون یا تئوری علمی را مطرح می‌کرد که مربوط به زمان ما یا آینده بود

---

[1] - رفیعی محمدی، تفسیر علمی قرآن، صص ۱۳۰ – ۱۲۹همچنین رضایی اصفهانی، اشارات علمی اعجاز آمیز قرآن، صص۵۱ - ۵۰

چون با دانش آن‌ها در تضاد بود مطمئناً آن مردم با آن مخالفت می‌کردند و همین مسئله را دستاویز مخالفت گسترده با دین قرار می‌دادند به این طریق مانع گرایش مردم به دین اسلام می‌شدند.

تصوّر و پذیرش دانش و جهان آینده برای ما که در جهان امروز زندگی می‌کنیم ممکن نیست. اگر این امکان وجود می‌داشت که کسی در دربارهٔ دستاوردهای علمی، تکنولوژی و پیشرفت‌های انسان در جامعهٔ هزار سال آینده و ساختار اجتماعی آن‌ها برای ما سخن می‌گفت بدون شک چون ما از زمینه‌های فکری و علمی مناسب برای درک آن برخوردار نبودیم نه‌تنها به سادگی آن را پذیرش نمی‌کردیم بلکه ممکن بود با آن مخالفت هم می‌کردیم. بنابراین مطرح کردن دانش واقعی و علمی برای آن مردم، غیرقابل درک و غیر ضروری بود و به قیمت عدم اعتماد آن‌ها به دین اسلام و عدم موفقیّت دین اسلام در جذب توده‌های مردم و عدم گسترش آن تمام می‌شد. خداوند قرآن را برای هدایت انسان‌ها نازل کرده‌است. جذب مخاطبان اولیه، قانع و راضی کردن آن‌ها، موجب گسترش دین اسلام، ضامن حفظ و ماندگاری آن بود. خداوند با در نظر گرفتن این واقعیّت‌ها، متناسب با فکر، دانش و توان آن‌ها، آیات خود را نازل فرمود. به این ترتیب زمینه را برای رسیدن به اهداف اساسی دین فراهم کرد.

تصویر بهشت و انعکاس نیازها و آرزوهای قوم عرب

یکی از ارکان و پایه‌های اساسی دین اسلام، معاد و بازگشت مجدّد انسان‌ها به سوی خداوند و موضوع جزا و پاداش است. هدفمند بودن آفرینش انسان فقط در صورت وجود معاد امکان پذیر است. اگر معادی در کار نباشد ایمان به توحید، نبوت و عمل به وظایف دینی قابل توجیه نیست. چون بعد مادی وجود انسان در زندگی دنیوی بیشتر اهمیت دارد و به این دلیل که انسان موجودی منفعت طلب است ممکن است در ایمان به توحید، نبوت و عمل به وظایف دینی، فایده و نفع شخصی احساس نکند. در نتیجه عقل انسان با توجّه به پذیرش هدفمندی آفرینش انسان و لزوم اجرای عدالت الهی وجود معاد را می‌پذیرد. عدالت الهی ایجاب می‌کند که انسان‌های بی‌باور به وجود خداوند همچنین کسانی که به دیگران یا خود ظلم و ستم کرده‌اند و به دنبال پرورش استعدادهای الهی خود نرفته‌اند به اندازهٔ خطایی که مرتکب شدند مجازات شوند. کسانی هم که در راه حق و حقیقت قدم برداشته‌اند به اندازهٔ اعمال مثبتی که انجام داده‌اند از خداوند پاداش بگیرند.

لازم بود که خداوند برای ایجاد انگیزه در مؤمنان در مورد میزان جزا و پاداش انسان‌ها در جهان آخرت به صورت واضح و قابل درک سخن بگوید. انتظار پاداش داشتن، مسئله‌ای منطقی است و اظهار نظر خداوند دربارهٔ آن، تردیدها را از میان می‌برد. سخن گفتن از جزا و پاداش در واقع در مخاطبان پیام الهی انگیزهٔ دوری از بدی‌ها و گرایش به خوبی‌ها را در این جهان تقویت می‌کرد. اما می‌بایست سخن گفتن از کیفیت جزا و پاداش با توان درک و آرزوهای مخاطبان اولیه متناسب باشد. همان‌گونه‌که خداوند در همهٔ موارد، وضعیّت مخاطبان اولیه را در نظر گرفته بود، توجّه کردن به نیازها، توقّعات و آرزوهای آنان ضروری بود تا تصویر بهشت برای آن‌ها جذّاب پذیرفتنی و قابل درک باشد.

برای درک تصویر ارائه شده از بهشت در قرآن، توجّه و دقّت به محیط زندگی، نیازها و آرزوهای قوم عرب ضروری است. با توجه به خشک و بی‌حاصل بودن سرزمین عربستان و کمبود امکانات اولیهٔ زندگی، داشتن سرزمینی سرسبز و خوش آب و هوا از آرزوهای درونی اصلی و همیشگی ساکنان آن بود. دلیل اصلی شکل گیری این آرزوها، محرومیّت از داشتن آن‌ها بود. در نتیجه خداوند به تناسب این نیازها، خواسته‌ها، روحیّات، ذائقه، شاخصه‌های فرهنگی و آرزوها و رویاهای آنان، تصویری بسیار کامل‌تر و جذاب‌تر از آنچه که اعراب

آرزویش را داشتند در مکانی به نام بهشت ارائه داد تا افزون بر نشان دادن حقیقت وجود معاد و بهشت، انگیزه‌ها و مشوق‌های لازم را در آنان ایجاد نماید:

« برای پرهیزگاران در آن جهان آسایش و رستگاری است و باغ‌ها و تاکستان‌ها در اختیارشان است. » نبا / ۳۲ - ۳۱

« پرهیزگاران در زیر سایهٔ درختان و کنار چشمه‌ها هستند و از هر نوع میوه که خواهان آن باشند در آنجا فراهم است. بخورید و بیاشامید و شما را گوارا باد به خاطر آنچه که قبلاً انجام داده‌اید.» مرسلات / ۴۳ - ۴۱

« هر که در دنیا به خدا ایمان بیاورد و کار نیکو انجام دهد، خداوند گناهانش را می‌پوشاند. او را وارد باغ‌هایی که زیر آن نهرها جاریست می‌نماید تا از آن جاودان بهره‌مند باشد. این رستگاری بزرگی خواهد بود. » تغابن / ۹

همان‌گونه که می بینیم سخن از باغ ها و نهرهای جاری است که خواست و آرزوی قوم عرب بوده که در محیط عربستان کمیاب یا نایاب بوده‌است. در واقع این تصویر از بهشت منتهای ایده‌آل و آرزوی آن‌ها بر اساس دایرهٔ تجربیات و آنچه آن‌ها می توانستند مشاهده کنند، بوده‌است. به همین دلیل بهشت محدود به باغ‌ها و نهرهای جاری شده و از دیگر زیبای‌ها مانند دریا و ... در آن، سخنی به میان نیامده‌است.

علاوه بر تأثیر محیط طبیعی نامساعد، آرزوی داشتن یک زندگی مرفه که بزرگان و ثروتمندان در جامعه از آن برخوردار بودند: غذاها، میوه‌های متنوع، امکانات رفاهی و خدمت گزارانی که به آنها خدمت می کردند در شکل دهی و ارائه تصویر بهشت نقش داشته‌است اما خداوند، تصویری بسیار فراتر از چهارچوب و سطح انتظارات عامه حتی ایده‌ال ثروتمندان ارائه کرد. مکانی پر از آرامش، زیبایی، جذابیت و شکوه را به مومنان وعده داد:

"آنها (مقربان) بر تخت‌هایی که صف کشیده و به هم پیوسته است قرار دارند. در حالی که بر آن تکیه کرده و روبروی یکدیگرند. **ولدان** (نوجوانانی جاودانی در شکوه و طراوت) پیوسته گرداگرد آنها با قدح‌ها و کوزه‌ها و جام‌هایی از نهرهای جاری بهشتی (و شراب طهور) می‌گردند! اما شرابی که از آن دردسر نمی‌گیرند و نه مست می‌شوند و میوه‌هایی از هر نوع که مایل باشند و گوشت پرنده از هر نوع که بخواهند." واقعه / ۲۱_۱۵

"و [همواره برای پذیرایی از آنان] **غلمان** (نوجوانانی) پیرامونشان می گردند که گویا مرواریدی نهفته در صدف هستند. " طور /۲۴

"و پیرامونشان **ولدان** [برای پذیرایی از آنان] می گردند، که چون آنان را ببینی پنداری مرواریدی پراکنده اند." انسان/۱۹

امکانات، رفاه و وجود خدمت‌گزاران در قالب چهارچوب‌ها، ویژگی‌ها، محدودیت‌ها برای اکثریت مخاطبان وحی در زندگی مادی دست نیافتنی بود، فقط برای ثرتمندان امکان پذیر شده بود. به این ترتیب خداوند، این امکانات، رفاه، غذا و خدمتکاران بهشتی (غلمان و ولدان) را به عنوان پاداش مسلمانان تعیین فرمود که بازتابی از واقعیت‌ها، انتظارات، آرزوهای مخاطبان وحی در دنیای مادی بود اما در شکلی بسیار مجلل و در سطحی عالی در بهشت عینیت پیدا می‌کرد.

نیاز، علایق و روحیّات قوم عرب در شکل‌دهی تصویر بهشت نقش داشته‌است. از آن‌جا که علاقه به شراب و زن جزء اصول اساسی زندگی قوم عرب بود و آن‌ها به آن دو در زندگی خود بسیار بها می‌دادند پس بدون شک می‌بایست سهمی در شکل دادن به تصویر بهشت داشته باشند. خداوند در دین اسلام شراب را تحریم نمود اما علاقهٔ شدید قوم عرب به شراب موجب شد با در نظر گرفتن آن، وعدهٔ شراب‌های بهشتی را به آن‌ها داد. شراب‌هایی که سکرآور نیست، سر درد به همراه ندارد، شادی و آرامش به وجود می‌آورد:

« جام شراب طهور بر مؤمنان می‌گردانند شرابی سپید و روشن، نوشندگان از آن لذت می‌برند. در آن شراب خمار سردرد مستی و مدهوشی وجود ندارد.» صافات ۴۵ – ۴۷

« یُسقَونَ مِن رَّحیقٍ مَختُومٍ خِتامُهُ مِسکٌ وَ فی ذَلکَ فَلیَتَنافَسِ المَتَنافِسونَ

به آن‌ها شراب ناب سر به مهر می‌نوشانند که به مشک مهر کرده‌اند و عاقلان بر این نعمت شادمانی ابدی می‌باید به رغبت بکوشند.» مطففین ۲۶ – ۲۵

این تعبیر «ختامه مسک» در شعر باقیمانده از شاعران جاهلی از جمله عبید بن الابرص وجود دارد:

« کان ریقتها بعد الکری اغتبقت   صهباء صافیه بالمسک مختومه[1]»

علاقهٔ شدید قوم عرب به زن موجب شد که خداوند وعدهٔ زنان سیاه چشم بهشتی به آنان داد: « مُتَّکِئینَ عَلَی سُرُرٍ مَصفُوفَهٍ وَ زَوَّجناهُم بِحُورٍ عِینٍ: در حالی که مؤمنان بر تخت عزت تکیه زده‌اند و حورالعین را هم جفت آنان گردانیدم.» طور / ۲۰

« و حُورٌ عَینٌ کَاَمثالِ اللؤلؤِ ألمَکنُون. زنان سیاه چشم زیبا که در لطافت مانند مروارید مکنون برای آن‌ها مهیا شده‌است.» واقعه / ۲۳- ۲۲

« و کواعِبَ اَترابا : زنان انار پستان » نبأ / ۳۳

قابل توجّه این است که حتی توصیف خداوند از زنان بهشتی بر اساس ذهنیّت و ایده‌آل قوم عرب بوده و قبل از اسلام شاعران به همان شکل آنان را توصیف کرده بودند.کلمهٔ «حور» در شعر عرب قبل از اسلام به کار رفته‌است.

حادره شاعر دوران جاهلی دربارهٔ معشوق می‌گوید:

« **بمقلتی حوراء** تحسب طرفها   وسنان، حُرَّهٔ مستهل الادمع.[2]»

همچنین سلامه بن جندل می‌گوید :

« عندنا قینهٌ بیضاءُ ناعمه   مثل مهاهٔ من **الحور** الخراعیب[3]»

قیس بن خطیم سروده‌است:

« **حوراء** جیداء یستضاء بها   کان‌ها خوط بانه قِصف[4]»

همچنین کلمه کاعب و کواعب (انار پستان) در اشعار دوران جاهلی کاربرد داشته‌است:

---

[1]- حوفی، غزل فی العصر الجاهلی، ص ۴۳ ترجمه بعد از خواب گویی آب دهانش شراب شامگاهی است، قرمز، خاص و مزهٔ آن به مشک ختم می‌شود.

[2] - همان، ص ۴۱ ترجمه: با چشمان حوراء (سفیدی آن در نهایت سفیدی و مردمک آن در نهایت سیاهی) گمان می‌کنی که خواب آلودند؛ آزاد و بازند و اشک‌ها در آن جای گرفته‌است.

[3] - همان، ص ۲۹۷ ، ترجمه: نزد ما دختر آواز خوان سفید و لطیفی مانند آهو از حوران سیاه چشم و لطیف

[4] - همان، ص ۳۰۰ ترجمه: حوری گردن کشیده سفید که از او روشنی و سفیدی می‌جویند گویی شاخهٔ نرم و لطیف درخت خوشبوی بان است.

الكاعب الحسناء تر   فل فی الدمقس و فی الحریر[1]
المنخل الیشکری

و یا رب یوم قد اروح مُرَجّلا   حبیباً الی البیض **الکواعب** اَملَسا[2]
امرؤالقیس

این پاداش‌ها، انگیزه‌های لازم را در قوم عرب برای قدم برداشتن در راه اهداف اساسی دین تقویت کرد. هماهنگی پاداش‌ها با علایق و نیازهای قوم عرب موجب شد که بهشت مطابق نیازها و آرزوهای آن‌ها باشد و مؤمنان در بهشت انعکاس خواسته‌ها و آرزوهای خود را ببینند. در واقع باید گفت خداوند با شناسایی نیازهای طبیعی، واقعی، روحی و روانی قوم عرب، بسیار حکیمانه بهشت را متناسب با درک، نیازها، خواسته‌ها و آرزوهایشان به آنان معرفی نمود تا منطبق با توان و ظرفیّت آنان باشد و انگیزه‌های لازم را در آن‌ها به وجود آورد.

اگر خداوند پیامبر اسلام را در سرزمینی که شرایط آن با عربستان متفاوت بود به پیامبری مبعوث می‌کرد تصویر بهشت متفاوت می‌شد. تصوّر کنیم که اگر خداوند پیامبر اسلام را در سرزمین سرسبزی مانند اروپا یا هر جای دیگری که سرسبز و خوش آب و هوا بود به پیامبری مبعوث می‌کرد و به مردم آن جا وعدهٔ بهشت می‌داد آیا خداوند همان تصویر بهشت سرسبز را که در قرآن ارائه نموده‌است، برای آن مردم هم ارائه می‌کرد؟ بدون شک خداوند چنین کاری نمی‌کرد چون این تصویر برای مخاطبان وحی که در آن سرزمین بودند ممکن بود جذابیت ایجاد نکند زیرا آنان همیشه این مناظر را به چشم خود می‌دیدند و تصویر بهشت برای آن‌ها تکراری و فاقد جذابیّت می‌شد. بنابراین خداوند با توجّه به وضعیّت نامساعد محیط طبیعی عربستان، خواست، آرزو و ایده‌آل اعراب زمان نزول وحی، تصویری متناسب با خواسته‌ها و آرزوها و ایده‌آل‌های آن‌ها ارائه نمود.

موضوع معاد و جزا و پاداش در ادیان آسمانی یهود و مسیحیّت هم با شرایط و واقعیّات جوامع آن دوره هماهنگ شده‌است. معاد و بهشت در آیین یهود تصویری واضح و گویا ندارد. تقسیم شدن یهودیان به دو گرو فریسیان (معتقدان به معاد) و صدوقیان (منکران معاد)

---

[1] - همان، ص ۴۸، و زنان زیبای انار پستان که در لباس کتان و ابریشم می‌خرامد.

[2] - همان، ص ۷۴ ترجمه: چه بسا روزهایی که با موی شانه زدهٔ زیبا پیش زن سفید نار پستان درخشان می‌روم.

گویای این واقعیّت است. و در تورات تصویر مشخصی از بهشت ارائه نشده‌است. در انجیل هرچند بیشتر از تورات به موضوع معاد و جزا و پاداش پرداخته شده‌است. اما معاد بیشتر جنبه روحانی دارد و بعد جسمانی ندارد یا کمتر به آن اهمیت داده شده‌است. (انجیل متی باب ۲۲ آیات ۳۰ - ۲۲)

نکتهٔ بسیار حائز اهمیت این است که اختلاف دیدگاه وسیع دین یهود، مسیحیّت و اسلام در مورد معاد و بهشت همان واقعیّت هماهنگ شدن وحی با شرایط، محدودیّت و ظرفیّت ذهنی انسان‌ها در زمان نزول را ثابت می‌کند. در زمان نزول تورات نه‌تنها آمادگی تحلیل و توصیف بهشت وجود نداشته بلکه پذیرش معاد هم با مشکلاتی مواجه بوده‌است. در دورهٔ عیسی مسیح که جامعه پیشرفت کرده و آمادگی ذهنی بیشتری در انسان‌ها دیده شده یا به دلیل هر موضوع دیگری، تصویر شفاف‌تر از معاد و بهشت ارائه شده‌است. همان‌گونه که توضیح داده شد. در زمان نزول قرآن بهشت بسیار شفاف‌تر، کامل‌تر و متناسب با زمان و وضعیّت جامعه توصیف شده‌است و این واقعیّت آشکار می‌شود که بهشت متناسب با شرایط و محدودیّت‌ها، توقعّات، آرزوها و روحیّات مردم در زمان نزول توصیف شده‌است.

سطح رفاه، دانش، استانداردها، کیفیّت زندگی و انتظارات و روحیّات انسان‌ها در ادوار مختلف، متفاوت است. ارائه یک تصویر مشخص و ثابت از هر چیزی از جمله بهشت نمی‌تواند رضایت انسان‌های ادوار مختلف را جلب کند. چرا که با بالا رفتن سطح رفاه، کیفیّت زندگی و وجود امکانات جدید که روز به روز تغییر می‌کند توقعّات انسان‌ها را بالا می‌برد و آرزوهای آن‌ها را بزرگتر می‌کند. پس ارائهٔ تصویر یکسان و بدون تغییر از بهشت نه‌تنها جذابیّت آن را کم‌تر می‌کند بلکه موجب شده که مردم در ادوار بعد، شرایط زندگی خود و سطح کیفیت آن را از بهشت بالاتر و کامل‌تر ببینند و آن را پاداشی متناسب با واقعیّت‌ها و نیازها و انتظارات و ایده‌آل‌های خود ندانند. به همین دلایل در زمان حاضر شماری از مردم اعتماد خود را به آن از دست داده‌اند، پیامد این بی‌اعتمادی گسترش پیدا کرده‌است و اصل زندگی دوباره را هم شامل شده‌است و گروه زیادی به معاد هم بی‌اعتماد شده‌اند.

نظریهٔ آسمانی - زمینی بودن وحی نه‌تنها تناسب تصویر بهشت با نیازها و آرزوهای مخاطبان زمان نزول و دلیل عدم تناسب با دوران‌های پس از آن را قابل درک می‌کند، بلکه زمینه و امکان ارائهٔ تصویری متناسب با درک انسان در هر دوره و زمانی را فراهم و برای انسان‌ها ایجاد حق می‌کند که در هر دوره، تصویری از بهشت متناسب با ایده‌آل‌های خود ارائه کنند.

از آنجا که سطح زندگی، توقّعات و آرزوهای انسان‌ها در زمان‌های مختلف در دنیای مادی با هم تفاوت دارد این اختلاف سطح به طور قطع در ایجاد توقّعات و انتظارات آن‌ها از دنیای دیگر نقش دارد. در نتیجه می‌بایست در بهشت همهٔ انتظارات، خواسته‌ها و آرزوهای مثبت انسان‌ها در همهٔ زمان‌ها تحقق پیدا کند تا عدالت خداوندی در مورد انسان‌ها، تحقق خواسته‌ها و آرزوهایشان نمود پیدا کند. اگر بهشت در کتب آسمانی و قرآن به شکل خاص و مشخصی ارائه شده‌است به دلیل ظرفیّت ذهنی، خواسته‌ها و آرزوهای محدود مخاطبان اولیه بوده‌است. مخاطبانی که جلب رضایت آن‌ها و ایمان آوردنشان موجب رواج و گسترش دین شد و نارضایتی مانع شکل‌گیری و رواج آن می‌گردید. پس مؤمنان اعصار بعد که بر اساس پیشرفت‌های خود در دنیای مادی انتظارات و توقّعات بیشتری دارند نباید تصوّر کنند که بهشت چارچوب مشخص و محدودی دارد و آرزوی آنان را برآورده نمی‌کند بلکه با داشتن یک نگرشی الهی پویا متوجّه می‌شوند که چهارچوب مشخص بهشت به دلیل محدودیّت‌های انسان و جوامع زمان نزول بوده‌است و بهشت نمی‌تواند محدود به یک چهارچوب مشخص باشد. پس باید آرزوی همهٔ انسان‌ها را در همهٔ زمان‌ها برآورده کند.

تصویر دوزخ و عذاب‌های آن

تصویری که از دوزخ و عذاب‌های آن در قرآن ارائه شده‌است با وضعیّت و شرایط محیط طبیعی عربستان و روحیّات قوم عرب هماهنگی و سازگاری دارد. همان‌گونه که می‌دانیم محیط عربستان، بیابانی، گرم و سوزان است. قوم عرب با تمام وجود، گرمای طاقت‌فرسا آن را تجربه کرده بودند لذا قرآن عذابی که برای بی‌باوران و گناهکاران در نظر گرفته‌است عذاب آتش و سوزاندن است:

« پس کسانی که کافر شدند جامه‌هایی از آتش برای ایشان بریده شده‌است و از بالای سرشان آب جوشان ریخته‌می‌شود که آنچه در شکم آن‌هاست و پوست بدن‌شان با آن گداخته می‌شود و آن‌ها را گرزهای آهنین است. هر بار بخواهند [از کثرت] اندوه از آن بیرون آیند به آن بازگردانده می‌شوند و [گفته می‌شود] بچشید عذاب آتش سوزان را.» حج ۲۲ - ۱۹

عذاب و خشونت موجود در این آیه و آیات عذاب با روحیۀ خشن و غیر قابل انعطاف قوم عرب سازگاری دارد و در واقع عذاب دوزخ، تجسم تشدید یافتۀ هوای سوزان عربستان و روحیّات خشن قوم عرب است.

مفهوم ابدی بودن قرآن چیست؟

« اِنّا نَحنُ نَزَّلنا ذِکرَ وَ اِنّا لَهُ لَحافِظُونَ البته ما قرآن را نازل کردیم و آن را محفوظ خواهیم داشت. » حجر / ۹

این آیه با حروف مشبه‌بالفعل آغاز شده‌است که برای تأکید به کار رفته‌است بعد ضمیر متصل « نا » و بعد ضمیر منفصل « نحن » به معنای ما آمده‌است که به کار رفتن دو ضمیر متصل و منفصل پشت سر هم به یک معنی برای تأکید و قطعیّت در کلام می‌باشد. یعنی؛ به طور قطع ما قرآن را نازل نمودیم و در ادامه دوباره از اِنّ برای تأکید و ضمیر متصل « نا » به معنای ما استفاده شده‌است که همانا ما آن را حفظ خواهیم کرد.

سورهٔ حجر در شهر مکه که مرکز مخالفت اصلی با دین اسلام بود نازل شده‌است. به همین دلیل این آیه با تأکید کامل آغاز شده‌است. تا مخاطبان اولیه پیام تحت‌تاثیر قرار بگیرند و بدانند که از سوی خداوند است و خداوند به طور قطع حافظ آن خواهد بود. خداوند زمینهٔ این کار را فراهم کرد و در زمانی بسیار کوتاه یعنی در دههٔ دوم بعد از وفات پیامبر (ص) در زمان خلیفه سوم قرآن جمع آوری شد و نسخهٔ واحدی که مورد اتفاق حافظان قرآن بود مورد پذیرش قرار گرفت و به نقاط مختلف دنیای اسلام فرستاده‌شد.

کتاب‌های آسمانی دیگر یعنی تورات و انجیل مدت زمان طولانی بعد از نزولشان ثبت شدند که ممکن است همین موضوع زمینهٔ تغییرات سهوی و جزیی ناشی از فراموش شدن کلمات و عبارات را فراهم کرده باشد. قرآن با وجود آن که در جامعه‌ای از هر لحاظ عقب‌مانده نازل شد در زمانی بسیار کوتاه بعد از نزول کامل آن، ثبت شد و همین موجب شد که تغییر سهوی یا عمدی در آن رخ ندهد. به این ترتیب وعدهٔ خداوند محقّق شد و امروز همه به این واقعیّت باور داریم که قرآن از سوی خداوند نازل شد و به طور قطع کتاب به صورت اصلی خود حفظ شده‌است.

اما حفظ قرآن به معنی حفظ شکل صوری و محتوایی آن است نه زمینهٔ اجرایی آن.. حفظ قرآن به این معنی است که کلمات عبارات به هیچ وجه تغییری نکرده و تحریفی در آن رخ نداده و نخواهد داد به همان شکل در اختیار انسان‌ها قرار گرفته‌است، باقی خواهد ماند.

بنابراین از نظر شکل صوری، محتوایی و معنایی قرآن متنی بدون تغییر و دست‌نخورده بوده و خواهد بود. اما از نظر این که تفکّر و جهان‌بینی الهی قرآن در زندگی انسان‌ها در ادوار مختلف عملی خواهدشد یا نه، خداوند ضمانت و مسئولیّتی در این باره به عهده نگرفته‌است و این امر در واقع به عهدهٔ مسلمانان گذاشته شده و وظیفهٔ آن‌هاست:

« ما به حقیقت راه [حق و باطل] را به انسان‌ها نشان دادیم. اکنون هدایت را خواهد پذیرفت و یا کفران نعمت می‌کند؟» دهر /۳

در جوامع اسلامی امروز که در رکود فرو رفته‌اند، جهان‌بینی و تفکّر الهی قرآن را معادل اجرای احکام قرآن گرفته‌اند و تصوّر می‌کنندکه اجرای کامل احکام به مفهوم اجرای جهان بینی الهی و تعالیم قرآنی در جامعه است آن هم احکامی که از قبل در جامعهٔ عرب دارای سابقه بوده‌است و خداوند آن را به دلیل تناسبش با ساختار جامعه عرب پذیرفته‌بود. حتی محدود کردن جهان‌بینی الهی به این سطح بسیار پایین و ناکارآمد اجرای احکام هم به اختیار انسان است و خداوند ضمانت اجرایی در این باره به عهده نگرفته‌است محقّق نمودن یک جامعهٔ الهی وظیفهٔ انسان‌هاست. بنابراین ابدی بودن قرآن تنها به معنای حفظ متن قرآن به همان صورت اصلی است که نازل شده‌است و غیر از این معنای دیگری ندارد.

فصل ششم

آغاز تغییرات گسترده و واکنش‌ها در برابر آن

آغاز تغییرات گسترده

دانشمندانی مانند کوپرنیک، گالیله و کپلر متوجّه شدند که زمین مرکز عالم نیست. اعلام و بعد اثبات کردند که زمین به دور خورشید می‌چرخد.[1] ابتدا کوپرنیک متوجّه این واقعیّت شد که نظریۀ مرکزیّت زمین بطلیموسی ایرادها و ناهمخوانی‌هایی دارد. او تلاش کرد که نظریه‌ای منسجم بر اساس واقعیّات مطرح کند و نظریۀ خورشید مرکزی را ارائه داد. اما برای اثبات آن سال ها تلاش کرد تا از طریق اصول ریاضی آن را اثبات نماید. سرانجام در سال پایان زندگی‌اش کتاب خود را به نام « گفتار دربارۀ چرخش کرات آسمانی » چاپ کرد و نسخۀ چاپی کتاب، تنها کمی پیش از مرگش زمانی که در بستر بیماری بود به دست او رسید.[2]

گالیله راه او را ادامه داد و نظریۀ خورشید مرکزی را اثبات کرد. چهار قمر سیارۀ مشتری را رصد کرد و متوجّه شد که تعداد ستارگان راه شیری بیشتر از آن است که قابل شمارش

---

[1] - وایت، گالیله، ص ۱۰ همچنین ریشارت، گالیله، ص ۷۶ - ۷۴

[2] - وولکل، کپلر ستاره شناس نوین صص ۱۶۰ - ۱۴۹

باشد. او همچنین با تلسکوپ جزئیات سطح ماه را مشاهده و ثبت کرد.[1] کپلر اختر شناس آلمانی، پدر علم ستاره شناسی نوین، ده سال از عمر خود را صرف بررسی حرکت سیّارات و قوانین ریاضی حاکم بر آن‌ها کرد. او کتاب « رموز جهان » را درسال ۱۵۹۶ منتشر کرد. فاصله هر یک از سیّارات با خورشید را مشخص کرد. او برخلاف کوپرنیک و گالیله که مدار گردش سیارات را دایره در نظر گرفته بودند، بیضی شکل در نظر گرفت و به این ترتیب نظریهٔ خورشید مرکزی را انسجام بیشتری بخشید و کامل کرد. این نظریه در کتاب « نجوم جدید » ارائه گردید که در ۱۶۰۹ منتشر شد.[2] به این ترتیب نظریهٔ مرکزیّت زمین اعتبار خود را از دست داد.

واکنش کلیسا

کلیسا که نظریهٔ مرکزیّت زمین را به عنوان اصلی الهی پذیرفته بود با هرگونه تغییر جدید به ویژه با نظریه‌پردازان مرکزیّت خورشید به شدت مخالفت کرد. آن‌ها اثر کوپرنیک «گفتار دربارهٔ چرخش کرات آسمانی» را در سال ۱۶۱۶ ممنوع چاپ و فروش کردند. این ممنوعیّت تا سال ۱۷۵۷ ادامه پیدا کرد. همچنین کلیسا گالیله را وادار کرد که نظریات خود را پس بگیرد یا خود او سوزانده شود. گالیله به ناچار توبه کرد و پذیرفت که اشتباه کرده‌است. او تا سال‌ها ناچار بود برای اثبات وفاداری خود به نظریهٔ مرکزیّت زمین در کلیسا حاضر شود. کلیسا برای حفظ موقعیّت خود با نظریهٔ مرکزیّت خورشید و هر نظریهٔ دیگری که اصول و مبانی کلیسا را به خطر می‌انداخت؛ مخالفت می‌کرد و ماندگاری خود را در تأکید بر مبانی و اعتقادات خود می‌دید.

پیامدهای مخالفت کلیسا

کلیسا و پیروان ادیان به اشتباه نظریات قدیمی مانند مرکزیّت زمین و سایر نظریات را همسنگ و برابر پیام‌های اساسی ادیان تلقی و به نادرست از آن حمایت و مخالفان آن را

---

[1] - پیشین ص ۴۷

[2] - وولکل، کپلر ستاره شناس نوین صص ۷۳ - ۷۰

سرکوب کردند. چرا که این موضوعات و موضوعات مشابهٔ آن جنبهٔ علمی داشته و دارد و در حوزهٔ ادیان و پیام‌های محوری آن قرار نگرفته و نمی‌گیرد. وظیفهٔ ادیان نشان‌دادن مبدأ و مقصد خلقت جهان و همچنین ارائه بهترین راهکار طی این مسیر بر حسب شرایط و موقعیّت زمان نزول بود که در قالب دین یهود، مسیح و اسلام به وسیله پیامبران به انسان‌ها ابلاغ شد تا به بهترین شیوهٔ ممکن با خالق، مقصد نظام خلقت و راهکار رسیدن به آن که مهمترین موضوعات دینی بود، آشنا شوند و در فلسفهٔ حیات دچار سرگردانی و گمراهی نشوند. مرکزیّت زمین یک موضوع تجربی و علمی بود که کلیسا بی جهت و بی مورد آن را موضوع محوری قلمداد و به عنوان خط قرمزخود تلقی کرد و از آن دفاع نمود.

مخالفت بی مورد کلیسا با نظریهٔ اثبات شدهٔ خورشید مرکزی پیشرفت علوم را متوقف نکرد. برعکس ادامهٔ پیشرفت علوم و زیر سؤال رفتن مرکزیّت زمین، موقعیّت کلیسا را متزلزل کرد. مخالفت بیشتر کلیسا که خود را نمایندهٔ اندیشی دینی می‌دانست در مقابل پیشرفت علوم و موضوعات اجتماعی، نه‌تنها ثمری نداشت، کلیسا را بیشتر زیر سؤال برد و مؤمنان را دچار شک و تردید کرد. ادامهٔ این وضعیّت و گسترش آن فاصله‌ها را شدیدتر کرد و موجب شد دانشمندان و اندیشمندان با رد شدن مرکزیّت زمین در مابقی اندیشه‌های کلیسا و نظام دینی و حتی اصول بنیادین آن‌ها شک و شبهه وارد کنند و باورمندان را هم در اندیشه و اعتقاد خود دچار تزلزل کنند.[1] در نتیجه در سراسر جهان نگاه و نگرش علمی هر روز با دستاوردهای خود، کلیسا و اندیشه‌های دینی را به عقب راند، مردم را بیشتر مجذوب خود کرد و نشان داد که مقبولیّت بیشتری دارد. در واقع اشتباه کلیسا (نماینده باور دینی) در گنجاندن نظریه‌های قدیمی مثل مرکزیّت زمین در باورهای دینی و در نظر گرفتن آن به عنوان خط قرمز، سرنوشت کلیسا را به سرنوشت مرکزیّت زمین پیوند زد و آن را دچار همان تزلزل و بی‌اعتباری کرد.

واکنش‌ها در دنیای اسلام

در دنیای اسلام هم عالمان دینی همانند سران کلیسا در برابر اندیشه‌ها و دستاوردهای جدید از خود مقاومت نشان داده و تصوّر می‌کنند که دستاوردهای جدید علمی نمی‌تواند در مقابل نص کتاب آسمانی قابل‌اعتماد باشد. آن‌ها مطالب قرآن را در همهٔ موضوعات از

---

[1] - باربور، علم و دین، صص ۱۲۰ - - ۱۱۹

جمله موضوعات علمی بسیار بالاتر از دستاوردهای علمی و بشری می‌دانند. فکر می‌کنند که الهی بودن کتاب به این معنی است که همهٔ مطالب و موضوعات مطرح شده در قرآن قابل انطباق با همهٔ زمان‌ها و جوامع است وکارایی و کاربرد دارد. تلاش می‌کنند تغییرات و تحوّلات جدید را امری بشری و ناقص نشان دهند و آن را نادیده بگیرند. در نتیجه با تمام توان و به اشکال مختلف در برابر آن می‌ایستند و پیروان خود را به بازگشت به قرآن و سنت‌های دینی دعوت می‌کنند.

پیامد پذیرش واقعیّت‌های جدید

اگر نظام‌های دینی به ویژه کلیسا توجّه بیشتری به پیام‌های اساسی دین می‌کردند و با پیشرفت‌ها مخالفت نمی‌کردند نه‌تنها با واقعیّت‌های جدید فاصله پیدا نمی‌کردند بلکه هماهنگ با شرایط روز، زمینهٔ پیشرفت اندیشهٔ دینی را فراهم می‌کردند. تمام موضوعات علمی مطرح شده در کتب آسمانی با سعهٔ صدر عالمان دینی، فرصت بروز شدن پیدا می‌کرد و با علم جدید همراه و همگام می‌شد. در موضوعات و احکام اجتماعی نیز شرایط جدید جوامع، مورد پذیرش قرار می‌گرفت و اصول و قوانین جدید از طرف کلیسا پذیرفته می‌شد و تمام رفتارها و موضوعات انسانی و جهان‌بینی و نگرش دینی به تدریج همراه با پیشرفت‌های جدید به روز می‌شد. مؤمنان همهٔ موضوعات دینی حتی توحید، نبوت و معاد را با نگرشی نو که برخاسته از پیشرفت‌های فکری علمی و اجتماعی بود؛ مورد توجّه و بازبینی قرار می‌دادند و با شرایط جدید هماهنگ می‌کردند.

هماهنگ شدن نگرشی دینی با پیشرفت جوامع در عرصهٔ زندگی فردی و اجتماعی می‌توانست و می‌تواند آرامش فکری ایجاد کند و تضاد میان نگرش دینی و نگرش علمی را از بین ببرد. هنگامی که جوامع در تمام ابعاد فکری علمی و اجتماعی در حال پیشرفت باشد و نظام دینی با آن همراه و همصدا شود در ذهن، روح و روان مؤمنان و در اجتماع آرامش و هماهنگی ایجاد می‌شود و فرد دیندار میان باورهای خود و واقعیّت‌های موجود در زندگی و جامعه، احساس تضاد نمی‌کند و میان باور دینی خود و جهان جدید دچار سردرگمی و عدم تعادل نمی‌شود و به صورتی نامتوازن به سمت یکی از آن‌ها گرایش پیدا نمی‌کند. نظام فکری او در عرصهٔ فردی و زندگی اجتماعی کاملاً یکدست و هماهنگ می‌شود. همراه با

پذیرش واقعیّت‌ها، پیشرفت‌های علمی، اجتماعی و توانمندی‌های همهٔ جانبهٔ انسان، نگرش الهی بر نظام فکری او حاکم می‌شود.

تغییر مبانی حقوق

همان‌گونه که می‌دانیم تحوّلات گسترده‌ای در جهان امروز رخ داده‌است. نگرش انسان به جهان و خود تغییر کرده‌است. در عرصهٔ زندگی فردی و اجتماعی، مناسبات و روابط بر اساس دیدگاه و شرایط نو تنظیم شده‌است. نظام‌های حقوقی تحوّلات گسترده‌ای پیدا کرده‌اند. از نگرشی وظیفه محور که از افراد انتظار انجام وظیفه را داشت عبور کرده و به نگرشی حق محور رسیده‌است. اکنون انسان امروز از حقّ حیات، حقّ شهروندی، حقّ آزادی، اعتراض و سایرحقوق برخوردار است. در حالی که در گذشته، انسان پیش از این که از حقی برخوردار باشد موظف به انجام وظایفی بوده‌است. حیات یک وظیفه بود تا یک حق، شهروند بودن تعریف نشده بود و طبیعتاً حقی هم وجود نداشت و مردم موظف به اطاعت از حاکمان بودند. آن‌ها حقّ انتخاب حاکمان را نداشتند بلکه وظیفهٔ بیعت و اطاعت داشتند. فرزند و والدین پیش از این که در مقابل هم حق و حقوقی داشته باشند، تعهّداتی به عهده داشتند، در واقع بیشتر فرزندان تعهّد بر عهده داشتند و انتظارات از بالا به پایین بود. توقع و انتظار والدین از فرزند بیشتر از توقع و انتظار فرزند از والدین بود. در حقیقت، امروز و آینده در خدمت گذشته بود. در حالی که امروز حق و حقوق فرزند بر والدین بیشتر از حق و حقوق والدین بر فرزند است و برعکس نگرش گذشته، این امروز و گذشته است که در خدمت آینده است.

تغییر شرایط زندگی فردی و اجتماعی موجب تغییر در مناسبات و رابطهٔ میان انسان‌ها شد و نوع نگاه‌شان را به جایگاه انسان در جهان، جامعه و در برابر انسان‌های دیگر تغییر داد. نظام دینی تکلیف محور بود. انسان موظف و مکلف به انجام امور مختلف عبادی و اجتماعی و رعایت حق الله، حق النفس و حق الناس بود. اما شرایط جدید موجب شد که انسان نه‌تنها خود را مکلف نداند بلکه خود را صاحب حق بداند و برای خود حقوق مختلفی را قائل شود. در واقع در ادیان مبنای حقوق و احکام، کتب الهی بود. در حالی که مبنای تدوین حقوق و قانون در جوامع جدید نیازها و واقعیّت‌های نو بود و قانون‌گذاران بر اساس آن به وضع قوانین پرداختند. این تغییرات موجب شد که این دیدگاه‌ها تغییر کند. تا پیش از این تحوّلات،

احکام در جوامع دینی برای هر فردی به راحتی قابل پذیرش بود اما به مرور ناهماهنگی آن احکام و قراردادها با واقعیّات موجود جوامع و زندگی انسان‌ها، بیشتر شد و قابلیّت اجرایی آن‌ها زیر سؤال رفت. اکنون اجرای احکام اسلامی در جوامع اسلامی در سطوح مختلف با مشکل مواجه شده‌است که در بخش‌های قبلی آن‌ها را به تفصیل بیان نمودیم.

واکنش‌های مسلمانان در برابر دنیای جدید

مؤمنان در برابر تغییرات و پیشرفت‌ها در عرصه‌های مختلف علمی و اجتماعی واکنش‌های گوناگونی از خود نشان دادند که به مهمترین آن‌ها می‌پردازیم:

۱- اصرار بر پیروی از احکام و دستورات

با وجود آن که جوامع دینی به ویژه اسلامی با دنیای امروز بسیار فاصله دارند اما مؤمنان به پیروی کامل از دستورات دینی اصرار می‌ورزند. هرچند که پیروان همهٔ ادیان تلاش کردند تا از دستورات کتاب‌های آسمانی خود پیروی‌کنند اما این تلاش‌ها فقط در دورهٔ اول هر دینی نتیجه بخش بوده و توانسته موجب شکوفایی فکری و اجتماعی شود. دوره‌های بعدی به دلیل اصرار بر اجرای همان نگرش، همان احکام و قوانین که با واقعیّت‌های روز هماهنگ نبود؛ دچار رکود و ایستایی شدند. اکنون به خاطر تحوّلات گسترده‌ای که در عرصه‌های مختلف علمی، اجتماعی در زمان ما به وجود آمده این رکود کاملاً مشهود است. اما مؤمنان باز اصرار می‌ورزند که خیر و سعادت بشر در اجرای فرموده‌های خداوند و دستورات اوست و از این حقیقت غافل می‌مانند که علت شکوفایی جامعهٔ هنگام نزول وحی، هماهنگی کامل نگرش و دستورات کتاب‌های آسمانی با قراردادها، قوانین، رسوم و نگرش حاکم برجامعهٔ آن دوره بوده‌است و به همین دلیل بوده که مؤمنان با رضایت‌خاطر از دستورات آن پیروی کردند. حال آن که تحوّلات اخیر این هماهنگی و سازگاری را از بین برده و توان تغییر و شکوفایی را که در هنگام نزول در دین وجود داشته از آن سلب نموده‌است. اما باز شاهد آن هستیم که شماری از مؤمنان و گروه‌ها و دسته‌ها بر پیروی از دستورات و احکام دینی تأکید می‌کنند و در این راه به شیوه‌هایی مختلفی با نیّت خیر اما همچنان با دید و نگاه سنتی خود تلاش می‌کنند مسلمان را به دینداری تشویق کنند.

۲ - نبود نگرش و نظام فکری و پیامدهای آن

شماری از عالمان ادیان و همچنین عالمان اسلامی با توجّه به این که درکی از ضرورت هماهنگ شدن تفکّر و جهان بینی الهی با واقعیّات جدید ندارند در واکنش به پیشرفت‌های همه‌جانبه دنیای مدرن، کتب آسمانی از جمله قرآن را به متنی دور از دسترس تبدیل کرده‌اند. عالمان دینی به این باور رسیدند که کتب آسمانی آن‌ها از هر علم و دانشی بالاتر است چون علم و دانش بشری محدود است. البته این روند در گذشته هم سابقه داشته، غزالی از کسانی است که معتقد بود: « اوایل و اصول همهٔ علوم در قرآن وجود دارد و به آیات متعدد در این رابطه استناد کرده‌است وی تعداد علوم قرآن را ۷۷۲۰۰ علم ذکر کرده‌است و معتقد بود که این عدد چهار برابر می‌شود چون هر کلمه ظاهر و باطن و حدّ و مطلع دارد. »[۱] در نگاه عالمان دینی کتب آسمانی از جمله قرآن کلام خداوند است و هنوز انسان‌ها به آن حد از پیشرفت نرسیده‌اند که آن را درک نمایند پس نباید آیات آن را زیر سؤال ببرند. زمانی که از عالمان دینی دربارهٔ هفت آسمان یا چگونگی آفرینش انسان در کتب آسمانی و اختلاف آن با علوم زمان سؤال می‌شود در مقابل دفاع از کتب آسمانی بر می‌آیند و علوم بشری را در برابر آن ناچیز می‌دانند. چنین اظهار می‌نمایند که هنوز انسان توان درک نظرات صائب قرآن را ندارند. چون قرآن دارای بطن‌ها و معانی مختلف است و مؤمنان به هیچ وجه نباید به خاطر اختلاف‌نظر قرآن با دانش امروز در مورد پدیده‌های مختلف دچار شک و تردید شوند!

هرچه دامنهٔ پیشرفت‌های علمی و تحوّلات اجتماعی گسترده‌تر شد و ناهماهنگی میان آن‌ها و قرآن افزایش یافت عالمان دینی هم در توجیه این مشکل تفسیر جدید اما در بیشتر موارد نادرست ارائه نمودند و هر روز بر دامنهٔ لایه‌های معانی پنهانی قرآن افزودند. به این ترتیب آن را به متنی رازآمیز و معماگونه با خطوط قرمز گسترده تبدیل کرده و می‌کنند که هیچ‌کس به معانی عمیق آن نمی‌تواند پی ببرد. آن‌ها پیام الهی قرآن را فراموش کردند که برای هدایت عامهٔ مردم نازل شده و بارها انسان‌ها را به تفکّر و تعقّل در پدیده‌های مختلف همچنین به تفکّر درخود قرآن دعوت‌کرده‌است: « آیا در قرآنی تدبّر نمی‌کنند یا بر قلب‌هایشان قفل وجود دارد.» محمد/۲۴ به این ترتیب همهٔ مؤمنان را به تعبّد کورکورانه

---

[۱]- غزالی، احیاءالعلوم دین، ج ۱ ص ۲۸۹ همچنین خوارزمی، ترجمهٔ فارسی احیاالعلوم، ج ۱، ص ۶۲۶

فراخواندند. از این مسئله غافل ماندند که پیشبرد تفکّر الهی و اجرای آن در جامعه به هیچ عنوان، این گونه ممکن نیست.

با این روند هرچه علوم بیشتر پیشرفت می‌کند و جوامع دست‌خوش تغییرات می‌شود چون فاصلهٔ واقعیّات روز با متن کتاب آسمانی بیشتر می‌شود رازآمیز شدن و لایه‌های معنایی غیرقابل درک هرچه بیشتر خواهد شد و اگر امروز قرآن هفت بطن دارد در آینده این بطن‌ها به صورت تصاعدی افزایش خواهد یافت و این نوع نگاه هر چه بیشتر مسلمانان را از درک مفاهیم آن دور می‌کند. در حالی که می‌دانیم قرآن به زبانی ساده و برای هدایت عامهٔ مردم نازل شده‌است.

بنابراین باید قرآن معنایی دقیق و مشخص داشته باشد. نباید پذیرفت که قرآن لایه‌های مختلف معنایی و بطن‌های مختلف دارد چون همان‌گونه که گفته شد آن را به متنی رازآمیز و معماگونه تبدیل خواهد کرد. دلایل مختلفی می‌توان ذکر نمود که نشان می‌دهد قرآن متنی رازآمیز و معماگونه نیست:

۱- در هیچ کدام از آیات قرآن به چند معنایی بودن آن و داشتن بطن‌ها و لایه‌های مختلف معنایی اشاره نشده‌است و این تصوّر بعدها شکل گرفت و نادرست است.

۲ - قرآن به زبان ساده در جامعه‌ای که مردم آن ساده و ناآگاه بودند نازل شد این کتاب به این دلیل که به سادگی قابل درک و فهم بود توانست در دل‌ها نفوذ کند چون با شرایط فرهنگی و اجتماعی جامعهٔ عرب هماهنگ بود. قوم عرب که فاقد دانش و اُمّی بودند به راحتی آن را درک و از آن پیروی کردند و توانستند و امپراتوری‌های اطراف خود را شکست دهند و به سرعت از یک جامعهٔ قبیله‌ای به سوی تمدن قدم بر بردارند و در علوم مختلف پیشرفت کنند. همین که قرآن توانسته این تحوّلات گسترده را در یک جامعهٔ ناآگاه به وجود آورد علاوه بر نشان دادن عظمتش، بزرگترین دلیل برای اثباتِ قابل فهم بودن و داشتن دلالت‌های لغوی و معنایی مشخص است. به طور قطع اگر چند معنایی بود برای آن جامعه بی‌سواد و ناآگاه متنی غیر قابل دسترس می‌شد و هیچ تغییر و تحوّلی به وجود نمی‌آمد.

۳ - کتب آسمانی و قرآن هر کدام در جوامع خاص خود نازل شده‌اند و انعکاسی از جامعهٔ خود با همهٔ مشخصات آن هستند. هر جامعه‌ای از سطح دانش، تفکّر، آداب، رسوم،

قراردادهای اجتماعی، اندیشه و زبان مخصوص برخوردار است. به ناچار متنی که از آن جامعه برخاسته هماهنگ با ویژگی‌ها و مشخصات آن جامعه است. در الهی بودن قرآن هیچ تردیدی نیست اما قرآن در بافت و ساختار و جامعهٔ عرب نازل شده‌است پس در درک معنای قرآن نباید هیچ کدام از مشخصات جامعهٔ عرب هنگام ظهور اسلام را نادیده گرفت. باید به همان زبان و کلمات با همان معانی که در آن دوره برای کلمات قرآن رایج بوده بر اساس فکر و ساختار نظام اجتماعی و اندیشهٔ جامعهٔ عرب درک و تعبیر شود. نباید به دلیل تغییرات همه‌جانبه شرایط زندگی انسان‌ها در دوره‌های بعد، شرایط جامعهٔ زمان نزول و چهارچوب‌های آن را فراموش و تلاش کرد که بخشی از آیات آن را به صورت جداگانه بدون یک نظام فکری مشخص با فضای فکری و علمی جامعهٔ جدید هماهنگ کرد. این در حالی است که شماری از عالمان، دانش امروز را که اصلی‌ترین شاخصهٔ دنیای جدید است در قرآن جستجو می‌کنند تا قرآن را در زمینهٔ دانش پیشروتر از دنیای جدید نشان دهند و به این ترتیب به لایه‌های معنایی آن می‌افزایند و آن را از فرهنگ و جامعه‌ای که در آن نازل شده، دور می‌کنند.

به دلیل نبود نگرش و نظام فکری مشخص بخشی دیگر را دقیقاً با زمان نزول هماهنگ کرده و می‌کنند. در زمینهٔ حقوق و احکام اجتماعی قرآن، ویژگی‌های دنیای جدید از جمله پیشرفت‌های اجتماعی، انسانی و حقوق بشری جامعهٔ امروز را نادیده می‌گیرند و بر اساس متن صریح قرآن عمل می‌کنند. متاسفانه متوجّه این تناقض در نگاه خود نمی‌شوند. این همان برخورد دوگانه مسلمانان با قرآن است و هر چه بیشر بر ابهامات و تناقضات می‌افزایند. در حالی‌که قرآن چون منطبق با جامعهٔ عرب در زمان مشخص با ویژگی‌های خاص خود است، دلالت‌های معنایی روشن و صریحی دارد و متنی رازآلود نیست و بر واقعیّت‌های مشخص دلالت دارد.

۳- تلاش برای انطباق آیات قرآن با دستاوردهای علوم جدید

عده‌ای از عالمان و نویسندگان جدید تلاش کرده‌اند که نظریات و قوانین جدید علمی را در قرآن جستجو کنند و با ارائهٔ تفسیر علمی از قرآن معجزه بودن آن را بیش از پیش ثابت کنند. آن‌ها به محض پیدا کردن شباهتی میان آیات قرآن با یافته‌های علمی جدید، آن

آیات را انتخاب و از قالب متنی که در آن قرار دارند خارج کرده‌اند؛ بدون این که روابط معنای کلمات را در آیات به دقّت بررسی کنند و بدون در نظر گرفتن ارتباط معنایی آن آیات با آیات پیرامونش از آن‌ها تفسیر علمی ارائه داده‌اند و ادعا می‌کنند که این نظریات و قوانین علمی از ۱۴۰۰ سال پیش در قرآن وجود داشته‌است و علم تازه به آن‌ها دست یافته‌است و به این ترتیب می‌خواهند اعجاز قرآن را از بعد علمی هم ثابت کنند.

وقتی با دقّت به کلمات و رابطه معنایی آن‌ها در بافت آیات توجّه می‌کنیم واقعیّتی خلاف آنچه مفسران علمی قرآن ارائه داده‌اند، آشکار می‌شود که به چند نمونه از آن‌ها اشاره می‌شود:

۱- اَو لَم یَرَ الَذینَ کَفَرُوا اَنَّ السَّمواتِ وَ الارضَ کَانَتا رَتقاً فَفَتَقناها. آیا کسانی که کافر شدند، ندیدند که آسمان‌ها و زمین بسته بودند و ما آن‌ها را شکافتیم و هر چیز زنده‌ای را از آب پدید آوردیم؟ پس آیا ایمان نمی‌آورند؟ انبیا / ۳۰

مفسران علمی از این آیه به عنوان آیه‌ای در اثبات نظریهٔ BIG BANG (انفجار بزرگ) استفاده کرده‌اند و می‌گویند کلمات رتق به معنی به هم چسبیده (یکی از معانی رتق) و فتقنا به معنی جدا کردن و شکافتن آن‌ها از هم است. پس عنوان می‌کنند آسمان و زمین در اصل به هم وصل بودند و بعد از هم جدا شده‌اند و این اعجاز علمی قرآن است چون قبل از شکل‌گیری جهان مادهٔ اولیهٔ متراکمی وجود داشته و در اثر انفجار بزرگ جهان شکل گرفته‌است. (آسمان و زمین از هم جدا شده‌اند) [1]

این درحالی که آن‌ها با خارج کردن آیه از متن و بدون در نظر گرفتن آیات پیرامونش و تنها به استناد به « رتقا ففتقناها » آن را به تئوری انفجار بزرگ پیوند داده‌اند و این گونه از اعجاز علمی قرآن سخن گفته‌اند. حال آن که می‌بایست آیه همراه با آیات پیرامونی و در نگاهی کلی‌تر در متن سوره با درنظر گرفتن همهٔ پیش زمینه‌ها و شواهد بررسی شود:

سورهٔ انبیا در مکه نازل شده‌است و مخاطبان قرآن در مکه شمار اندک مسلمانان در مقابل مشرکان و مخالفان پرشمار بودند. محور اصلی در آیات این سورهٔ به ترتیب بسامد، دعوت

---

[1] - رضایی اصفهانی، پژوهشی در اعجاز علمی قرآن، صص ۱۰۵ – ۹۴ همچنین نجار، نشانه‌های اعجاز علمی در قرآن کریم، ص ۴۴ همچنین هیتو، المعجزة القرآنیه، صص ۲۰۰ - ۱۹۷

مشرکان و کافران به یکتا پرستی، وجود معاد و اثبات نبوت پیامبر می باشد که به شیوه‌های مختلف مطرح شده‌است: از جمله دعوت کفّار و مشرکان به تدبّر در پدیده‌های نظام خلقت، داستان بت‌شکنی حضرت ابراهیم و ذکر نام پیامبران دیگر و کارهای آن‌ها. این آیه در سورۀ انبیاء میان مجموعه آیاتی قرار گرفته که آیات قبل از آن بر یگانگی خداوند، دوری از شرک و کفر و آیات بعد از آن بر وجود معاد تأکید می‌کند.

حال با ذکر این مقدمات با دلایل زیر می‌توان ثابت کرد که این آیه ارتباطی با تئوری انفجار بزرگ ندارد:

۱- در انفجار بزرگ سخن از شروع خلقت جهان از مادۀ متراکم اولیه است در آن هنگام آسمان و زمینی وجود ندارد که بحث به هم چسپیدن یا جدا شدن آن‌ها قابل طرح باشد. جهان بتدریج شکل گرفت و کرۀ زمین به عنوان نقطۀ بسیار ناچیزی در این فضای لایتناهی بسیار دیرتر بوجود آمد. در ضمن زمین از آسمان جدا نشده بلکه جزیی کوچک از کهکشان راه شیری است که همراه با شماری دیگر ازکهکشان‌ها شکل گرفته‌است و آسمان آن را در بر گرفته و کاملاً احاطه کرده‌است.

۲ - آیه با « اَو لَم یَرَ الَذینَ کَفَرُوا » شروع شده‌است که جمله‌ای پرسشی به قصد تأکید بر محتوی آیه است. آیا کسانی که کافر شدند ندیدند که...؟ یعنی حتماً دیده‌اند، مشاهد و تجربه کرده‌اند.

۳ - کاملاً مشخصاً است که این آیه مخاطب دارد و در خلأ بیان نشده‌است مخاطب این آیه کافران مکه هستند.

۴ - زمان فعل « لم یر» زمان گذشته‌است « ندیدند». یعنی عملی در گذشته اتفاق افتاده و کسانی (کافران) آن را دیده و تجربه کرده‌اند. یعنی آیا کافران ندیدند که آسمان و زمین............؟ و هر چیز زنده‌ای را از آب پدید آوردیم، آیا ایمان نمی‌آورند؟

۵ - فعل جمله « او لم یر» در معنی اصلی آیا ندیدند؟ یعنی (حتماً دیده‌اند) به کار رفته است. حال نکتۀ بسیار عجیب این است که چگونه مفسران این بخش آیه را به ادامۀ آن « رتقا ففتقناها» پیوند داده‌اند. زیرا معنی آیه این گونه خواهد شد که: آیا کافران (مکه)که مورد خطاب خداوند بوده‌اند انفجار بزرگ را ندیده‌اند؟ یعنی حتماً دیده‌اند.

انتظار دیدن و درک کردن انفجار بزرگ نه‌تنها از کافران مکه بلکه از نسل انسان انتظاری کاملاً غیرمنطقی است. چرا که خلقت انسان میلیاردها سال بعد از انفجار بزرگ بوده‌است و نشان می‌دهد که مفسران علمی به هیچ عنوان به پیامد تفسیر خود نیندیشیده‌اند.

۶ - حتی اگر فعل جمله « او لم یر» را در معنای مجازی دانستن در نظر بگیریم باز هم توقّع این که کافران یا هر گروه و انسان دیگری در آن زمان از تئوری علمی مربوط به چهارده قرن بعد اطلاع داشته باشند و به خاطر عدم اطلاع از آن مورد پرسش و مؤاخذ قرار بگیرند، توقّعی نابه‌جا و کاملاً نادرست و بی‌پایه است. این در حالی است که در آیه بر آگاهی آنان از موضوع تأکید شده‌است.

۷ - با توجّه به اعجاز قرآن در زمینهٔ بلاغت و فصاحت غیر قابل تصوّر است که خداوند مقتضای حال مخاطب را در نظر نگرفته‌باشد و از او انتظار داشته‌باشد که انفجار بزرگ را دیده یا اطلاعی از آن داشته‌باشد. این موضوع نه‌تنها با بلاغت و فصاحت قرآن در تضاد است بلکه حکمت و درایت خداوند را هم زیر سؤال می‌برد. پس این تفسیرعلمی کاملاً اشتباه است.

مفسران گذشته این آیه را این گونه معنی کرده‌اند: آیا کسانی که کافر شده‌اند، ندیدند که آسمان‌ها و زمین بسته بودند (آب و گیاه نمی‌دادند) و ما آن‌ها را شکافتیم و هر چیز زنده‌ای را از آب پدید آوردیم؟ آیا ایمان نمی‌آورند؟

حال این آیه را همرا با آیه‌های بعد ذکر می‌کنیم و مورد بررسی قرار می‌دهیم:

« آیا کسانی که کافر شده‌اند ندیدند که آسمان‌ها و زمین بسته بودند (آب و گیاه نمی‌دادند) و ما آن‌ها را شکافتیم و هر چیز زنده‌ای را از آب پدید آوردیم؟ آیا ایمان نمی‌آورند؟ و در زمین کوه‌های استوار نهادیم تا زمین، آنان را نلرزاند و در آن راه‌های فراخ پدید آوردیم تا راه خود را بیابند و آسمان را سقفی محفوظ قرار دادیم ولی آن‌ها از نشانه‌ها روی‌گردان هستند. اوست که شب، روز، خورشید و ماه را آفرید که هر کدام در مسیر خود در حرکتند. پیـش از تو برای هیچ بشری [در دنیا جاودانگی مقرّر نکردیم آیا اگر تو بمیری آن‌ها جاوید مـی‌مانند. هر کسی چشنـدهٔ مرگ است و شما را با خیر و شرّ مـی‌آزماییم آزمونی ویژه] و به سوی ما باز گردانده می‌شوید.»

مفسّران گذشته « رَتقا فَفَتَقناها » را به بسته بودن آسمان و زمین سپس شکافتن معنی کرده‌اند (نبود باران آسمانی و عدم رویش گیاه سپس بارش باران و رویش گیاهان) که این معنی هم با بخش بعدی آیه « و جَعَلنا مِنَ الماءِ کُلُ شَیءٍ حَیا اَفَلا یُومِنُون » ارتباط و پیوند برقرار می‌کند و هم با بخش اول « آیا کافران ندیدند » پیوند خود را به زیبایی حفظ می‌کند چون نبود باران و خشک سالی و بعد بارش و سر سبزی پدیده‌ای قابل رویت و تجربه است و می‌توان افراد را به تامل در آن دعوت کرد. همچنین این بحث مرگ و زنده شدن طبیعت با آیات بعد که در ادامه آمده‌است به زیبایی پیوند خود را حفظ می‌کند که شنونده را به تامّل در پدیده‌های طبیعت دعوت کرده سپس از قطعی بودن مرگ و زندگی دوباره و بازگشت بسوی خدا سخن گفته‌است.

۲- « آیا ندیدید که خدا هفت آسمان را به صورت طبقاتی بر روی هم خلق کرد.» نوح / ۱۵

گروهی ازمفسران علمی چون می‌بینند که علم، آسمان را فضای بیکران می‌داند از هفت طبقه بودن آسمان صرف‌نظر کرده‌اند و به دنبال تطبیق این آیه با یافته‌های علمی دیگر رفته‌اند و آن لایه‌های جو زمین است که اطراف زمین را فرا گرفته‌است. می‌گویند منظور از هفت آسمان قرآن همین یافتهٔ جدید علمی یعنی هفت لایه جو زمین است.[۱] اما اگر آنان این آیه را از متن قرآن خارج نمی‌کردند به آیهٔ بعد هم توجّه می‌کردند این چنین تفسیر اشتباهی از آیه ارائه نمی‌دادند، در آیهٔ بعد چنین آمده‌است و ماه را به عنوان فروغی و خورشید را چراغ تابان در آسمان قرار دادیم.» نوح / ۱۶

در این آیه کاملاً مشخص است که خورشید و ماه هم در آسمان قرار دارد به طور مشخص می‌دانیم که آن‌ها بسیار دورتر از جو زمین هستند پس نمی‌توانیم هفت آسمان را محدود به جو زمین و لایه‌های آن نماییم: کاری که مفسران علمی فقط به خاطر برش آیات از متن و شباهت بسیار ظاهری با یافته علمی انجام داده‌اند.

۳ - « والارض بعد ذلک دحاها.» و زمین را پس از آن برای استفاده انسان و موجودات بگسترانید.» نازعات / ۳

---

[۱] - مرادی، رازهای آسمان‌های هفت گانه، صص ۸۸ – ۸۴

مفسران از این آیه برای اثبات مطالب علمی متفاوتی و مختلفی استفاده کرده‌اند. گروهی برای موضوع جدا شدن قاره از آن استفاده کرده‌اند و دحو را به معنی گسترده شدن زمین یعنی جدا شدن قاره‌ها به کار برده‌اند[1] گروهی آن را برای اثبات کروی بودن زمین استفاده کرده‌اند.[2] که خداوند بعد از آن زمین را به صورت تخم مرغ درآورد. گروهی دیگر برای فوران آتشفشان‌ها و خروج گازهای فراوان از دل زمین، بارش باران‌ها و شکل‌گیری دریاها و اقیانوس‌ها از آن استفاده کرده‌اند.[3] این آشفتگی‌ها در بکارگیری این آیه برای موضوعات مختلف علمی خود گویای آن است که تا چه حد این تفسیرها بر مبنای اشتباهی استوار شده‌است:

در قرآن زمین به صورت یک سیاره شناخته نشده‌است بلکه به صورت جایی گسترده در نظر گرفته شده‌است. برای مخاطبان این گسترده بودن قابل دیدن بود اما کروی بودن برای آن‌ها قابل درک نبوده‌است.

در این آیه کلمه دحاها از ماده « دحو » گرفته شده در همهٔ تفسیرهای قدیمی به معنی گستردن به کار رفته‌است. گستردنی که با پهن کردن بلندی شکل بگیرد. بنابراین تفسیرها آن را به معنای بسط دادن و گستردن به کار گرفته‌اند. علاوه بر این آیات دیگر هم در قرآن وجود دارد که گسترده بودن زمین را نشان می‌دهد: « و الارض و ما طحاها ». شمس / ۶. واژه « طحو » که هم وزن واژهٔ « دحو » است، به معنی گستردن و بسط دادن می‌باشد. همچنین آیه « وَ اِلی الاَرضِ کَیفَ سُطِحَت » غاشیه / ۲۰ به زمین نگاه کن که چگونه گسترده شده‌است.» کاملاً مسطح و گسترده بودن زمین را نشان می‌دهد.

نکتهٔ دوم این است که مفسران علمی کروی بودن زمین را به صورت تخم‌مرغ تصوّر کرده‌اند در حالی که آیه را از متن و بافت آن خارج کرده‌اند و ارتباط معنای آن را با آیات بعد قطع کرده‌اند. چون در آیات بعد از آن چنین آمده‌است:

> « و در آن آب،گیاه و چراگاه پدید آورد و کوه‌ها را ستون آن قرار داد تا از امکانات آن، قوت شما و چهارپایان شما تأمین شود. هنگامی که آن واقعهٔ بزرگ (روز قیامت) بیاید.» نازعات ۳۴ - ۳۱

---

[1] - هیتو، المعجزة القرآنیه، صص۲۲۷ – ۲۲۴

[2]- همان، ص ۲۲۷ همچنین روحانی، اعجاز قرآن در عصر فضا و تکنولوژی، صص ۱۲۴ - ۱۲۲

[3] - نجار، نشانه‌های اعجاز علمی در قرآن کریم، صص۷۸ - ۷۵

پس از گستردن زمین خداوند از آماده‌سازی زمین و جاری ساختن آب، رویش گیاهان و ستون قرار دادن کوه‌ها و استفاده انسان‌ها از امکانات آن که واقعیّت‌های ملموس و قابل دیدن و درک هستند سخن به میان آمده‌است که ارتباط گستردن زمین با مراحل بعدی رویش گیاه و... روشن و آشکار است. اما اگر تخم مرغ بودن زمین (کروی بودن) یا زمان فوران‌های بزرگ آتشفشانی، خروج گسترده گازها و آغاز پیدایش آب یا جداشدن قاره‌ها مد نظر بود چون قابل درک و رویت نبود تناسبی با واقعیّت‌های قابل رویت که در آیه‌های بعد آمده پیدا نمی‌کرد. اصولاً تخم مرغ بودن (کروی زمین) به سرد شدن سیارهٔ زمین برمی‌گردد و از لحاظ زمانی هم با زمانی که انسان‌ها از امکانات زمین استفاده می‌کردند بسیار فاصله دارد.

این سخن هم درست نیست که کلماتی که از واژه دحو ساخته شده‌است معنای تخم‌مرغ دارد. واژهٔ ادحیه یا ادحوه به جای تخم شترمرغ گفته‌می‌شود چون شترمرغ شنزار را مسطح می‌نماید و تخم خود را بر روی آن می‌گذارد به جای تخم ادحیه یا ادحوه گفته می‌شود بنابراین این واژه هم به معنای تخم مرغ نیست. فقط در بعضی از لهجه‌های عامیانهٔ عربی امروز از ادحیه واژه « دحیه » ساخته شده‌است که به معنی تخم مرغ به کار می‌رود.[۱] اما واژهٔ دحاها با این واژه امروز کاملاً اختلاف دارد و اصولاً نمی‌توان قرآن را با تعبیرات معنایی جدید تفسیر کرد و معنای جدید امروزی را بر متن قرآن که ۱۴۰۰ سال پیش نازل و ضبط شده‌است تحمیل کرد.

۴ - « اللهُ الَذی رَفَعَ السَّموات بِغَیرِ عَمَدٍ تَرونَها. خداوند همان کسی است که آسمان‌ها را چنان که می‌نگرید بدون ستون بر افراشت.» رعد / ۲

مفسران علمی قرآن معتقدند که قرآن کریم در این بخش از آیه، بحث نیروی جاذبه را که یافتهٔ جدید علمی می‌باشد مطرح نموده‌است. آن‌ها آیه را به این صورت معنی می‌کنند: « خداوند همان کسی است که آسمان‌ها را بدون ستون‌هایی که ببینید بر افراشت.»[۲] با وجود تلاش مفسران برای ارتباط دادن آیه به نیروی جاذبه تفسیر آن‌ها با ناهماهنگی‌هایی

---

[۱] - نجار، نشانه‌های اعجاز علمی در قرآن کریم، ص ۷۶

[۲] - مکارم شیرازی، تفسیر نمونه، ج ۱۰ صص ۱۱۱ -۱۱۰ همچنین بوکای، مقایسه‌ای میان تورات انجیل قرآنْ و علم، صص۲۱۲ - ۲۱۱ و اسلامی، کشف الاسرار و اعجاز قرآن با علوم جدید، صص ۸۵ - ۸۴ و محرم زاده نوبری، نکته‌های علمی اعجازی قرآن کریم ۱۷۰و ۱۴۴ - ۱۴۳

همراه است: کلمه « عمد » ستون‌ها جمع است و به کار بردن آن برای یک پدیده، نیروی جاذبه، دور از فصاحت قرآن است و نویسنده پژوهشی در اعجاز علمی قرآن به درستی به آن اشاره کرده‌است اما بر این باور است که باید علاوه بر جاذبه باید عوامل دیگری هم مد نظر گرفته شود.[1]

علاوه بر این با اندکی دقّت متوجّه می‌شویم که این بخش از آیه از دو جمله ساخته شده‌است: جمله اوّل « اللهُ الَذی رَفَعَ السَّموات بِغَیرِ عَمَدٍ » (خداوند آسمان‌ها را بدون ستون برافراشت) و جملهٔ دوّم « تَرَونَها » (می‌بینید آن را) که به صیغهٔ مخاطب بیان شده‌است حال آن که درکلمات و معنی همین بخش از آیه، این نکته به سادگی رد می‌شود زیرا آشکارا از نبودن ستون در آسمان سخن گفته شده‌است. شما می‌بینید که ستونی در کار نیست، خداوند آسمان را بدون ستون آفریده‌است و شما این واقعیّت را به چشم می‌بینید در کجای این آیه به نیروی جاذبه اشاره شده‌است اگر قرار بود از وجود نیروی جاذبه که قابل رویت نیست سخن به میان می‌آمد، می‌بایست آیه به این شکل نازل می‌شد: « الله الَذی رَفَعَ السموات بِعَمَدٍ لا تَرَونَها» (خداوند آسمان را با ستون‌هایی که شما نمی‌بینید برافراشت.)

با توجّه به این‌که مخاطبان اولیهٔ قرآن اعراب ساده‌دل و ناآگاه بودند و دانش آن‌ها از حد تجربیات روزانه و دیدن واقعیّت‌های طبیعت فراتر نمی‌رفت. آن‌ها آسمان را آن‌گونه که در مقابل چشم هر انسانی بود؛ می‌دیدند و اطلاعاتی بیشتر از آن نداشتند. خداوند بر اساس تجربیات عملی و واقعیّات زندگی قوم عرب به طور ضمنی می‌خواهد به آن‌ها بفهماند که شما برای برپا کردن چادر بی‌ارزش نیاز به داشتن ستون دارید در حالی که همان گونه که شما می‌بینید خداوند آسمانی با این عظمت را بدون هیچ‌گونه ستونی برافراشته‌است. خداوند خواسته در یک مقایسه ضمنی و پنهانی، ناتوانی انسان و قدرت خود را به مخاطبان اولیه نشان دهد و در ادامهٔ این آیه گوشه‌های دیگری از توانایی‌های خود را نشان می‌دهد تا مخاطبان با تفکّر در این توانایی‌ها به این نتیجه برسند که خداوند توانایی زنده کردن انسان، بعد از مرگ را دارد. شاید به آن ایمان بیاورند: « سپس با کمال قدرت عرش را آفرید و خورشید و ماه را مسخر ارادهٔ خود کرد که هر کدام در وقت خاصی به گردش در می‌آیند. امر عالم را با نظامی محکم و آیات قدرت را با دلایلی مفصل تنظیم ساخت تا شاید شما بندگان به ملاقات با پروردگار خود یقین پیدا کنید.» رعد / ۲

---

[1] - رضایی اصفهانی، پژوهشی در اعجاز علمی قرآن، ج ۱، ص ۱۵۴

همان طورکه می‌بینید و قبلاً هم اشاره شد هدف خداوند از بیان این آیه، نتیجهٔ پایانی آن مد نظر بوده که مخاطبان را به ایمان به معاد تشویق کند.

۵ - « فاطِرُ السَّمواتِ وَ الاَرضَ جَعَلَ لَکَم مِن اَنفُسِکم اَزواجاً وَ مِن الاَنعامِ اَزواجاً یَذرَؤُکُم فیهِ لَیسَ کَمثله شَیِ وَ هُوَ السَّمیعُ البَصیر. خداوند آفرینندهٔ آسمان‌ها و زمین است. از جنس خودتان زنان را به عنوان جفت شما آفرید و جانداران را جفت آفرید تا انسان‌ها را بی شمار کند. هیچ کس مانند او نیست او شنوا و بیناست.» شوری / ۱۱

بخش آخر این آیه که مشخص شده‌است مد نظر مفسران علمی قرآن قرار گرفته و در سوره‌های مؤمن / ۵۶ و ۲۰ و اسرا / ۱ آمده‌است. مفسران علمی از کنار هم قرار گرفتن دو کلمه سمیع و بصیر به نتیجه‌ای بسیار عجیب رسیده‌اند که هیچ ارتباطی به محتوای آیات ندارد. آنان گفته‌اند که آمدن کلمه سمیع قبل از بصیر بدون حکمت نیست و از یک واقعیّت پنهان پرده برمی‌دارد که علم زیست شناسی به آن دست یافته‌است و آن این است که در دورهٔ جنینی که اندام‌ها در حال شکل گرفتن هستند ابتدا گوش و بعد چشم شکل می‌گیرد و به همین دلیل خداوند اول کلمهٔ سمیع و بعد بصیر را ذکر فرموده‌است.[1] این مطلب در ظاهر بسیار جذاب و زیباست اما آن قدر سست و بی پایه است که به راحتی می‌توان آن را رد نمود:

۱- در متن همهٔ آیاتی که این دو کلمه وجود دارد که هیچ بحثی در مورد جنین مطرح نشده‌است، مشخص نیست که چگونه مفسّران علمی آن را به شکل گیری اندام در دوران جنینی پیوند داده‌اند.

۲- یکی از مهمترین زیبایی‌های قرآن آهنگ کلام و استفاده از کلمات موزون و هماهنگ است. بر اساس این اصل، خواندن این کلمات به شکل سمیع البصیر بسیار زیباتر و خوش آهنگ‌تر است تا این‌که به شکل بصیر السمیع خوانده‌شود.

۳ - اگر قرار بود آیه نشان‌دهندهٔ ترتیب شکل‌گیری اندام‌ها در دورهٔ جنین باشد ابتدا می‌بایست متن آیات در ارتباط خلقت و شکل گیری جنین می‌بود و بعد این اولویت‌بندی در مورد اندام‌های دیگر هم، در بعضی از آیات که از آن‌ها اسم برده شده،

---

[1] - پریور، جنین شناسی، صص۲۰۳ - ۱۸۹

رعایت می‌شد. در حالی که می‌بینیم که هر جا که این کلمات جمع بسته شده‌اند؛ چنین اولویت بندی وجود ندارد: « واللهُ اَخرَجَکُم مِن بُطُونِ اُمَهاتِکم لا تَعلَمُونَ شَیاً وَ جَعَلَ لَکُم السَّمعَ وَ الاَبصارَ وَ الاَفئِدَه لَعلَکُم تَشکُرون. خداوند شما را از بطن مادران بیرون آورد در حالی که هیچ چیز نمی‌دانستید و به شما گوش، چشم و قلب عطا فرمود تا مگر شکر این نعمت‌ها را به جا آورید. نحل / ۷۸

اگر مفسران می‌خواستند واقعیّت علمی ترتیب شکل گرفتن اندام‌های بدن را ثابت نمایند شاید بهتر بود این آیه را انتخاب می‌کردند هرچند به دوران جنینی اشاره نمی‌کند اما دربارۀ به دنیا آمدن سخن گفته که نزدیک به دوران جنینی است. دلیل عدم انتخاب این آیه این است که افزون بر کلمات سمع و الابصار، کلمۀ « افئده » جمع « فواد: قلب » هم ذکر شده‌است. علم زیست شناسی ثابت نموده‌است که شکل‌گیری قلب از روز پانزدهم جنینی آغاز می شود و رشد می‌کند.[1] بعد از آن شکل‌گیری گوش و چشم آغاز می شود. چون این آیه و آیه‌های مشابه آن، ترتیب شکل‌گیری اندام‌های بدن را نشان نمی دهد که زیست شناسی ثابت کرده‌است. مفسران علمی از آن استفاده نکرده‌اند زیرا برداشت نادرست آن‌ها را به هم می‌ریزد. در سوره‌های احقاف /۲۶، مؤمنون / ۷۸، سجده / ۹ و ملک / ۲۳ کلمات سمع، ابصار و افئده به همین ترتیب به کار رفته‌است و دلیل این چینش کلمات به هیچ عنوان اشاره به موضوعات علمی در آینده نبوده‌است چون اگر چنین هدفی در نظر بود می‌بایست اول افئده بعد سمع بعد ابصار ذکر می‌شد که این گونه نشده‌است. عده‌ای دلیل مفرد آمدن سمع را این می‌دانند که کار گوش تنها شنیدن است اما چشم باید شکل و رنگ و نور را درک کند.[2] اما در حقیقت دلیل این نحوۀ چینش، موزون بودن و ظرافت آهنگ آن‌ها در قرآن است که به زیبایی خوانده می‌شود. به همین دلیل هم در این آیات کلمه سمع برخلاف دو کلمه دیگر به شکل مفرد به کار رفته‌است اگر جمع بسته می‌شود دوباره روان‌خوانی و زیبایی آیه دچار مشکل می‌شد.

اگر همۀ آیاتی را که مفسران علمی از آن‌ها برای اثبات وجود نظریه‌های علمی جدید که در قرآن به کار گرفته‌اند به دقّت مورد بررسی قرار دهیم متوجّه خواهید شد که در هیچ موردی برداشت و تفسیر مفسران علمی درست نیست. آن‌ها یک آیه یا بخشی از آن را برش زده‌اند

---

[1] - سادلر، جنین شناسی پزشکی لانگمن، صص۲۲۷- ۲۲۶

[2] - الکواز، سبک شناسی اعجاز بلاغی قرآن، ص ۲۶۴

و ارتباط آن را با آیه‌های پیرامون و محتوایی که در آن قرار گرفته، قطع نموده‌اند و با دیدن شباهت ظاهری آیات با موضوعات علمی، عجولانه برداشته نادرست خود را به عنوان تفسیر علمی بر آیه تحمیل کرده‌اند و از اعجاز علمی قرآن سخن گفته‌اند. در حالی‌که به هدف نهایی آیات که تدبّر در نظام هستی به منظور جلب نگاه‌ها به توحید و معاد بوده توجّه نکرده‌اند. نکته‌ای که نویسنده تفسیر علمی قرآن به درستی به آن اشاره کرده‌است: « ده‌ها آیه در قرآن به طور مستقیم یا ضمنی به مباحث علمی پرداخته‌اند امّا این آیات علمی و هستی شناختی از دید قرآن مطلوب به ذات نیست و باید این طبیعت شناسی و پی بردن به کنه صاحب و خالق آیات باشد. قرآن کتاب علوم طبیعی نیست بلکه ذکر این علوم را طریقی قرار داده‌است تا مردم با تدبّر و کاوش در موجودات طبیعی به عظمت مدیر عالم هستی پی ببرند. »[۱]

صرف نظر از این که شیوه و نتیجهٔ کار مفسران علمی درست نبوده‌است آن‌ها برای اثبات اعجاز علمی قرآن، به دستاوردهای دانش نوین استناد کرده‌اند که نشانهٔ آن است که این دستاوردها را تأیید کرده و آن را پذیرفته‌اند. این امر مثبت است اما نکته‌ای که بسیار تامل بر انگیز این است که آن‌ها با نگاهی گزینشی به دانش‌های تجربی می‌نگرند از مباحث ستاره‌شناسی و بحث خلقت جهان و انسان آنچه را که اندک شباهتی با آیات قرآن داشته برای اثبات اعجاز علمی قرآن با تاویل و توجیهات نادرست به خدمت گرفته‌اند و تئوری‌های دیگر را که از شواهد علمی محکمی برخوردارند ولی با آیات قرآن در همان موضوع تضاد دارند مطرح نمی‌کنند. به عنوان مثال تئوری تکامل داروین را که در زمینهٔ خلقت، دیدگاهی کاملاً متفاوت با قرآن دارد نه‌تنها مطرح نمی‌کنند بلکه با آن مخالفت هم می‌کنند این در حالی که ژنوم انسان با شامپانزه و گوریل۹۹٪ یکسان است.[۲]

افزون بر این موارد علمی اثبات شده‌ای هم وجود دارد که کاملاً با آنچه در قرآن بیان شده مغایرت دارد؛ مثلاً واقعیّت اثبات شدهٔ علم دربارهٔ شعله ور شدن شهاب سنگ در جو زمین با آنچه که در قرآن کریم آمده کاملاً متفاوت است. این شیوهٔ برخورد مفسران با علم کاملا نادرست است زیرا اگر علم صلاحیّت و اعتبار دارد باید همه قوانین و دستاوردهای آن مورد استناد قرار گیرد و اگر فاقد اعتبار است نباید به هیچ عنوان به آن استناد کرد. این نگاه

[۱] - رفیعی محمدی، تفسیر علمی قرآن ج ۱، ص ۱۲۵

[۲]- ریس و دیگران، بیولوژی کمپبل، ج، ۴ ص، ۹۰۶

گزینشی بیانگر این واقعیّت است که از نگاه مفسران علمی دستاوردهای علمی تنها زمانی ارزشمند است که بتواند هدف آن‌ها (اثبات معجزات علمی قرآن) را تأمین کند.

بعلاوه کشورهای غربی در زمینه‌های علوم انسانی، اجتماعی، سیاسی، آزادی بیان و حقوق بشر و... پیشرفته‌های قابل ملاحظه‌ای داشته‌اند چرا مفسران، آن دستاوردها را با آیات قرآن منطبق ننموده‌اند؟ اگر قوانین علمی قابل اعتماد است که حتماً هست و تئوری‌های علمی دارای پشتوانه‌های محکمی است آیا دیگر دستاوردهای علوم تجربی، انسانی و مسائل حقوق بشری آن‌ها قابل اعتماد نیست که آن‌ها هیچ توجّهی به انطباق آن با قرآن ننموده‌اند؟ این نشان می‌دهد که آن‌ها نگرش نو و نظام فکری مشخص ندارند و هنوز نگاه آن‌ها به گذشته است و در جهانی با نگاهی سنتی زندگی می‌کنند و از بخشی از دستاوردهای فرهنگ غرب آن هم به نادرست برای برکشیدن نگاه سنتی خود بهره‌گرفته‌اند. بخشی از دستاوردهای علمی، علوم انسانی، آزادی‌های فردی، اجتماعی و حقوق بشر دنیای امروز را نادیده گرفته‌اند چون تناسبی میان آن‌ها با آیات و احکام قرآن که بر خاسته از دانش و احکام جامعهٔ عرب پیش از اسلام است، وجود ندارد.

از سوی دیگر مفسّران علمی بدون این که متوجّه باشند نوع نگاهشان یکدستی و انسجام متن قرآن و همچنین هماهنگی و ارتباط بخشی از آن با جامعهٔ زمان نزول را از بین می‌برد. از یک طرف فضای حاکم بر قرآن و بخش احکام و دستورات بازتاب نگرش جامعهٔ عرب هنگام ظهور اسلام است. همهٔ عالمان وجود احکام امضایی را قبول دارند اما بخشی از آیات که مفسّران اعجاز علمی بر اساس نظرات علمی جدید تفسیر می‌کنند به دانش امروز اشاره دارد و با دانش انسان آن دوره به ویژه جامعهٔ عرب صدر اسلام هیچ تناسبی ندارد. آیا آن‌ها به این موضوع فکرکرده‌اند که مخاطبان اولیه چگونه این آیات را درک می‌کردند؟ خداوند که قرآن را برای هدایت مخاطبان اولیه در درجهٔ اول و بعد مردم در سایر زمان‌ها نازل فرموده چگونه به ناتوانی مخاطبان اولیه از درک این آیات با این نگاه و تفسیر نو توجّه نکرده است؟ مگر خداوند خود نفرموده‌است: « لایُکلِفُ اللّهّ نفساً اِلا وُسعَها » خداوند هیچ کس را جز به اندازهٔ توانش تکلیف نمی‌کند. بسیار دور از حکمت خداوندی است در آیات خود برای مخاطبانش از دانش ۱۴۰۰ سال بعد سخن گفته‌باشد و از آن‌ها انتظار درک و پذیرش داشته‌باشد و به پیامد بهانه دادن به دست مخالفان نیندیشده باشد! خداوند بسیار حکیمانه با تکیه بر ظرفیّت‌های موجود در جامعهٔ عرب و نقاط اشتراک آن‌ها، زمینهٔ هدایت مردم و

تحوّل جامعه را فراهم کرد. نزول آیاتی با محتوی دانش هزاران سال بعد فقط موجب آشفتگی مخاطبان و مخالفت شدید مشرکان، کافران و حتی اهل کتاب می‌شد و رسیدن به هدف خداوند را دشوار و شاید غیرممکن می‌کرد. مسلماً نگرش علمی به قرآن و نگرش‌های مشابه به دلیل جزیی‌نگری و درک نادرست از پیام و هدف قرآن نمی‌تواند برای مسلمانان راه‌گشا باشد و زمینهٔ تحوّل فکری مسلمانان در ابعاد مختلف دینی، علمی و اجتماعی را فراهم کند.

چرا جریان تفسیر علمی از قرآن در جوامع اسلامی به وجود آمده‌است؟

پاسخ این سؤال را باید در پیشرفت‌های گسترده جهان مدرن و ناکامی مسلمانان در این زمینه دید. برای هر مسلمانی این دغدغه فکری وجود دارد که چرا جوامع اسلامی از عقب مانده‌ترین جوامع دنیای امروز هستند؟ چرا مسلمانانی که خود را پیرو قرآن و دستورالعمل‌های آن می‌دانند، نتوانسته‌اند به این موفقیّت‌ها دست پیدا کنند؟ جستجوی دستاوردهای علمی جدید در آیات قرآن و تلاش برای انطباق این دستاوردها با آن‌ها، واکنشی نادرست و منفی در مقابل این واقعیّت موجود است چرا که دانشمندان با تلاش و رنج فراوان پس از تحقیقات گسترده توانسته‌اند گوشه‌ای ناچیز از قوانین حاکم بر نظام هستی را کشف کنند و آسایش و رفاه انسان‌ها را فراهم نمایند. در مقابل مفسران علمی از سر علاقه و ایمان اما بر اساس پندار نادرست خود برای مقابله به مثل و ناچیز شمردن تلاش‌ها و تحقیقات دانشمندان از این شیوه بهره گرفته‌اند تا نشان دهندکه کتاب آسمانی آن‌ها قرن‌ها پیش در این دربارهٔ این یافته‌ها سخن گفته‌است. بنابراین جامعهٔ غربی و دانشمندان آن‌ها کار بزرگی انجام نداده‌اند. به فرض محال که در قرآن دستاوردهای علمی دوره‌های بعد هم وجود داشته‌باشد این افتخار برای کتاب آسمانی است نه برای مسلمانان.. اگر چنین مزیّتی وجود داشته چرا مسلمانان خود در علوم پیشرفت نکرده‌اند و این دستاوردهای علمی قرآن را به جهانیان معرفی نکردند و آن را تبیین و تشریح ننمودند. حتی اگر این دستاوردها در قرآن موجود باشد که به دلایل گفته شده غیرممکن است تا انسان‌ها خودشان آن‌ها را درک و کشف نکنند عملاً هیچ فایده‌ای نخواهد داشت و به هیچ عنوان کاربردی نخواهد شد.

شاید شمار زیادی از مسلمانان با مطالعهٔ تفسیرهای نادرست علمی به خود ببالند که کتاب آسمانی آن‌ها چقدر بزرگ است! در حالی که باید درک کنند و بدانند که چنین برداشت‌های

نادرستی نتیجه دور شدن از تفکّر الهی قرآن مجید است. در اولین آیات نازل شدهٔ قرآن مجید بر خواندن تأکید شده و به قلم سوگند یاد شده‌است. قرآن عظمت و بزرگی خود را درهمان زمان نزول ثابت کرد. تبدیل کردن یک جامعهٔ قبیله‌ای به یکی از قدرت‌های دنیای آن روز و به تدریج تبدیل شدن به قطب علمی دنیای آن روزگار بزرگ‌ترین دستاورد قرآن است. برای اثبات بزرگی آن نیاز نیست از قرآن به ناحق انتظار داشته باشیم از دستاوردهای علمی دنیای امروز سخن بگوید تا بدین وسیله برای ناآگاهی و رکوردی که خود بانی آن هستیم، مایه التیامی پیدا کنیم. اگر در ناآگاهی و غفلت به سر نمی‌بردیم از خود توقّع تولید علم و ارائهٔ آن به جهان را داشتیم نه از قرآن؟!!

روند پیشرفت‌های علمی در صد سال اخیر سریع‌تر شده‌است و علم جایگاه، منزلت والای خود را یافته‌است و منشأ تغییرات و تحوّلات گسترده‌ای در ابعاد مختلف زندگی انسان شده است. به خاطر همین ارزش و پایگاه علم و دستاوردهای آن بوده که گروهی تلاش کرده‌اند که دستاوردهای علمی را در قرآن جستجو کنند تا به گمان نادرست خود ارزش و جایگاه قرآن را هم با این کار بالاتر ببرند در حالی که می‌دانیم قرآن در جامعه‌ای ساده و بی‌بهره از دانش نازل شده و انتظار بیان مطالب علمی برای چنان جامعه‌ای منطقی به نظر نمی‌رسد. بر اساس این واقعیّت، قرآن آنچه را که منطقی، ممکن و سودمند بود انجام داد و آن دعوت مردم به تعقّل در پدیده‌های مختلف و علم آموزی بود. ویل دورانت در این باره می‌گوید: « قرآن آسان‌ترین، بی ابهام‌ترین و غیر تشریفاتی‌ترین کیش‌ها را، آزاد از قید مراسم بت‌پرستی و کاهنی، به جان‌های ساده عطا کرد اخلاق و فرهنگ مسلمانان را به برکت خویش ترقی داد. اصول نظم اجتماعی و وحدت جمعی را در میان آن‌ها استوار کرد. عقولشان را از بسیاری از اوهام و خرافات و از ظلم و ستم رهایی داد... اسلام به مردم تعلیم داد که بی‌شکایت و ملالت با مشکلات زندگی رو به رو شوند و محدودیّت‌های آن را تحمّل کنند؛ در عین حال آن‌ها را به توسعه و پیشرفتی برانگیخت که از عجایب تاریخ بود.»[1] در واقع قرآن مسیر را به مسلمانان نشان داد تا خود علم بیاموزند و برای آن‌ها لقمهٔ آماده نگرفت. چون از هر نظر با اوضاع فکری، اجتماعی آن‌ها هماهنگ بود مسلمانان به سادگی آن را درک کردند و در راه پیشرفت قدم بر داشتند و به ارزش و جایگاه آن که راهنمایی کردن و هدایت انسان‌ها و نشان دادن راه سعادت بود، پی بردند.

---

[1] - دورانت، تاریخ تمدن، ج ۴ بخش اول، ص ۲۳۶

۴ - گسترش و رواج بی دینی

تضاد باور مؤمنان با دستاوردهای علمی و اجتماعی، زمینه‌ساز شکل‌گیری افکار و اندیشه‌های ضد دینی و گسترش بی‌خدایی در جوامع امروز شده‌است. ناهماهنگی میان باور مؤمنان با تحوّلات علمی، اجتماعی و وجود تضاد و درگیری در میان فرقه‌های مختلف آن‌ها که گاهی منجر به بروز خشونت و حتی جنگ شده بهانه‌ای به دست اته‌ایست‌ها داده‌است تا نه‌تنها خداباوری را مفید ندانند بلکه آن را عامل شرّ و گمراهی معرفی نمایند. آن‌ها تلاش کرده‌اند تا باور و اندیشه دینی مؤمنان را سست نمایند و آن را زیر سؤال ببرند. حتی از این هم پا فراتر نهاده و با تأکید بر پیشرفت‌های علمی انسان امروز و تئوری‌های جدید و تعمیم دادن آن‌ها به کل نظام هستی، وجود آفریدگار را انکار کنند. چون بیشتر مؤمنان درک درستی از نگرش الهی ندارند و در دینداری به شکل سنتی بر پیروی کامل از جزئیات آیات کتاب‌های آسمانی و اجرای آن درجامعهٔ امروز پافشاری می‌کنند که با واقعیّات روز سازگازی ندارد. همچنین به خاطر بُهت انسان امروز در مقابل پیشرفت‌های علمی، اندیشه بی‌خدایی در جوامع مختلف طرفداران زیادی پیدا کرده‌است به طوری که بر اساس آمار، اته‌ایست‌ها (منکران خدا) با ۱۶/۳ ٪ بعد از مؤمنان از نظر جمعیّت بزرگترین گروه را تشکیل می‌دهند و احتمالاً در آینده نیز بیشتر خواهند شد.[۱]

۵ - شکل‌گیری گروه‌های افراطی

واکنش دسته‌ای از مؤمنان در مقابل دنیا جدید، پافشاری هر چه بیشتر بر اجرای تمام دستورات دینی و بازگشت به زمان نزول است که این موضوع در میان مسلمانان مشهودتر است. تصوّر این گروه‌های این است که مسلمانان و حاکمان چون دستورات الهی را به دقّت و بطور کامل اجرا نمی‌کنند به همین دلیل جوامع مسلمان دچار مشکلات مختلف و عقب ماندگی شده‌اند. از نظر آنان تنها راه نجات مسلمانان بازگشت به زمان صدر اسلام است و آن‌ها بدون در نظر گرفتن تحوّلات گسترده امروز، ایده‌آل و آرمان خود را که همان جامعهٔ الهی و اسلامی است به اشتباه در زمان گذشته « صدر اسلام » جستجو می‌کنند و خواهان

---

[۱] - ویکیپدیا

تشکیل جامعه و حکومت اسلامی بر اساس چهارچوب‌های آن زمان هستند. شماری از این گروه‌ها متأسفانه بسیار متعصّب و سخت‌گیر هستند و چندان اهل سازش و مسامحه با دیگر گروه‌ها نیستند.

فصل هفتم

نگرش نو

معجزه بودن قرآن

کتاب‌های مختلفی در مورد اعجاز لفظی و زیبایی‌های آیات قرآن نوشته شده‌است و بسیاری از مسلمانان به این موضوع ایمان دارند که اعجاز آیات قرآن در سخنوری است. قرآن کریم هم مخالفان خود را به تحدّی دعوت نموده‌است: "پس، اگر (مخالفان و کافران) راست می‌گویند سخنی مانند آن بیاورند." طور / ۳۴

این به مبارزه طلبیدن در سوره‌های قصص/ ۴۹، اسراء / ۸۸ و هود / ۱۳ به شکل‌های مختلف بیان شده‌است.

در این رابطه شکی وجود ندارد و نگارنده هم در همین کتاب به زیبایی‌های قرآن و رعایت حال و مقام اشاره نموده و به آن باور دارد. آنچه به نظر بنده از زیبایی‌های معانی آیات قرآن مهم‌تر و برجسته‌تر است و باید آن را اعجاز دانست در دو عرصهٔ زیر مشهود است:

۱- هماهنگی با جامعهٔ عرب

خداوند با نگرش مثبت به ظرفیّت، واقعیّت، محدودیّت‌های جامعه عرب نگریسته و به بهترین شکل ممکن آن شرایط را درک نموده کلام خود را با آن شرایط، آن مردم و جامعه هماهنگ

نموده‌است. از طریق ظرفیّت‌های موجود و با پذیرش محدودیّت‌ها و واقعیّت‌ها، بهترین و بیشترین تأثیر را بر مردم نهاد: با نگرشی الهی بت‌پرستی را به یکتاپرستی تغییر داد، نگرش و انگیزه‌های لازم را در جامعه که هیچ گونه چشم‌اندازی از تغییر در آن دیده نمی‌شد ایجاد کرد. اثرات و پیامدهای مثبت نزول قرآن در جامعه گویای چیزی بجز معجزه نیست زیرا هیچ نشانی از تغییر و دگرگونی و در حال پیشرفت بودن در آن جامعه دیده‌نمی‌شد.

۲- ایجاد تمدن جدید

خداوند با نزول قرآن و متحد کردن قوم عرب نگرش و انگیزه لازم را برای تغییر در آن‌ها ایجاد نمود و در فاصلهٔ زمانی کوتاه مسلمانان توانستند امپراطوری ایران و روم را شکست دهند؛ سرزمین‌های آن‌ها را تصرف کنند و ساکنان آن‌جا را به تدریج به دین دعوت کنند. اعرابی که هیچ‌گونه سابقه‌ای در کشورداری نداشتند، توانستند با نگاه مثبتی که از قرآن یاد گرفته بودند با واقعیّت‌ها رو به رو شوند و مناطق متصرف شده را بر اساس شیوهٔ کشورداری که در آن‌جا رایج بود، اداره کنند. به تدریج در جهت پیشرفت علوم گام برداشتند و بنیانگذار تمدن جدید شدند که مرکز علم، دانش و پیشرفت در زمان خود بود. بدون شک اگر قرآن در آن‌جا نازل نمی‌شد جامعهٔ عرب آمادگی چنین تغییرات بزرگی را نداشت. پس این تحول، یک اعجاز بزرگ بود و نقش، عملکرد و کارنامهٔ درخشان قرآن را نشان می‌دهد که به هیچ عنوان قابل انکار نیست.

شیوهٔ مطالعه و شناخت قرآن

مطالعات زیادی در زمینهٔ شناخت قرآن صورت گرفته و آثار فراوان و متعددی در مورد موضوعات مختلف و متنوع قرآن به نگارش درآمده و در اختیار خوانندگان قرار گرفته‌است. متاسفانه این آثار منجر به شناخت کامل و جامع قرآن نشده و نقش اثرگذار و قابل توجهی در دادن نگرش جدید به مسلمانان نداشته‌است وضعیّت فعلی مسلمانان بهترین دلیل بر اثبات این ادعا است. آنچه که این آثار از آن رنج می‌برند این است که از پشتوانه منسجم نظام فکری و داشتن یک نظریه در تحقیق برخوردار نیستند. بلکه آثاری هستند که به

صورت پراکنده و نامنسجم به بررسی موضوعات قرآن پرداخته‌اند بدون این‌که کلیّت و هدف نهایی قرآن را بر اساس یک نظریه مشخص در مرکز توجه قرار دهند.

در اکثر آن‌ها نظام فکری و متد مشخصی در مطالعه و شناخت قرآن وجود نداشته و نظرات ، دیدگاه‌های مختلف و گاه متضاد ارائه شده‌است و نویسندگان از شور و شعف ارائۀ نظرات خود به پیامدهای و ناهماهنگی‌هایی که ایجاد کرده‌اند، نیندیشیده‌اند. اصولاً متوجه آن پیامدها هم نشده‌اند. به عنوان مثال شیوۀ برخورد مفسران علمی با قرآن از نظام فکری و تئوری مشخصی در تحقیق برخوردار نبوده‌است. نظرات آن‌ها فقط به صورت هیجانی و غیر واقعی موجبات تعجب و شادی خوانندگان را فراهم نموده بدون این‌که مبنای درست و مستندی داشته باشد.

همان‌گونه که پیشتر اشاره شد تفسیرهای علمی نه‌تنها نتوانسته تفسیر درستی از آیات گلچین شده ارائه دهند بلکه برخورد دوگانۀ مفسران را با دانش و علوم مختلف نشان داد: از یک سو آن‌ها به صورت گزینشی آیاتی را که فقط در ظاهر با تئوری‌های علمی جدید شباهت داشت مورد بررسی قرار دادند اما از تئوری‌های علمی که با نگرش و دیدگاه قرآن در تضاد بود، چشم‌پوشی کردند و آن را مطرح ننمودند. بهترین نمونه نظریۀ داروین در مورد خلقت و تکامل انسان است که نه‌تنها مورد توجه آن‌ها قرار نگرفت بلکه شمار زیادی از نویسندگان و عالمان دینی با آن مخالفت کردند.

از سوی دیگر مفسران علمی به هیچ کدام از دستاوردهای علوم اجتماعی انسانی و حقوق بشر دنیای جدید علاقه‌ای نشان ندادند و مشخص نمودند که سیستم نظری مشخصی را در مطالعه و شناخت قرآن به کار نگرفته‌اند زیرا بخشی از قرآن را به صورت گزینشی با دستاوردهای دنیای جدید هماهنگ کردند تا بزرگی و عظمت آن را نشان دهند. اما در زمینۀ احکام و قوانین به هیچ وجه پیشرفت‌های اجتماعی حقوق بشری را قبول نکردند. همان نگاه سنتی را به قرآن داشتند و حاضر به پذیرش هیچ تغییری در آن‌ها نشدند. قرآن را در این زمینه غیرقابل تغییر و احکام آن را ابدی دانستند. به این ترتیب با بخش‌های مختلف قرآن برخورد دوگانه داشتند و متوجه تضاد و تناقض این شیوۀ نگاه و تفسیر خود نشدند.

امروز در برخورد با متون مختلف نگاه هرمنوتیک وجود دارد. با این دیدگاه، هرکس بر اساس پیش زمینۀ ذهنی خود می‌تواند از متن یک برداشت داشته‌باشد و در واقع به شمار انسان‌ها

و نحوهٔ تفکر و پیش زمینه‌های ذهنی آن‌ها می‌توان از یک متن درک و دریافت متفاوت داشت. اما این روش برای متون دینی و اعتقادی نمی‌تواند پیامد و دستاورد مناسبی به همراه داشته باشد زیرا باورمندان انتظار دارند کتاب آسمانی آن‌ها، جهان‌بینی، نگرش و شیوهٔ زیست مشخص و متناسب با واقعیّات به آن‌ها ارائه دهد. نگاه هرمنوتیک موجب برداشت‌ها و تعبیرهای متفاوت می‌شود و بی‌جهت بر لایه‌ها و معانی قرآن می‌افزاید و مشکلات و آشفتگی‌ها را بیشتر می‌کند. بدون این که نقشی در دادن نگرش الهی به خوانندگان داشته‌باشد و گرهی از مشکلات موجود باز کند.

تئوری آسمانی ـ زمینی در زمینهٔ مطالعه و شناخت قرآن هم راه‌گشا و کارآمد است چون این تئوری بر این باور است که کتب آسمانی ریشه الهی، بستر و فضا زمینی دارند. پس در حقیقت برای شناخت کامل، هم کتاب آسمانی و پیام‌های اساسی آن هم فضا و محیطی که در آن نازل شده ، مردم، فرهنگ، آداب، رسوم، قوانین و روحیّات آن‌ها باید به صورت کامل شناخته شود و هم شیوهٔ تعامل و اثرگذاری و اثرپذیری متقابل قرآن و جامعهٔ زمان نزول باید مورد مطالعه قرار گیرد تا شناختی کامل، جامع و یکدست از کتاب آسمانی فراهم شود. برای شناخت کامل و دقیق باید کتاب آسمانی در چارچوب آن جامعه و فرهنگ با معیارها و مشخصات زبانی و فکری آن دوره بررسی شود تا شناخت کامل گردد.

اگر کتاب آسمانی با معیارها زبانی و فکری فراتر از زمان نزول خود بررسی شود یا بافت فکری، فرهنگی و جامعهٔ انسانی که در آن نازل شده نادیده گرفته‌شود و بر اساس معیارها و خصوصیات جوامع دوران بعد مورد بررسی قرار گیرد شناختی که حاصل می‌شود با محتوی، نگرش و واقعیّت‌هایی که برای آن نازل شده فاصله پیدا می‌کند و درک آن برای مردم با مشکل مواجه می‌شود. پس از تفسیر و مطالعهٔ قرآن با ویژگی‌های زبانی و فکری امروز باید خودداری کرد. نباید جامعه و بستری را که قرآن در آن شکل گرفته فراموش، نگاه و دانش جدید را در آن جستجو کرد. مشخصات فکری و زبانی قرآن متعلق به زمان نزول است و باید با همان مشخصات، مورد مطالعه و بررسی قرار گیرد تا نگرش الهی حاکم بر آن، پیام‌های محوری، اساسی، کلیدی، قوانین و احکام آن برای خوانندگان کاملاً مشخص شود. این همان شیوه‌ای است که در این کتاب از آن بهره گرفته شده‌است تا منجر به شناخت یک دست و کامل از قرآن شود؛ زمینه را برای درک نگرش الهی و پیام‌های محوری و شیوه تعامل قرآن با واقعیّات جامعه عرب فراهم کند. خوانندگان در ضمن خواندن، متوجه

این رویکرد و هدف شده‌اند. امید است که پس از خواندن کل کتاب، اثرات فکری مثبت و ارزشمندی برایشان بهمراه داشته‌باشد.

تغییر شکل عینی مفاهیم با گذشت زمان

نمود عینی مفاهیم مختلف از جمله پرستش، عبادت، عدالت، کرامت و... مختلف بوده و شرایط زمانی، فکری و اجتماعی انسان‌ها در تحقق آن‌ها نقش داشته‌است. به عنوان مثال مفهوم پرستش در ذهن و زندگی انسان‌ها همواره وجود داشته اما نمود عینی آن در ادوار تاریخی مختلف به تناسب توان و ظرفیّت انسان‌ها و جوامع متفاوت بوده‌است. زمانی انسان ها پدیده‌های طبیعت را پرستش می‌کردند و پرستش رب‌النوع‌ها رواج داشت. اقوام مختلف به شیوه‌های گوناگون و در قالب آداب و مناسک مخصوص خود، آن را برگزار می‌کردند. با پیشرفت فکری انسان‌ها، تکامل جوامع و شکل‌گیری ادیان، پرستش سمت و سوی خاصی پیدا کرد. در ادیان توحیدی پرستش شکل یکتاپرستی به خود گرفت. اما آداب و مناسک پرستش خداوند حتی در ادیان ابراهیمی از یهود تا اسلام به اشکال متفاوت اجرا شده‌است. به عنوان مثال نماز و روزه در یهودیّت و مسیحیّت و اسلام وجود دارد. اما کمیّت و کیفیّت و شیوهٔ انجام آن‌ها با هم متفاوت است یهودیان سه بار در روز نماز می‌خوانند: « صبح، عصر و شام می‌گریم و عبودیت می‌کنم [داود] و او صدایم را خواهد شنید.»[1] مزامیر باب ۱۸ آیه ۱۵ در حالی که در اسلام مسلمانان پنج بار نماز می‌خوانند و نحوهٔ خواندن نماز در ادیان هم، با هم تفاوت دارد. پس اصل پرستش ثابت است اما نمود عینی آن در دوره‌های مختلف و حتی در ادیان توحیدی، متفاوت برگزار شده‌است.

عدالت هم مانند دیگر مفاهیم نسبی بوده و در دوره‌های مختلف به تناسب شرایط جوامع، ظهور و تجسم پیدا کرده‌است و عوامل مختلف محیطی ـ انسانی در نحوهٔ شکل‌دهی به آن موثر بوده‌است. به خاطر محدودیّت ارتباط فکری، فرهنگی و اجتماعی در جوامع قدیم در یک موضوع مشخص، عدالت به شکلی متفاوت در هر جامعه تحقّق پیدا می‌کرد. هر قوم و گروهی بر اساس واقعیّات زندگی خود به آن تجسم بخشیدند و حکم صادر نمودند. چون حکم صادره، ابزار تحقّق عدالت و به جریان افتادن امور، برخاسته از عوامل و شرایط مشخص است پس با تغییر آن عوامل و شرایط مطمئناً شکل عینیت یافته نیز باید متفاوت باشد تا

---

[1] - دورانت، تاریخ تمدن ، ج ۴، بخش اول ص ۲۳۸

عدالت، مفهوم متناسب با زمان خود را پیدا کند. به بیان دیگر آن چه زمانی حکمی عادلانه و مظهر عدالت بوده، ممکن است به خاطر تغییر شرایط در همان جامعه در زمانی دیگر کاملاً غیرعادلانه باشد. پس ابزار تجسم عدالت یعنی احکام و قوانین امری نسبی است و باید متناسب با مقتضیات زمان و شرایط هماهنگ شود.

هدف کتب آسمانی تحقق یکتاپرستی، عدالت، آزادگی، برابری، حفظ کرامت و ارزش‌های انسانی بوده‌است. اما همهٔ‌کتب آسمانی بر اساس واقعیّت‌ها و ظرفیّت‌های انسان و جوامع هنگام نزول وحی، آن‌ها را تحقق بخشیده‌اند. اختلاف در شیوه عبادت بویژه احکام و قوانین در میان ادیان توحیدی نشانهٔ این واقعیّت است.

بنابراین همهٔ کتب آسمانی به تناسب واقعیّت‌های زمان نزول وحی در تحقق عدالت و ارزش‌های انسانی قدم برداشتند و به آن عینیّت بخشیده‌اند. امروز هم باید بر اساس واقعیّت‌های موجود عدالت و ارزش‌های انسانی نمود و عینیّت پیدا کند.

شیوهٔ الگو گرفتن از قرآن

داشتن بینش و نگرش الهی به معنی پیروی بی چون و چرا از متن کتب آسمانی و یک شکل تجسم یافته آن تورات، انجیل یا قرآن نیست. بلکه داشتن نگرش توحیدی بر اساس واقعیّات زمان، جامعه و تحقق بخشیدن به اهداف دین و ارزش‌های انسانی بر اساس ظرفیّت های موجود است. اگر مؤمنان بخواهند به طورکامل خود را با آیات کتاب‌های آسمانی هماهنگ و همسو نمایند به ناچار مجبور می‌شوند اندیشه‌ها، نگرش، احکام و دستوراتی را بپذیرند که متعلّق به جامعهٔ زمان نزول وحی است. این کار در عمل مؤمنان و جامعه دینی را برای همیشه در جامعه زمان نزول وحی نگه خواهد داشت و ایستایی و رکود را به همراه می‌آورد. این واقعیّتی است که امروز با آن روبرو هستیم. اما اگر مؤمنان با دید باز و نگرش درست، راز بزرگ و حقیقت بینش و نگرش الهی را کشف کنند، متوجّه می‌شوند که کتب آسمانی در همهٔ زمینه‌ها، عدالت تحقق یافته در زمان نزول وحی، بر حسب ظرفیّت‌ها بوده‌اند و همین موجب شده بود که کلام خداوند در میان توده‌های مردم در زمان نزول با استقبال گسترده مواجه شود.

همان‌گونه‌که محتوا و روند مطالب ارائه شده در این کتاب بیانگر آن است شناخت، بررسی و درک چگونگی روند نزول ادیان و به ویژه روند نزول قرآن که بسیاری از واقعیّات جامعهٔ زمان خود را پذیرفت نقشی بسیار شایانی در نو کردن اندیشه دینی دارد. زیرا همان‌گونه که گفته شد بر اساس نظریهٔ آسمانی – زمینی بودن وحی، قرآن کلام خداوند است و ریشهٔ در آسمان دارد اما در ظرف جامعهٔ انسانی نازل شده و بر اساس چارچوب‌ها و محدودیّت‌ها انسان و جامعهٔ انسانی شکل گرفته‌است. فضای فکری حاکم بر آن بازتاب ظرفیّت‌ها و واقعیّت‌های زمان نزول است و در تعامل با آن ظرفیّت‌ها و واقعیّات و اثرگذاری و اثرپذیری متقابل با جامعه، نگرش الهی خود را به جامعه قبولاند.

مسلمانان باید به جای الگو قرار دادن و پیروی مستقیم محتوی آیات قرآن، شیوه و شگرد تعامل حکیمانه خداوند با واقعیّت‌ها و پذیرش آن‌ها را الگو قرار دهند به کار بگیرند و با اتکا به نگرش الهی که در قالب اصول اساسی ادیان: توحید، نبوت، معاد و ارزش‌های والای انسانی، پذیرش واقعیّت‌ها و قوانین نمود پیدا کرد؛ نگرش دینی را همراه با پذیرش واقعیّت‌های جهان امروز به روز نمایند. این شیوهٔ تعامل و اقداماتی که در راستای آن صورت گرفت در واقع بازتاب نگرش الهی است و به کارگیری آن می‌تواند بار دیگر این نگرش را در جامعهٔ امروز مسلمانان عملی و کاربردی نماید. مهمترین اقدامات برای باز تولید نگرش الهی بر پایهٔ شیوهٔ تعامل خداوند به ترتیب عبارتند از:

۱- خداوند هر چیزی را که کاملاً منفی بود انکار و طرد نمود و جایگزین کامل‌تری برای آن در نظر گرفت؛ مثلاً بت‌پرستی را طرد کرد، یکتاپرستی را جایگزین آن نمود که بر اساس واقعیّت وجود معبودی به نام الله استوار بود که سابقهٔ پرستش در جامعهٔ عرب داشته‌است.

۲- پذیرش واقعیّت‌ها و احکامی که در جامعهٔ عرب وجود داشت و چون با ساختار جامعه سازگار بود به کارگیری اجرای آن باز هم می‌توانست مفید واقع شود؛ مانند پذیرش ماه‌های حرام حکم قطع دست دزد، پذیرش نظام طبقاتی جامعهٔ عرب یعنی وجود انسان آزاد، برده، زن و پذیرش حکم قصاص قاتل و... البته هدف از بیان موارد یاد شده تأیید اجرای آن در زمان حاضر نیست بلکه منظور مثبت اندیشی خداوند در تعامل با

محدودیّت‌ها و پذیرش آن‌هاست که مسلمانان درتعامل با واقعیّت‌ها، احکام و قوانین مدنی جدید امروز از آن به عنوان الگو باید استفاده‌کنند و واقعیّت‌های زمان خود را بپذیرند و بر اساس آن قانون‌گذاری کنند.

۳- مثبت‌نگری خداوند در پذیرش و برگزیدن اعمال مثبتی که به قانون قبیله‌ای و عمومی تبدیل نشده بود. خداوند آن‌ها را به عنوان نمونه‌ای از رفتار عادلانه که از احکام زمان هم فراتر بود پذیرفت و به حکم اجتماعی تبدیل کرد؛ مثلاً پذیرش حقّ ارث برای زنان و دختران که در جامعهٔ عرب وجود نداشت و فقط به وسیله یک نفر برای دخترانش اعمال شده بود. امروز هم باید برابری در همهٔ حقوق میان انسان‌ها فارغ از دین، نژاد و جنسیّت مبنای قانون‌گذاری باشد و حقوق برابر برای همهٔ انسان‌ها در نظر گرفته‌شود.

۴ - پذیرش آداب و احکامی که در جامعهٔ عرب وجود داشت و مفید بود اما برای این که عادلانه‌تر باشد یا به خاطر این که رشد اجتماعی به حدی نرسیده بود که کاملاً اصلاح شود خداوند با تغییراتی آن را پذیرفت؛ مثلاً خمس که تغییر یافته مرباع بود، دیه و فدیه که میزانی دقیق برای آن مشخص نمود. همچنین پذیرش مراسم حج با اعمال اصلاحاتی در آن و پذیرش نظام چندهمسری و تلاش برای محدود کردن آن به چهار همسر با رعایت عدالت میان آن‌ها (با در نظر گرفتن این واقعیّت که هنوز در جوامع آمادگی برای نظام تک همسری وجود نداشت) و... . پس باید امروز هم به تناسب شرایط و قوانین دنیای جدید در این موارد رفتار کرد.

۵ - ابداع قوانینی که می‌توانست در اجرای عدالت و ادارهٔ جامعه نقش داشته باشد؛ مانند: زکات. خداوند با مثبت‌نگری و پذیرش برخی محدودیّت‌ها و تلاش برای اصلاح شماری دیگر تا حد امکان جامعهٔ عرب را پیراست و موجب محبوبیّت و مقبولیّت پیام خود و گرایش و رغبت مردم به آن شد. با این اقدامات قبایل عرب را در جهت رسیدن به اهداف والاتر متحد و هم صدا کرد. امروز هم باید قوانین و احکام جدید بر اساس علوم مختلف اقتصادی، اجتماعی و... وضع شود.

جهان، خدا، انسان و پدیده‌ها

همان‌گونه که اشاره شد ادیان توحیدی یک خط فکری و محوری را تبیین و دنبال کردند و آن فلسفهٔ خلقت جهان بود. نشان دادن وجود خالق و بوجود آورنده، اولین و مهم‌ترین اصل اساسی ادیان بوده و هست. نشان دادن مقصد کاروان حیات انسان و بازگشت به سوی آفریننده، موضوع اساسی دیگر ادیان بوده که انسان‌ها را از سردرگمی دربارهٔ مقصد زندگی رهایی بخشید. برانگیختن پیامبرانی که مبدأ و مقصد حیات را برای انسان‌ها مشخص کرد اصل اساسی دیگر بود که ادیان توحیدی به تناسب شرایط جوامع زمان نزول آن‌ها را مطرح کردند و جهت هماهنگ‌کردن این اصول با ظرفیّت ذهنی مؤمنان قدم برداشتند. در حقیقت این اصول ثابت و مشخص هستند اما به دلیل ظرفیّت رشد تدریجی انسان‌ها، نوع نگاه و نگرش انسان در دوره‌های مختلف به هر موضوع و پدیده‌ای از جمله این پیام‌های محوری متفاوت بوده و خواهد بود.

تغییرات گسترده در علم و دانش، چشمان انسان را به جهانی جدید گشوده‌است که همه چیز در آن تغییر کرده‌است. این تحوّلات موجب شده که انسان از زاویه‌ای دیگر و با نگرش و درکی متفاوت، خود، جهان اطراف خود و همهٔ پدیده‌ها را ببیند و تلاش کند که میان افکار و باورهای خود با جهان جدید تعادل و توازن ایجاد کند. همان‌گونه‌که در بحث « در حال تغییر بودن زبان» اشاره شد هنگام تغییرات گسترده، نگرش دربارهٔ همهٔ پدیده‌ها و واژه‌ها تغییر می‌کند و دین و موضوعات دینی به عنوان اساس فکری مؤمنان از این قاعده مستثنی نیست.

فضای فکری حاکم بر کتاب‌های آسمانی متناسب با نگاه و نگرش انسان قدیم است. انسان گذشته، ابزار لازم برای شناخت جهان را در اختیار نداشت. چون دانش آن‌ها ناچیز بود لذا با جهانی محدود و کوچک مواجه بود. انسان قدیم زمین را مسطح می‌دانست و آسمان را سقفی بر روی زمین می‌دید که با اجرام آسمانی تزیین شده بود. اجرامی که از نظر آن‌ها به جز بزرگی و کوچکی چندان تفاوتی نداشت. دانش آن‌ها در حدی نبود که سیّاره و ستاره را از هم تشخیص دهند. با این وجود، آسمان رفیع و وسیع برای انسان‌ها بسیار جذّاب بود. همان‌گونه‌که گفته‌شد چون عدد هفت را مقدس و نماد کمال می‌دانستند آسمان و پدیده‌های اطراف خود را به هفت طبقه تقسیم‌کردند. بر اساس اجرام آسمانی که می‌شناختند و دوری و نزدیکی آن‌ها، آسمان‌ها را نام‌گذاری کردند: محل قرار گرفتن ماه را

آسمان اول، تیر، زهره، خورشید، مریخ، زحل و مشتری را به ترتیب در آسمان دوم تا هفتم قرار دادند. در واقع هفت آسمان انسان قدیم، بخشی از منظومهٔ شمسی امروز است.

محدودیّت شناخت انسان تنها مختص آسمان نبود بلکه در شناخت زمین هم وضعیّت به همین منوال بود. آن‌ها بدون شناخت و شناسایی کامل، زمین، خشکی‌ها و دریاها را به هفت خشکی و هفت دریا تقسیم کرده بودند. در حالی که در عمل، شناخت آن‌ها از خشکی‌ها دو قاره آسیا، اروپا و شمال و بخشی از شرق آفریقا بود. دانش آن‌ها از دریا و میدان عملشان هم از این کمتر بود. در همهٔ عرصه‌ها اوضاع به همین منوال بود. شناخت آن‌ها از خود، پدیده‌ها، بیماری‌ها و حوادث طبیعی بسیار محدود بود. دانش، آگاهی و توانایی انسان در مقابل آن‌ها به ویژه بیماری‌ها بسیار ناامیدکننده بود. این میزان دانش و توانایی ناچیز گذشتگان، آن چنان جهان محدودی را برای آن‌ها به ارمغان آورده‌بود.

در چنان شرایطی، تصوّری که انسان گذشته از آفریننده داشت با دانش او و جهانی که می‌شناخت، می‌بایست هماهنگ باشد. خدای او کسی بود که زمین مسطح، جانداران و آسمان هفت طبقه را آفریده بود که خورشید، ماه و سیّارات منظومه شمسی طبقات آن را شکل داده بودند. این محدودیّت شناخت جهان، موجب محدودیّت نگرش انسان دربارهٔ خالق هم می‌شد. آن‌ها خدای خود را به نام آفریدگار زمین و آسمان (محدوده شناخته شده) خالق ماه و خورشید مخاطب قرار می‌دادند. او را خالق آن جهان محدودی می‌دانستند که می‌شناختند. در نگاه و نظر آنان جایگاه و قدرت خداوند با جهان محدودی که می‌شناختند هماهنگ شده‌بود. به این ترتیب، در ذهنیّت، دید و دانش انسان قدیم میان آفریدگار و آفریده‌هایی که می‌شناختند توازن و تناسب ایجاد شده‌بود.

تصوّری که انسان قدیم از خود داشت تحت تأثیر و تابع دانش او و جهانی که می‌شناخت بود. انسان قدیم به دلیل عدم شناخت آسمان و اجرام آسمانی به هیچ عنوان تصوّری از سیّارات نداشت و فکر نمی‌کرد که ممکن است در آسمان، مکان هایی (سیاراتی) مشابه زمین وجود داشته باشد تا امکان حیات بر روی آن‌ها را مد نظر قرار دهد. در نتیجه به هیچ وجه امکان وجود حیات یا وجود موجود هوشمندی در جهان هستی به ذهن او خطور نمی‌کرد. چون در روی زمین به دلیل عقل و هوشمندی خود را برتر از جانداران دیگر می‌دانست در نتیجه در چنان دنیا و شرایطی، تصوّر اشرف مخلوقات بودن به او دست می‌داد و خود را از همه کامل‌تر می‌دانست. در عین حال به دلیل دانش محدودش در مقابل

برآورده‌ها خبر از وجود دو تریلیون کهکشان در جهان خلقت می‌دهد.[1] برآورد می‌شود که فقط در کهکشان راه شیری حداقل صد میلیارد سیاره وجود داشته‌باشد.[2]

دانش انسان در ساخت میکروسکوپ‌های الکترونی او را با دنیای موجودات میکروسکوپی؛ مانند: سلول، میکروب، ویروس و اتم آشنا نمود. حتی موفق شد آن‌ها را به بخش‌های کوچکتر تجزیه کند. این پیشرفت‌ها زمینهٔ شناسایی و درمان بیماری‌ها را فراهم کرد و موجب پیشرفت در عرصهٔ زیست شناسی، پزشکی، دانش هسته‌ای و علوم مختلف تجربی شد. این‌گونه، پیشرفت دانش موجب شناخت هر چه بیشتر جهان شده‌است و هر روز جهان گسترده‌تری را به ما می‌شناساند.

با پیشرفت دانش انسان و گسترش شناخت او از جهان واقعی پیرامون، ارائه تصویری از آفریدگار هم دچار تغییر می‌شود. جهان بیکران، قوانین حاکم بر آن، روابط و نظم میان پدیده‌های مختلف موجب می‌شود که انسان ذهنیّت جدیدی نسبت به آفریدگار داشته‌باشد و درک خود از آفریدگار را با این جهان جدید هماهنگ نماید. بنابراین اکنون خود را با آفریدگاری مواجه می‌بیند که بسیار توانمند و مقتدر و آگاه است که توانسته جهانی با چنین پیچیدگی و عظمتی بیافریند. هرچه دانش و شناختش پیشرفت می‌کند و به پیچیدگی‌های جهان بیشتر پی می‌برد، بیشتر بزرگی، عظمت و توانمندی آفریدگار را درک می‌کند. امروز با آفریدگاری روبرو می‌شود که میزان دانش، آگاهی و عظمت او بسیار بیشتر از آن است که گذشتگان در مورد او تصوّر می‌کردند. در حقیقت شناخت و درک از آفریدگار با شناخت و درک انسان از جهان پیوند دارد. شناخت بیشتر جهان، درک از آفریدگار را تغییر می‌دهد.

این افزایش میزان آگاهی همراه با گستردگی جهانی که انسان را در بر گرفته‌است او را وادار می‌نماید که از خود تعریفی جدید ارائه نماید. ممکن است در شماری زیادی از سیّارات کهکشان‌ها در جهان بیکرانی که فعلاً می‌شناسیم مانند کرهٔ زمین امکان حیات وجود داشته باشد. هرچند که فعلاً ما چنین سیاره‌ای را نیافته‌ایم اما به هیچ وجه به این معنی نیست که چنین امکانی وجود ندارد. تا زمانی که انسان تمام کهکشان‌ها و سیّارات آن را به طور کامل بررسی نکند و دربارهٔ آن مطمئن نشود (که تقریباً کاری غیر ممکن است) نمی‌تواند وجود موجودی هوشمندتر از خود را در نظام هستی انکار کند. پس انسان امروز نمی‌تواند مدعی

---

۱ -National geocraphic.com
۲ -nineplanets.org and Wikipedia

پدیده‌های مختلفی مانند زلزله، طوفان، سیل و آتشفشان به ویژه بیماری‌های مختلف، خود را ناتوان می‌دید. بیماری‌ها؛ مانند مصیبتی بر سر انسان‌ها هجوم می‌آورد و شمار بسیار زیادی از آن‌ها را از بین می‌برد. در مقابل چنان مصیبت‌های بزرگی انسان خود را قادر به تغییر اوضاع نمی‌دید. در نتیجه یاس و ناامیدی او را وادار به پذیرش آن واقعیّت‌های تلخ، به عنوان سرنوشت قطعی خود می‌کرد. به این ترتیب دامنهٔ اختیار خود را محدود می‌دید و فضایی آکنده از قضا و قدر را بر زندگی خود مستولی می‌دانست. از یک سو خود را اشرف مخلوقات تصوّر می‌کرد و از سوی دیگر به دلیل ناتوانی در برابر حوادث طبیعی و بیماری‌ها، خود را گرفتار بلا و مصیبت می‌دید و تسلیم سرنوشت می‌شد. گوستاولوبون در این باره می‌گوید: « مسئله تقدیر در تمام کتب مذهبی اقوام عالم موجود بوده‌است. قدمای روم و یونان آن را قسمت می‌نامیدند. نفوذ اقتداری که برای آن قائل بودند فوق تمام اقتدارات و اطاعت و انقیاد آن بر تمام افراد حتی برخدایان فرض واجب بود و چیزهایی را قسمت تعیین کرده‌بود و غیر قابل تغییر و حتمی الوقوع می‌دانستند.»[1]

پیشرفت دانش در عرصه‌های مختلف و گسترش آن، انسان امروز را با جهانی بسیار وسیع از کهکشان‌های بزرگ تا جهان موجودات میکروسکوپی مواجه ساخته‌است. انسان تا حدی پیشرفت کرده که نه‌تنها منظومه شمسی را شناخته بلکه بر روی برخی از سیّارات آن سفینه فضایی پیاده نموده‌است. دانش او از محـــدودهٔ منظومهٔ شمســـی فراتر رفته، کهکشان‌های زیادی را شناسایی کرده‌است. به طوری که وجود کهکشان‌هایی با فاصلهٔ سی و دو میلیارد سال نوری را ثبت نموده و از وجود سیاه‌چاله‌هایی در میان کهکشان‌ها خبر می‌دهد که برای گذشتگان کاملاً ناآشنا و غیر قابل درک بود. اکنون انسان به ساز و کار جهان هستی تا حد زیادی پی برده‌است. از ابتدایی‌ترین موضوعاتی که در سه چهار قرن گذشته دانش نجوم ثابت نمود این واقعیّت بود که زمین مسطح نیست بلکه کروی شکل است. برخلاف نظر گذشتگان که زمین را ثابت و مرکز عالم می‌دانستند؛ زمین را در حال چرخش به دور خورشید می‌داند و آن را نه مرکز عالم بلکه تنها سیّاره‌ای بسیار کوچک در کهکشان راه شیری در فضای بیکران می‌شناسد که در جهان خلقت نقطه‌ای ناپیدا بیش نیست. زیرا

---

[1]- گوستاولوبون، تاریخ تمدن اسلام وعرب، ص ۱۴۸

باشد که او اشرف مخلوقات است.

از سوی دیگر پیشرفت گسترده در دانش به انسان مجموعه توانایی‌هایی بخشیده که توانسته در مقابل بلایای طبیعی؛ مانند زلزله، سیل و آتشفشان وارد عمل شود و از زیان‌های گسترده که در گذشته اتفاق می‌افتاد جلوگیری نماید و خسارت‌ها و تلفات آن را به حداقل برساند. در زمینۀ پزشکی دستاوردهای بزرگی دارد و می‌تواند با رعایت بهداشت، پیشگیری، واکسیناسیون و درمان، مانع مرگ گستردۀ انسان‌ها شود و میزان مرگ‌ومیر را تا حد زیادی کاهش دهد. طبق باور گذشتگان و کتاب‌های آسمانی مرگ و وقوع آن در زمان مشخص به ارادۀ خداوند و موضوعی حتمی بود که انسان هیچ‌گونه توانی برای گریز از آن نداشته و ندارد. اما امروز این موضوع به چالش کشیده شده زیرا با پیشرفت علوم مختلف از جمله پزشکی و رعایت بهداشت، میانگین عمر به صورت قابل ملاحظه‌ای بالا رفته و انسان توانسته مرگ را به تأخیر بیاندازد و حتمی بودن آن را در زمان مشخص زیر سؤال ببرد. میانگین عمر در سال ۱۹۰۰ در آمریکا ۴۸.۱۹ سال بود؛ تنها به فاصله ۲۵ سال در ۱۹۲۵ میانگین عمر به ۵۸.۱۶ سال رسید.[1] اکنون درکشورهای ژاپن و هنگ‌گنگ این میانگین در سال ۲۰۲۱ به ۸۵ سال رسیده‌است.[2] به این ترتیب انسان توانست حتمی بودن مرگ در زمان مشخص، سرنوشت و حاکمیّت قضا و قدر را کنار بزند و هر روز با پیشرفت بیشتر علوم، آن را کم رنگ‌تر کند و در برابر جهان و مشکلات آن فعالانه عمل نماید و کنترل اوضاع را به دست بگیرد و دامنۀ اختیار و ارادۀ خود را روز به روز گسترش دهد و تا حد زیادی انفعال و باور به قضا و قدر و جبر سرنوشت را عملاً از میدان به درکند.

بدون شک تغییرات گسترده در علوم و میزان توانایی انسان منجر به تحوّلات گسترده در عرصه‌ها و شئونات مختلف زندگی انسان‌ها شده‌است و موجبات تغییر نگرش انسان به همۀ پدیده‌ها را فراهم کرده‌است. این گونه است که نگاه و نگرش انسان‌ها واقع بینانه‌تر و متعادل‌تر می‌شود. جهان شناخته شدۀ امروز جهان شناخته شدۀ زمان صدر اسلام و گذشته نیست و انسان امروز هم انسان ناتوان گذشته نیست پس در این شرایط جدید، نگاه انسان به خالق، جهان و خود تغییر اساسی کرده‌است. چون جهان، جهان محدود شناخته شده گذشته نیست طبیعتاً در ذهن و نگاه انسان امروز تصویر ارائه شده از آفریدگار که بر اساس

1- Macrotrends. net

2- statista.life expectancy in united state 1860 - 2020

آن جهان محدود بوده برای جهانی که امروز می‌شناسیم مناسب و هماهنگ نیست. پس تصوّر انسان مسلمان امروز از خداوند باید با جهانی که می‌شناسد هماهنگ باشد و در این صورت اصل توحید متناسب با زمان به روز می‌شود. درک انسان از خود هم تغییر کرده است. انسان نه می‌تواند خود را اشرف مخلوقات تصوّرکند و نه موجودی ناتوان و محکوم در برابر سرنوشت.

از سوی دیگر پیشرفت علوم انسانی و اجتماعی دید و نگاه جدیدی به انسان بخشیده و موجب وضع قوانینی عادلانه‌تر و ملایم‌تر نسبت به دوران گذشته شده‌است. محیطی آرام و بدور از خشونت را برای انسان فراهم نموده‌است. علم و فنآوری هم در این زمینه موثر بوده، وسایل و امکانات جدید موجب شده که انسان برای امرار معاش نیاز به انجام کارهای طاقت‌فرسا و خشن نداشته‌باشد و در محیطی با امکانات رفاهی به دور از سختی‌ها و خشونت طبیعت زندگی کند که همهٔ این موارد به آرام شدن انسان در عرصهٔ زندگی اجتماعی کمک نموده‌است و نسل امروز را در شرایطی دور از خشم و خشونت انسان و طبیعت که در گذشته در جامعه وجود داشت، قرار داده‌است. نگاه و رفتار او نسبت به انسان‌ها و پدیده‌های مختلف ملایم‌تر و منعطف‌تر کرده‌است. به همین دلیل خشونت‌ها و رفتارهای خشن گذشته دیگر امروز پسندیده نیست. حتی خشونتی که در کتاب‌های آسمانی منطبق با شرایط زمان نزول بوده با روحیّات، شیوهٔ برخورد و معاشرت انسان امروز هماهنگ نیست و نباید آن را ملاک عمل قرار داد. امروز جوامع از اعمال و رفتار خشونت‌زا پرهیز می‌کنند. در واقع پرهیز از خشونت به نوعی نگاه و نگرش تبدیل شده که افراد، پدیده‌های مختلف، رفتارها و قوانین بر این اساس تعریف و تعیین می‌شوند.

این باز تعریف و نگاه بدون خشونت شامل خداوند هم می‌شود. تصویری که انسان امروز از خداوند در ذهن خود دارد خدایی آرام و مهربان و بدور از خشونت است و افکار عمومی این تصویر را بیشتر می‌پسندد زیرا با واقعیّت جامعهٔ امروز و فضای فکری که در آن زندگی می‌کند، هماهنگ و سازگار است. درحقیقت انسان‌ها در ادوار مختلف بر اساس درک، دانش ، نوع مناسبات اجتماعی و اخلاقی زمان خود، با خود، خدا، جهان و پدیده‌ها و مفاهیم مواجه شده‌اند و آن‌ها را تعریف نموده‌اند. امروز هم مؤمنان و مسلمانان با چنین نگرشی که منطبق با همهٔ واقعیّات جهان مدرن است می‌توانند همه چیز را نو کنند و تعادلی میان جهان و جامعهٔ انسانی امروز و افکار و باورهای خود ایجاد کنند.

مسلمانان و پیروان ادیان در عین پذیرش این واقعیّت‌ها باید نگاه و نگرش سیّال و پویا داشته باشند و متناسب با پیشرفت دانش و گشوده شدن پنجره‌های جدید باید نوع نگرش انسان به جهان، خود و خالق قابلیّت تغییر داشته باشد تا هماهنگ با واقعیّات به‌روز شود و ظرفیّت بالانس میان باور دینی و جهان واقعی به صورت مستمر و همیشگی ایجاد شود. به این ترتیب اندیشهٔ دینی همراه و همگام با پیشرفت علوم و گسترده‌تر شدن جهان، در همهٔ ابعاد مادی و معنوی رشد و شکوفایی خواهد داشت و بطور همزمان نگرش مسلمانان و مؤمنان با پیشرفت‌ها و تحوّلات در عرصهٔ شناخت جهان هماهنگ می‌شود. اکنون که با نگرش نو به باز تعریف موضوعات اساسی جهان، انسان، خدا، به طور کلی پرداختیم و جایگاه انسان را در دنیای جدید خاطرنشان کردیم، باید توجه داشته باشیم که این شیوهٔ نگرش شامل همه حوزه‌ها و مفاهیم می‌شود و انسان باید همهٔ چیز را با نگاهی نو بنگرد. چون شمار این موضوعات و موارد گسترده‌است به ناچار دو موضوع را با نگاه نو را بررسی می‌نمایم:

۱ - رزّاق بودن خداوند

از نگاه همهٔ ادیان خداوند روزی‌دهندهٔ انسان‌ها و همهٔ موجودات زنده است. « همانا خداوند روزی‌دهنده و صاحب قوّت و قدرت است.» ذاریات/ ۵۸

در شمار زیادی از آیات قرآن به این موضوع اشاره شده‌است که خداوند همهٔ نیازها، خواسته‌ها و امکانات لازم برای زندگی انسان و سایر موجودات زنده را فراهم کرده‌است تا بتوانند با آسایش زندگی کنند. بنابراین خداوند روزی موجودات را مقدّر نموده‌است. از نگاه مؤمنان و مسلمانان خداوند رزق و روزی موجودات زنده و انسان‌ها را به اندازهٔ نیاز و ظرفیّتشان به آن‌ها عنایت فرموده‌است. پس برای هر شخصی روزی خاصی در نظر گرفته شده‌است که ممکن است با روزی دیگران تفاوت داشته باشد: « خداوند روزی دهنده‌است و به هر کسی هر چه بخواهد بی حساب عطا می‌کند. بقره / ۲۱۲، آل عمران / ۳۷ همچنین در سورهٔ سبا / ۳۹ به تنگ یا فراغ نمودن روزی بندگان اشاره فرموده‌است.

هرچند تضاد طبقاتی از نظر سطح درآمد در همهٔ جوامع وجود داشته و دارد اما مؤمنان و مسلمانان این امر را ناشی از خواست و ارادهٔ خداوند می‌دانند چون همهٔ موجودات آفریده خداوند هستند. در نگرش دینی که با درک انسان زمان نزول هماهنگ است خداوند با لطف خود به همهٔ نیازهای آن‌ها توجّه کرده‌است. بر هر کسی هر آنچه را لازم دانسته، عطا

کرده‌است. مسئولیت تعیین روزی موجودات زنده به ویژه انسان‌ها به عهدهٔ اوست و اوست که میزان روزی هر فردی را تعیین فرموده‌است. درنتیجه فقر و غنا درجامعه برخاسته از میزان روزی است که خداوند به افراد اختصاص داده و مخالفت با این موضوع مخالفت با امر خداوند و نافرمانی در مقابل او بشمار آمده‌است: « اگر شکرگزاری کنید نعمت خود را بر شما افزون خواهم کرد و اگر ناسپاسی کنید مجازات من شدید است.» ابراهیم / ۷

در نتیجه به دلیل ظرفیّت و فضای فکری موجود در جامعه و نوع تعامل میان انسان و خدا در گذشته، مسلمانان روزی خود را لطف و ارادهٔ خدا دانسته و ناسپاسی در برابر آن را جایز ندانسته و نمی‌دانند.

برخلاف نگاه و نظر مؤمنان و مسلمانان، خداوند به صورت مستقیم، فعالانه، ویژه و مستمر، مسئول تعیین روزی انسان‌ها نیست بلکه این کار یکباره انجام گرفته و دیگر نیازی به مدیریت خداوند ندارد. زمانی که خداوند انسان را آفرید و او را در زمین ساکن کرد در حقیقت زمین، امکانات و منابع آن را به عنوان روزی انسان و جانداران در اختیار آن‌ها قرار داد. چرخهٔ طبیعت در زمین را به گونه‌ای آفریدکه قابلیّت رشد، شکوفایی و تجدید حیات دارد. به این ترتیب این منبع ارزشمند توان و گنجایش فراهم کردن نیازها و روزی همهٔ جانداران از جمله انسان‌ها را پیدا کرده‌است. تا زمانی که کرهٔ زمین وجود دارد و چرخهٔ طبیعت به صورت سالم در آن فعّال است نیاز انسان‌ها و موجودات زنده برآورده می‌شود؛ بدون این‌که نیازی به دخالت مستقیم و مستمر خداوند در این امر باشد.

خداوند پس از قراردادن زمین و امکانات آن در اختیار انسان به صورت مستقیم و مستمر در روزی انسان و میزان آن نقشی ندارد بلکه میزان روزی و درآمد به میزان توانایی، دانش، مدیریت انسان و توزیع عادلانهٔ ثروت بستگی دارد. واقعیّت موجود دنیای امروز نشان می‌دهد که کشورهای پیشرفته و صاحب علم و فنآوری و آزادی بیان، نسبت به کشورهای فقیر و درحال توسعه درآمد بیشتری دارند. اگر درآمد سرانه کشورهای آفریقایی و برخی از کشورهای آسیایی را با کشورهای پیشرفته و اروپایی فاقد منابع زیرزمینی قابل‌توجّه، مقایسه کنیم، متوجّه اختلاف سطح درآمد آن‌ها می‌شویم؛ مثلاً سومالی با درآمد سرانه ۳۴۷ دلار در سال رتبه ۱۸۶ قرار دارد. در حالی که لوکزامبورگ با ۱۳۱۷۸۲، سویس با ۹۴۶۹۶ ایرلند با ۹۴۵۵۶، نروژ با ۸۱۹۹۵ جایگاه اول تا چهارم قرار دارند و تنها کشور کم جمعیت قطرکه از درآمد موقت اما سرشار نفت و گاز برخوردار است با ۵۹۱۴۳ دلار درآمد سرانه سالانه در

جایگاه دهم قرار دارد. کشور عربی کم جمعیّت بعدی با درآمد نفت امارات متحده عربی است که در جایگاه بیست و چهارم قرار دارد.[1] این واقعیّت نشان می‌دهد که دانش، علم، فناوری، نگاه علمی، مدیریت صحیح منابع، توزیع عادلانه درآمدها و نظارت عمومی که همهٔ امور تخصصی انسانی هستند در اختلاف شدید سطح درآمد نقش دارند و ارتباطی به ارادهٔ خدا در تعیین رزق و روزی انسان‌ها ندارد.

پیشرفت علوم و فناوری نه‌تنها موجب بهره‌وری بیشتر از منابع درآمدی گذشته شده بلکه فرصت‌های جدیدی ایجاد کرده و منابع درآمدی انسان را نسبت به گذشته بسیار متنوع‌تر کرده‌است. کشاورزی به شیوهٔ سنتی درگذشته از مهمترین منابع درآمد و روزی انسان بود به دلیل ناتوانی و نبود دانش و امکانات لازم بهره‌وری مطلوب را نداشت. اما امروز دانش کشاورزی، تکنولوژی و تجهیزات، میزان بهره‌وری را افزایش داده‌است که به تبع آن سطح درآمدها بیشتر شده‌است. پیشرفت علوم و تکنولوژی در زندگی اجتماعی انسان، عرصه‌ها و فضاهای جدیدی را به روی انسان گشود و فرصت‌های بسیار متنوعی را به ارمغان آورده‌است وجود صنایع مختلف اتومبیل، کشتی، هواپیماسازی و فعالیت‌های مرتبط با آن‌ها، صنعت توریسم، هوانوردی، هتل‌داری، مخابرات، اینترنت و... درآمد گسترده‌ای را به همراه آورده‌است که در گذشته وجود نداشت. همهٔ این‌ها برخاسته از دانش و آگاهی انسان است که موجب شده میزان برخورداری از درآمد و رفاه افزایش پیدا کند.

از سوی دیگر دانش، فناوری و نگاه علمی، حوزه و محدودهٔ منبع روزی انسان را عمق و گسترش زیادی بخشیده‌است. استفاده انسان از خشکی محدود به کشاورزی و دامداری در شکل سنتی آن بود در واقع بیشتر استفاده از سطح زمین مدنظر بود و استفاده از منابع زیرزمینی به شیوهٔ گسترده رایج نبود. پیشرفت علم و تکنولوژی این امکان را فراهم کرد که انسان به صورت وسیع به منابع زیرزمینی؛ مانند نفت، گاز، فلزات و مواد معدنی دسترسی پیدا کند، مشاغل و منابع درآمدی جدیدی به واسطهٔ شیوهٔ زندگی جدید برای خود ایجاد کند. بهره‌برداری انسان‌ها هم از نعمت‌ها و ثروت‌های دریایی چه به شکل صید موجودات دریایی و چه به صورت استخراج منابع زیر دریا توسعه پیدا کرد و انسان از این منابع هم در سطحی بالا بهره‌مند گردید. این گسترش حوزه، تنها به استفاده بهینه از سطح و عمق خشکی و دریا محدود نشد بلکه پیشرفت علوم و تکنولوژی، حضور انسان در فضا را فراهم

[1]- صندوق بین المللی پول. برآورد ۲۰۲۱

کرد. این چشم‌انداز جدید موجب ایجاد شغل در زمینهٔ صنایع فضایی و درآمدزایی از آن همچنین صنعت نوپای گردشگری فضایی خواهد شد. این فرصت و امکان را مهیا می‌کند که در آیندهٔ نزدیک، انسان قدمی فراتر بردارد و افزون براستفاده از منابع کرهٔ زمین از امکانات و منابع سیّارات نزدیک به زمین بهره‌برداری کند و قلمرو و منابع خود را متنوع‌تر و گسترده‌تر کند.

همهٔ این موارد نشان می‌دهد که انسان با گشودن عرصه‌های جدید، خود را در موقعیّت‌های بهتر بهره‌برداری از منابع و بالا بردن سطح رفاه قرار می‌دهد. همهٔ این‌ها نتیجه پیشرفت دانش، توانایی و مدیریت انسان است و ارتباطی به ارادهٔ خداوند و رزّاق بودن او به صورت مستقیم و مستمر ندارد. بلکه همان‌گونه‌که گفته‌شد خداوند کرهٔ زمین را به عنوان منبع روزی در اختیار انسان و جانداران قرار داد و این انسان و مجموعهٔ مدیریتی یک کشور است که با استفادهٔ بهینه از منابع و توزیع عادلانهٔ ثروت میزان درآمد و روزی افراد را تعیین می‌کنند.

۲ - مراسم حج

یکی از مراسم بزرگ مذهبی که سالانه برگزار می‌شود مراسم حج است. شمار زیاد زائران و مبالغی که هزینهٔ رفتن به حج می‌شود قابل توجّه است. هر ساله به طور میانگین دو و نیم میلیون زائر از نقاط مختلف دنیا و جهان اسلام در ماه ذیحجه در حج تمتّع شرکت می‌کنند. بر اساس آیات قرآن حج بر کسانی که تمکُّن مالی دارند واجب است. نیمی از زائرانی کسانی هستند که در خود عربستان زندگی می‌کنند هر چند بخشی از آن‌ها در اصل عربستانی نیستند بلکه افراد خارجی مقیم عربستان هستند. نیم دیگر زایران سایر کشورها هستند که به عربستان می‌آیند. بر طبق برآوردها زائران ساکن عربستان برای این مراسم به طور میانگین ۱۵۰۰ دلار هزینه می‌کنند و زائرانی که از خارج می‌آیند به طور میانگین ۴۶۰۰ دلار هزینه می‌کنند[1] که میانگین هزینهٔ زائران مقیم عربستان و زائران خارجی کمی بیش از سه هزار دلار است. زائران حج عمره هم سالانه حدود ۶ میلیون نفر برآورد می‌شوند. هرچند آمار دقیق دربارهٔ هزینهٔ حج عمره مشاهده ننمودم اما اگر میانگین دو هزار دلار برای

[1] - راستی آزمایی. عربستان چقدر از مراسم حج پول در می‌آورد ؟ علی قدیمی بی بی سی ۱/ ۸ / ۲۰۱۷

هر زائر را در نظر بگیریم مجموعه مبالغی که زائران برای حج تمتع و عمره پرداخت می‌کنند رقم قابل توجّهی خواهد بود که هر سال از طرف زائران صرف این مراسم می‌شود.

حفظ مراسم حج و روح عبادی و الهی آن ضروری است اما شاید بهتر باشد به ضرورت شرایط و نیازهای جدید با نگرشی باز به شیوه‌ای جدید برگزار شود. شماری از کشورهای اسلامی توسعه نیافته و فقیر هستند و مشکلات فراوان دارند؛ قرآن همواره مسلمانان را به کمک به نیازمندان دعوت کرده‌است. شاید ممکن باشد مراسم حج را در ضمن حفظ روح الهی و عبادی آن به شیوه‌ای جدید برگزارکرد که توجّه به نیازمندان یکی از هدف‌های آن باشد. به عنوان مثال یک سازمان یا نهاد برگزارکننده حج که با همه کشورهای اسلامی در ارتباط است یا سازمان و مؤسسه‌ای مثل بانک توسعه اسلامی یا هر موسسهٔ معتبر دیگر، هزینهٔ زائران را بر اساس واقعیّت‌ها برآورد کند و زائران در سراسر جهان اسلام آن هزینه را در اختیار آن نهاد یا در اختیار سازمانی در کشور خود قرار دهند یک مراسم عینی و واقعی در همهٔ کشورهای اسلامی به مناسبت حج و ایام حج برگذار شود. زائران در کشور محل سکونت خود به نیت حج، حضور پیدا کنند.« فَأَيْنَما تولّوا فثَمَ وَجهُ الله (به هر کجا که روی کنید آنجا رو به خداست).» بقره / ۱۱۵

تمام هزینه‌های جمع آوری شده از زائران، با مدیریت آن سازمان مسئول هر ساله به صورت نوبتی به یک کشور اسلامی و فقیر داده شود تا در جهت آبادانی زیرساخت‌ها، راه‌ها، کارخانه‌ها، بیمارستان‌ها و... استفاده شود یا هزینه جمع آوری شده از زائران هر کشور در خود آن کشور صرف این امورات شود تا بخشی از مشکلات جوامع اسلامی به شیوه‌ای درست و خداپسندانه به میمنت مراسم حج حل شود. به این ترتیب به این شیوه یا هر شیوهٔ مناسب‌تر نگرش الهی و نو در برگزاری مراسم حج می‌تواند به بهترین شکل در خدمت رفع مشکلات نیازمندان و پیشرفت جوامع اسلامی قرار گیرد و همبستگی میان مسلمانان که یکی از اهداف مراسم حج است به شیوه‌ای بسیار عملی، پویا و ثمربخش‌تر محقّق شود زیرا مراسم در گسترهٔ جهان اسلام برگزار خواهد شد. پیام این مراسم حمایت عملی و کمک به اصلاح زیر ساخت‌ها و رفع فقر در کشورهای اسلامی خواهد بود. این گونه مراسم حج با روح الهی و عبادی‌اش نمود و تأثیر اجتماعی و اقتصادی شایانی در میان مسلمانان و دیگران خواهد داشت.

امیدوارم که اذهان مسلمانان آمادگی پذیرش چنین تغییرات مثبت و ارزشمند یا مشابه آن را داشته‌باشد. در غیر این صورت می‌توان حداقل با تغییرات در بخشی از مراسم حج در جهت کمک به نیازمندان و تقویت بعد اجتماعی حج و ارائهٔ چهره‌ای نو از آن، قدم برداشت. همان‌طور که می‌دانید دو و نیم میلیون زائر حج تمتّع هر ساله گوسفند، گاو و شتر قربانی می‌کنند که در گذشته بعد از قربانی کردن سوزانده می‌شد اما چند سالی است که گوشت این قربانی‌ها به کشورهای فقیر فرستاده‌می‌شود و در فاصلهٔ چند روز این حجم عظیم گوشت به ناچار باید مصرف شود. حال آن‌که این موضوع را می‌توان به شکل بهتر مدیریت کرد و استفاده بهینه از آن نمود. بهتر است به جای حیوانی که در راه خدا قربانی می‌شود مبلغ قربانی در راه خدا هزینه شود. یعنی مبلغ قربانی از زائران جمع‌آوری شود که مبلغ زیادی خواهد شد. سپس هر سال به نوبت در کشورهای فقیر اسلامی صرف سرمایه‌گذاری در امور زیربنایی، اقتصادی و بهداشتی شود تا مردم به صورت کامل‌تر از منافع آن بهره‌مند شوند.

افزون بر این فایدهٔ اقتصادی و اجتماعی این شیوه، از قربانی شدن دو و نیم میلیون راس حیوان جلوگیری می‌شود که نه به خاطر نیاز واقعی بلکه صرفاً به دلیل اجرای مراسم مذهبی قربانی می‌شوند. اگر به جای قربانی، مبلغ آن هزینه شود دو و نیم میلیون رأس حیوان از چرخهٔ پرورش سالانه حذف خواهد شد که طبیعتاً می‌تواند در حفظ محیط زیست و جلوگیری از تولید گازهای گلخانه‌ای موثر واقع شود. یکی دیگر از فواید این شیوهٔ برگزاری این است که چهره و سیمایی نو به اسلام، مسلمانان و اعمال عبادی آنان می‌بخشد و اعمال دینی را مفیدتر و جذاب‌تر می‌کند.

شاه‌کلیدهای قرآن و مبنا قرارداد‌ن آن در پذیرش واقعیّت‌های امروز

همهٔ آیات قرآن محدود و محصور در محدودیّت‌های انسانی و اجتماعی زمان نزول نیست. در حقیقت این آیات بیان‌کنندهٔ نگرش اصلی خداوند دربارهٔ انسان، جامعهٔ انسانی و قراردادهای اجتماعی است و فراتر از دید و نگرش انسان‌های معاصر نزول وحی بوده‌است. گاهی به صورت آشکار ایده‌آل مورد نظر خداوند را در مورد انسان و اجتماع انسانی نشان داده و گاه با ذکر توصیه‌ها و راهکارهایی، نامطلوب بودن شرایط آن زمان را نشان داده‌است؛ تلاش کرده که اوضاع را بر اساس ظرفیّت‌های جامعه بهبود ببخشد تا شاید مورد توجّه قرار بگیرد و قدم‌های روبه جلو برداشته شود. این دسته از آیات باید بیشتر مورد توجّه قرار بگیرد تا نقش و جایگاه برجستهٔ آن‌ها آشکارتر شود و الگویی برای مؤمنان و مسلمانان در پذیرش واقعیّت‌های روز باشد اکنون به چند مورد از آن‌ها اشاره می‌کنیم:

۱- برابری انسان‌ها

انعکاس نابرابری‌های اجتماعی جامعهٔ عرب در قرآن در آیات مختلف نمود پیدا کرده‌است، مانند؛ وجود سه طبقهٔ مرد، زن و برده (بقره / ۱۷۸)، نابرابری حق ارث (نساء / ۱۱ و ۱۷۶) تعدد زوجات (نساء / ۳) تفاوت میان مرد و زن در هنگام شهادت دادن (بقره / ۲۸۲) که نشان‌دهندهٔ محدودیّت‌های جامعهٔ عرب و آماده نبودن شرایط برابری انسان‌ها و حق و حقوق یکسان آن‌ها در دنیای قدیم است. اما این احکام و تبعیض موجود در آن‌ها پیام اصلی و اساسی قرآن نیست. می‌بایست پیام نهایی قرآن را در این آیه جستجو کرد که مقید به شرایط و محدودیّت‌های جامعه نشده‌است: « همانا ما شما را از مرد و زنی آفریدیم شما را در گروه‌ها و قبیله‌های مختلف قرار دادیم تا یکدیگر را بشناسید. همانا گرامی‌ترین شما نزد خداوند با تقواترین شماست. همانا خداوند بسیار دانا و آگاه است. » (حجرات / ۱۳)

همان‌گونه که می‌بینید انسان‌ها از مرد و زنی آفریده شده‌اند هیچ گونه امتیازی نسبت به هم بجز تقوا ندارند. دیدگاه واقعی و فراتر از زمان قرآن در مورد برابری انسان‌ها در این آیه بیان شده‌است. با نگرش نو، امروز به درستی این آیه می‌تواند مبنای ارزش و جایگاه انسان‌ها و برابری آن‌ها در حق و حقوق قرار گیرد.

۲ – توجّه به ناخرسندهای قرآن و توصیه‌ها برای تغییر

با وجود آن که سنت‌ها و قراردادهای اجتماعی جوامع در کتب آسمانی پذیرفته شده‌است اما در کتب آسمانی به ویژه قرآن برای بهبود وضعیّت همین احکام توصیه‌هایی شده‌است که نشان می‌دهد که آن شرایط از دید خداوند مطلوب نبوده‌است آیه ۳ سورهٔ نسا می‌فرماید: « پس از زنان آنچه برای شما پاک است دو یا سه یا چهار زن را به همسری درآورید. پس اگر بیم آن دارید که عدالت را اجرا نکنید یک همسر و یا به آنچه مالک آنید (کنیز) بسنده کنید. این راه نزدیک‌تر است که ستم نکنید.» قبل از نزول وحی، مردان محدودیّتی در تعدّد زوجات نداشتند اما خداوند با توجّه به شرایط و واقعیّت‌های جامعه عرب شمار آن‌ها را به چهار زن محدود کرد. اما در پایان همین آیه به نوعی ناخشنودی خود را از این وضعیّت نشان داد و برای جلوگیری از تبعیض و ستم مؤمنان را به گرفتن یک زن تشویق نمود. بنابراین با توجّه به این ناخرسندی خداوند و ارائه پیشنهاد یک همسر و واقعیّت‌های امروز مسلمانان شایسته است که با واقعیّات روز هماهنگ شوند.

همچنین نگاه خداوند دربارهٔ مخالفت با کشتن و تشویق به زنده نگهداشتن خطاب به بنی اسراییل در سورهٔ مائده / ۳۲ این گونه بیان شده‌است: « هر کس دیگری را جز به انتقام قتل یا فساد در روی زمین بکشد چنان است که همهٔ مردم را کشته‌است و هر کس، شخصی را از مرگ نجات دهد گویی همه مردم را زنده کرده‌است. »

همان‌گونه که از متن آیه بر می‌آید کشتن به عنوان عملی تلقی شده‌است که بازتاب و پیامد جمعی دارد و گویی فرد قاتل نه‌تنها حقوق فرد یا خانواده‌ای را پایمال نموده بلکه در واقع به حق و حقوق جامعهٔ انسانی تعرض نموده‌است و در مقابل جامعه باید پاسخگو باشد. در ضمن حفظ جان هر انسانی هم ارزشمند تلقی شده و بعد اجتماعی دارد و در واقع جامعه در مقابل حفظ جان انسان‌ها مسئول است و شایسته است با توجّه به ارزش جان انسان‌ها از مجازات مرگ جلوگیری شود.

۳ - نقش جایگاه انسان در قرآن در پذیرش دستاوردها

دیدگاه واقعی قرآن را باید در آیاتی جستجو نمود که در محدودهٔ زمانی خاصی قرار نگرفته‌اند و می‌توانند در درک موضوعات پیچیده روز و تعامل با آن‌ها راه‌گشا باشند. به

عنوان مثال آیه ۳۰ سورهٔ بقره که می‌گوید: « هنگامی‌که خداوند به ملائکه گفت که همانا می‌خواهم در زمین جانشینی قرار دهم.» به جانشینی قرار دادن انسان در زمین اشاره دارد. جانشین کسی است که از توانایی‌ها و لیاقت‌هایی برخوردار بوده به همین دلیل مورد نظر و توجّه قرار گرفته و انتخاب شده‌است. هر کسی ظرفیّت و قابلیّت رسیدن به چنین جایگاهی را ندارد. بنابراین انسان در مقیاسی کوچک‌تر از قابلیّت‌های خداوند برخوردار بوده‌است که به عنوان جانشین او انتخاب شده‌است. یکی از توانایی‌های خداوند خلقت و به وجود آوردن است. امروز هم ما شاهد آن هستیم که انسان نیز از طریق شبیه‌سازی قادر به خلق موجودات و تولید اندامهای بدن شده‌است با نگرشی نو و با استناد به این آیه، توانایی خلق از طریق شبیه‌سازی و کارهای مشابه آن به شرط آن که در خدمت جامعهٔ انسانی قرار بگیرد و پیامدی منفی به دنبال نداشته باشد نباید هیچ‌گونه منافاتی با تعالیم دینی داشته باشد و دغدغه و نگرانی برای مؤمنان ایجاد کند. چون این توانایی با جایگاه انسانی که جانشین خداوند است کاملاً سازگاری و هماهنگی دارد و این آیه نقش راهبردی ویژه‌ای در برخورد با این پیشرفت‌های علمی و دستاوردهای مشابهٔ بعدی دارد.

پایان

منابع

۱ - آلوسی، محمود شکری، بلوغ العرب فی المعرفت الاحوال عرب، دارالکتب علمیه، ۱۹۹۲

۲ - ابن‌کلبی، (ابو المنذر هشام بن محمد)، کتاب الاصنام، نشره احمد زکی باشا، الدارقومیه، قاهره، ۱۹۶۵

۳ - ابوزید، نصرحامد، معنای متن، مترجم کریمی نیا، مرتضی، انتشارات طرح نو، چاپ اول، ۱۳۸۰

۴ - احمدالانصاری قرطبی، ابی عبدالله محمد، تفسیر قرطبی، الجامع الاحکام القرآن، دارالاحیاء تراث العربی، بیروت ۱۹۸۵

۵ - اسلامی، عبدالصمد، کشف الاسرار و اعجاز قرآن با علوم جدید، انتشارات احرار تبریز، چاپ اول، ۱۳۸۳

۶ - ایزدپناه، مهرداد، آشنایی با ادیان قدیم مصر، انتشارات محور، تهران، چاپ اول، ۱۳۸۱

۷ - باربور، یانی، علم و دین، ترجمهٔ خرمشاهی، بهاءالدین، مرکزنشر، دانشگاهی تهران، ۱۳۶۲

۸ - برقی، احمد بن محمد، المحاسن، دارالکتب الاسلامیه، قم، چاپ دوم، ۱۳۷۱

۹ - بلاذری، احمد بن یحیی بن جابر، فتوح البلدان ترجمهٔ آذر نوش، آذرتاش، انتشارات بنیاد فرهنگ ایران، ۱۳۴۶، تهران

۱۰ - بلاذری احمد بن یحیی بن جابر، فتوح البلدان موسوعات، قاهره ۱۹۰۱، چاپ اول

۱۱ - بوکای، موریس، مقایسه‌ای میان تورات انجیل قرآن و علم، ترجمهٔ دبیر، چاپخانه سپهر، تهران

۱۲ - پروین گنابادی، محمد، مقدمه ابن خلدون، انتشارات علمی و فرهنگی، چاپ پانزدهم

۱۳ - پریور، کاظم، جنین شناسی، چاپ اول، انتشارات مبتکران، تهران، ۱۳۷۲

۱۴ - حرانی، ابن شعبه، تحف العقول، ترجمه جعفری، بهزاد، دارالکتب الاسلامیه، تهران، ۱۳۸۱
۱۵ - ثاقب فر، مرتضی، دین مهر در جهان باستان، ترجمهٔ مجموعه مقالات، انتشارات توس، چاپ اول، ۱۳۸۵
۱۶ - جین بی ریس و دیگران، بیولوژی کمپبل، انتشارات خانه زیست شناسی ۷ جلد، ویرایش نهم، ۲۰۱۱
۱۷ - حوفی، احمد محمد، الغزل فی العصر الجاهلی، مکتبه لجنه البیان العربی، قاهره، چاپ اول ۱۹۵۰
۱۸ - خاکرند، شکرالله، سیر تمدن اسلامی،قم، موسسهٔ بوستان، چاپ دوم، ۱۳۹۲
۱۹ - خرّم دل، مصطفی، تفسیر نور، چاپ خانه هدف، تهران، ۱۳۷۴
۲۰ - خلیل حتی، فیلیپ، تاریخ عرب، ترجمهٔ ابوالقاسم پاینده، انتشارات آگاه، چاپ دوم ۱۳۶۶
۲۱ - خوارزمی، مؤالدین محمد احیا العلوم دین، به کوشش خدیو جم، حسین، انتشارات علم و فرهنگی،ج ۴، چاپ هشتم، تهران، ۱۳۹۲
۲۲ - داورپناه، ابوالفضل، انوار العرفان فی تفسیر القران، انتشارات کتابخانه صدر، چاپ اول، ۱۳۶۶
۲۳ - درّاز، محمد عبدالله، دیدگاه‌های نو درباره قرآن کریم، ترجمهٔ علی خواجه، شعیب، نشراحسان، تهران، ۱۳۹۴
۲۴ - درّاز، محمد عبدالله، الربا فی نظر قانون الاسلامی، ۲۰۱۲
۲۵ - دورانت، ویل، تاریخ تمدن، جلد چهارم، عصر ایمان مترجم طاهری، ابوالقاسم، سازمان انتشارات و آموزش انقلاب اسلامی، تهران، چاپ دوم، ۱۳۶۸
۲۶ - دیاب و قرقوز، عبدالحمید و احمد، طب در قرآن، ترجمهٔ روحانی، کمال، ناشر آراس، چاپ اول
۲۷ - رضایی اصفهانی، محمدعلی، اشارات علمی اعجاز آمیز قرآن، نشر معارف، چاپ اول، ۱۳۸۰ تهران
۲۸ - رضایی اصفهانی، محمدعلی، پژوهشی در اعجاز علمی قرآن، انتشارات کتاب مبین ۲ج، چاپ اول، ۱۳۸۰
۲۹ - رضی، هاشم، آیین مهر، ۲ جلد، انتشارات بهجت، ۱۳۸۱
۳۰ - رفیعی محمدی، ناصر، تفسیر علمی قرآن، ناشر فرهنگ گستر، تهران، ۱۳۷۹
۳۱ - روحانی، کمال، اعجاز قرآن در اصل فضا و تکنولوژی، انتشارات آراس، چاپ پنجم
۳۲ - روحانی، کمال، اعجازعلمی قرآن و سنت، انتشارات آراس، چاپ دوم، ۱۳۹۷
۳۳ - ریشارت، امه، گالیله، ترجمهٔ مجلسی، محمد، نشر دنیای نو، چاپ اول، ۱۳۸۸
۳۴ - زلمی، مصطفی ابراهیم، رفع ابهام نسخ، ترجمهٔ حسن زاده ابوبکر، ناشر آراس، چاپ دوم، ۱۳۹۶
۳۵ - ژیران، ف، اساطیر یونان، ترجمهٔ اسماعیل پور ابوالقاسم، نشر کاروان، چاپ اول، ۱۳۸۲
۳۶ - سابق، سیّد، فقه السنه،مترجم ابراهیمی محمود،انتشارات آراس چاپ سوم، ۱۳۹۳
۳۷ - سادلر، تی دبلیو، جنین شناسی لانگمن، ترجمهٔ رضا شیرازی، نشر اندیشهٔ رفیع، چاپ دوم ۲۰۱۹
۳۸- سالم، عبدالعزیز، تاریخ عرب قبل از اسلام، مترجم صدری نیا، باقر، انتشارات علمی و فرهنگی، چاپ اول، ۱۳۸۰
۳۹ - سربازی، مولانا اومد، تبیین القرآن، انتشارات شیخ الاسلام احمد جام

۴۰ - سیّاح، احمد، فرهنگ بزرگ و جامع نوین ترجمۀ المنجد، انتشارات اسلام، چاپ شانزدهم، تهران ۱۳۷۳

۴۱ - شاذلی، ابراهیم سید قطب، فی ظلال قرآن، ترجمۀ خرّم‌دل مصطفی، نشر احسان، چاپ سوم، ۱۳۸۹

۴۲ - شارات، مایکل، گالیله نوآور دوران‌ساز، ترجمۀ افشار، حسن، نشر مرکز، چاپ اول

۴۳ - شهیدی، سیّد جعفر، تاریخ تحلیلی اسلام، نشر دانشگاهی، چاپ سیزدهم، ۱۳۷۱

۴۴ - صفوی، کورش، آشنایی با زبان شناسی در مطالعات ادب فارسی، انتشارات علمی، تهران، چاپ اول، ۱۳۹۱

۴۵ - صفوی، کورش، گفتارهایی درباره زبان شناسی، انتشارات هرمس، چاپ اول، ۱۳۸۰

۴۶ - ضیف، شوقی، تاریخ الادب العربی عصر جاهلی، دار المعارف، قاهره چاپ بیست و دوم

۴۷ - طباطبایی،محمد حسین، تفسیر المیزان، ترجمۀ نیری بروجردی، استاد عبدالکریم، بنیاد علمی و فرهنگی طباطبایی

۴۸ - طبری، ابی جعفر محمد بن جریر، جامع البیان فی تفسیر القرآن، دارالمعرفه لبنان، جلد۹ جزء ۱۷

۴۹ - علی، جواد، تاریخ مفصل عرب قبل از اسلام، انتشارات مجمع علمی عراق، هشت‌جلد، ۱۹۵۹ ـ ۱۹۵۰

۵۰ - عمیدزنجانی، عباسعلی،آیات احکام دفتر مطالعات و تحقیقات علوم انسانی،۱۳۸۲

۵۱ - غزالی، محمد، احیاء علوم الدین، بدوی طبانه،

۵۲ - فاخوری، حنا، تاریخ ادبیات زبان عربی، ترجمۀ آیتی عبدالمحمد، انتشارات توس

۵۳ - فهد، توفیق، خدایان شبه جزیره، ترجمۀ حسینی مرعشی، سید محمد، نشر نگاه معاصر، چاپ اول، ۱۳۹۸

۵۴ - فروخ، عمر، تاریخ الجاهلیة، انتشارات دارالعلم للملایین ۱۹۶۴

۵۵ - فضایی، یوسف، جامعه شناسی دینی، جاهلیّت قبل از اسلام، انتشارات شقایق، تهران، ۱۳۶۴

۵۶ - قرآن کریم

۵۷ - کتاب مقدس (عهد قدیم و عهد جدید)

۵۸ - کواز، محمدکریم، سبک شناسی اعجاز بلاغی قرآن، ترجمۀ سیدی، سید حسین، تهران، انتشارات سخن، چاپ اول، ۱۳۸۶

۵۹ - گوستاو لوبون، تاریخ تمدن اسلام و عرب، ترجمۀ فخر داعی گیلانی، محمد علی، انتشارات افراسیاب، چاپ دوم، ۱۳۸۰

۶۰ - لاپیدوس، ایرام، تاریخ جوامع اسلامی، ترجمۀ بختیاری زاده، علی، انتشارات اطلاعات، چاپ اول، ۱۳۸۱

۶۱ - مارتین، آندره، مبانی زبان شناسی عمومی، میلانیان، هرمز، انتشارات هرمس، چاپ اول، ۱۳۸۰

۶۲ - محرم زاده نوبری، محمد یعقوب، علمی اعجازی قرآن کریم انتشارات احرار تبریز

۶۳ - محقق داماد، سید مصطفی، قواعد فقه،تهران مرکز نشر علوم اسلامی، ۱۳۸۳

۶۴ - مکارم شیرازی، ناصر، تفسیر نمونه، ناشر اسلامیه، چاپ هجدهم، ۱۳۶۲

۶۵ - مولایی نیا، عزت الله، نسخ در قرآن، چاپ اول، ۱۳۷۸، نشر رایزن

۶۶ - ناتل خانلری، پرویز، زبانشناسی و زبان فارسی، تهران، انتشارات توس، چاپ چهارم،۱۳۶۱
۶۷ - نجار، زغلول، نشانه‌های اعجاز علمی در قرآن کریم،انتشارات ئه وین، ۱۳۹۶
۶۸ - نیکلسون، مثنوی، انتشارات امیر کبیر چاپ،یازدهم، تهران، ۱۳۷۱
۶۹ - وایت، میشل، گالیله، ترجمهٔ مرتضوی میلانی، شهناز، ناشر پیشم، چاپ اول، ۱۳۷۷
۷۰ - ورمازرن، مارتین، آیین میترا بزرگ زاد، نادر، چاپ اول، نشر چشمه، تهران، ۱۳۷۲
۷۱- وزیرنیا، سیما، زبان شناخت، نشر قطره، چاپ اول، ۱۳۷۹، تهران
۷۲- وولکل، جیمز آر، کپلر ستاره شناس نوین، ترجمهٔ عابدینی، مریم، انتشارات سرای دانش
۷۳ - هوک، ساموئل هنری، اساطیر خاورمیانه، ترجمهٔ بهرامی و مراد پور، علی اصغر و فرنگیس، انتشارات روشنگران، چاپ دوم، ۱۳۷۲
۷۴ - هادی، سهراب، شناخت اسطوره‌های ملل،نشر تندیس، چاپ سوم ۱۳۷۹
۷۵ - هارت، جرج، اسطوره‌های مصری، ترجمه مخبر، عباس، تهرات، نشر مرکز، ۱۳۷۴
۷۶ - هرتلی، عبدالله عبدالعزیز، فقه متقین، ترجمهٔ چوری، سید محمد، انتشارات کردستان ۱۳۸۸
۷۷ - هیتو، محمد حسن، المعجزة القرآنیه، موسسه رساله ناشرون، بیروت لبنان، ۱۹۹۸

مقالات

۱ - بهرامی، محمد، نقد مستندات قرآنی، نظریه تحریف مقدس، پژوهش‌های قرآنی ۱۳۸۲، شماره ۳۳، ویژه‌نامه قرآن ادیان و فرهنگ‌ها
۲ - فاریاب، محمد حسین، تحریف تورات و انجیل از دیدگاه قرآن، معرفت ۱۳۸۸ شماره ۱۴۳

منابع انگلیسی:

۱- National geographic.com
۲- https://nineplanets.org and Wikipedia
۳- Macrotrends. Net
٤- spaceplace.nasa.gov و solarsystem.nasa.gov و nasa.gov -
۵- Statista.Life expectancy in united state 1860 - 2020